高中课程的校本设计

GAOZHONG KECHENG DE XIAOBEN SHEJI

刘艳萍　李得武　著

东北师范大学出版社

·长春·

图书在版编目（CIP）数据

高中课程的校本设计／刘艳萍，李得武著. —长春：
东北师范大学出版社，2024.6. --ISBN 978 - 7 - 5771
- 1575 - 7

Ⅰ.G632.3

中国国家版本馆 CIP 数据核字第 20249DB476 号

□责任编辑：杨伟静　□封面设计：张　然
□责任校对：黄　敏　□责任印制：侯建军

东北师范大学出版社出版发行
长春净月经济开发区金宝街 118 号（邮政编码：130117）
电话：0431—84568164
网址：http：//www.nenup.com
东北师范大学音像出版社制版
吉林省良原印业有限公司印装
长春市净月小合台工业区（邮政编码：130117）
2024 年 9 月第 1 版　2024 年 9 月第 1 次印刷
幅面尺寸：169mm×239mm　印张：14　字数：224 千

定价：42.00 元

前　言

国际形势的变化和国家发展的阶段特征为人才特质赋予了新的内涵，党的二十大报告重新定位了教育的战略、支撑功能。新的变化和定位推动了教育的内部变革，义务教育新课程方案和学科标准的出台明确了课程育人的新目标，这对广大一线教育工作者提出了新的挑战。新课程方案中的课程目标在传承中华民族人才标准的基础上，创新地提出了"有担当"的标准。担当是对"天下兴亡，匹夫有责"的诠释，是主动意愿的表达，是实践与行动的动因。课程目标的变化给课程设计提出了新的要求，课程设计不仅要传承，还要创新。

传承就是要将固有的课程思想同实践相结合，设计适合校情、学情的课程，让课程发挥最大的育人效用。价值观教育要以社会主义核心价值观为引领，设定学校的价值教育目标、内容、教育策略。品性教育要汲取中国文化中普适的品性，以这些品性的生长为教育目标，设置课程内容和课程实施策略。关键能力的培养要依据课程标准，以学科和跨学科的融合课程为主要载体。

上述三类课程目标既具有独立性，又相互联系。整合三类课程目标并使之发挥合力是学校创新设计课程的着力点之一，实现整合的重要方式之一就是撰写学校整体的课程方案并设计课程体系。设计学校课程的共享目标，有利于学科平衡，防止学科过度强调学科目标而忽视对学生价值观和品性的培养。所有学科都聚焦价值观、品性、学科目标，三者共同作用于学生，方可让课程发挥最大的效益。

设计学校的课程体系能平衡不同课程的课时分配，有利于实现"五育"并举，促进人的全面发展。如果没有学校课程体系的制约，学校在执行国家课程方案时会用力不均衡，无法将"五育"落到实处。学校会依据课程体系整体设计课程的资源开发，动用学校力量来遴选优质的课程资源，使得课程资源同学生形成最佳匹配，高适切性能让课程资源发挥最大效益。为学校课程体系赋予特质，能体现学校对课程的领悟，表达学校的价值取向。本书的"共生课程体系"强调三类课程目标的协同达成，强调学生情感、认知、价值观、品性和学科能力的互动，强调影响课程要素之间的多维互动。

共生课程体系倡导设计文理融通的课程。文理融通有利于学科的自我破冰，让理科有更多的情感参与，让文科融入理性思维，直觉思维和抽象思维的互促性能促进人的发展跨上更高的台阶。将科学史与理科融合是文理融通的方式之一，叙事且能触动情感的科学史代入感很强，能让科学和科学家、科学"趣事"建立联系，能让学生跨越时空与科学家对话，促进学生科学情怀的生长。情怀是理想产生的基础，是理想实现的动力。

共生课程体系倡导设计知行互促的课程。"知识转化"的方式对知识转化成行为有重要影响，共生课程体系强调课程知识要尽量同真实情景相结合，要尽量同学生建立意义关系，知识的组织要以概念为锚点并能结构化。共生课程体系强调教师与学生的深层互动，强调教师通过榜样方式来传递价值观和品性。真实情景中获取的知识更具迁移性，转化成行为的概率要大得多。以老师为榜样学到价值观和品性，更易转化成行为。

单课程或者课程群的设计，找到价值观、品性、能力的融合点很关键，对以学科为载体落实三类课程目标意义重大。价值认知、品性认知和学科知识的学习都以学习为起点，而情感是学习持续发生的动因，着力学习的动力系统对任何类别的认知都会有促进作用。设计情知互动的课程有益于价值观、品性、能力的协同发展，有益于上述三类课程目标的同向发展。本书第三章高中英语校本课程群的设计，着力于用情感来促进知情的互动，通过动力系统和学习行为的互动来提高三类课程目标的达成度。

在学校课程的学习中，间接经验的获取占主导地位，直接经验的缺少会让知识参与真实问题的解决打折扣。将课程和真实生活结合会让课程更能满足学生需求，更有利于知识的活化。本书第四章高中历史校本课程设计旨在将课程的空间拓展到学生的现在和未来生活，使得"生活即教育"成为一种课程样态。"教育即生活"样态的课程学习，其学习方式同一般的课堂学习方式区别较大，多以参观、调查、研究、反思等方式为主。这些学习方式能调动学生的多感官参与学习，多维感知信息有益于学生高效地合成信息，信息合成能力对学生判断力的提高至关重要。另外，融入直接经验的课程学习能促进间接经验和直接经验的相互转换，进而有益于解决真实问题，有益于学生担当品性的生长。

时代给人才定义了新的特质，国家赋予课程新的育人目标。新的目标，意味着更大的挑战，教育人通过继承与创新，必将不负时代，成为"有担当"的教育者。

李得武

2023 年 12 月

目　录

第一章

课程校本化

第一节 影响学校课程的因素

　　课程的产生和发展受社会、学生、知识三大因素的制约，是三个因素综合制约的结果。我国当前的课程政策都是基于社会主义初级阶段、基于国家对"社会特征"的认识出台的。我国于 2014 年开始进行深化基础教育领域综合改革，经过三年的调研和研讨，于 2017 年正式发布了修订版的高中课程改革方案。修订版的高中课程方案中写道："面对经济、科技的迅猛发展和社会生活的深刻变化，面对新时代社会主要矛盾的转化，面对新时代对提高全体国民素质和人才培养质量的新要求，面对我国高中阶段教育基本普及的新形势，普通高中课程方案和课程标准实验稿还有一些不相适应和亟待改进之处。"这段文字表明：信息社会对课程提出了更高的要求，社会大发展定然会促进知识的更新，大量新知识的涌现，尤其是体现中国最新发展和成就的知识，对于原有课程内容带来了巨大冲击。信息化社会提高了知识更新的频次，知识和社会互动的影响自然会波及课程。学生的知识同原有课程内容的矛盾加大，陈旧的知识同学生接触的最新知识形成了反差，社会、知识、学生三者互动的矛盾迫切要求更新课程内容，课程修订也就成了必然的事情。

　　信息化是当代社会的特征，而信息社会的主要特征是信息更新快，新知识出现的周期变短，信息传播更加便捷。社会特征给国家课程内容的更新提出了新的要求，也对学校课程的设置提出了新的要求。适时更新学校课程，不仅会使学校课程同社会发展同步，保持学校课程的生命力，还能解决课程知识同学生知识之间的矛盾。

一、明确学校的课程担当

　　在信息化社会中，人只有不断更新知识和技能，才能保持与社会同步，终身学习不再是口号，而是人生存的基本技能。企事业单位是信息化社会的基本单元，也是个人依存的社会组织。为了维系自我的存在，个人要不断学习，企事业单位才能发展，才能在社会立足。当前，学习型组织是企事业单位存在的基本样态，学习也是个人存在的样态。社会与人的互动将当前的社会转化成了学习型社会，终身学习自然也就成了人赖以生存的方式。对于学校而言，教师只有树立终身学习的思想，形成主动学习、不断探索的学习态度，养成自我更新、优化知识的良好习惯，并将这一学习观贯穿于所教课程，学校课程才能不断发展。

创新是信息化社会的一个主要特征。科技的迅猛发展使得产品的迭代周期越来越短，为了保持领先，国家之间的竞争日趋激烈，创新力成了国家之间竞争的焦点。创新力决定社会的先进性，决定国家的话语权，决定大国地位的稳定性，中国比任何时候都更需要创新人才。然而，从当前的一项调查结果来看，情况并不乐观。PISA 结果显示，中国将来期望进入科学相关行业从业的学生比例为 16.8%。中共中央国务院于 1999 年 6 月颁布了《关于深化教育改革全面推进素质教育的决定》，文件明确指出："实施素质教育，就是全面贯彻党的教育方针，以提高国民素质为根本宗旨，以培养学生的创新精神和实践能力为重点，造就'有理想、有道德、有文化、有纪律'的德智体美等全面发展的社会主义事业建设者和接班人。"文件明确了各级各类学校的使命担当，即所有学校应该把培养创新人才作为教育的重要目标。课程是学校育人的核心，在课程体系中注入创新精神方能体现学校的社会担当。

识读中国特有的社会特征，将其注入学校课程是学校应有的担当。中国社会几千年的发展史中，大一统文化已经深入每一个中华儿女的血脉中，生生不息。大一统文化中的集体主义精神，将中华儿女凝结成了一个大家庭。以集体主义为核心的社会主义制度在中国有情感基础，有精神支撑，是适合中国国情的制度。集体主义是国家、制度、政党共享的精神，这四者同向同构，塑造了当代的中国社会。作为传承社会精神的学校，自然应该将集体主义精神注入学校的课程，使其延续和生长。

二、理解课程知识的内涵，充分发挥其教化作用

教育以知识的发生为目的，以人与知识的互动为过程，以知识教化人的效果为价值取向。在教育中，知识的作用是关键的，是不可替代的。然而，知识不是客观中立的，知识进入教育势必会被选择和重构，这就为知识注入了主观色彩。作为特殊存在的课程知识有其独特之处，教师对课程知识理解后生成的观点势必会影响教育的过程和结果。培根的知识观对教育产生了重大影响。培根认为，知识和人的力量能够合二为一，即知识就是力量。个体

掌握知识的多少会影响其自我完善的历程，会影响其改造自然的能力；人类掌握知识的多少会影响其改造社会的能力，会影响社会发展的历程。受培根"知识赋能"思想的影响，科学知识成为学校教育的主要内容，"经验归纳"成了教育的主要方式。这一知识观对科学的广泛传播起到了关键作用，然而，将知识理解成"静态的理性知识"的局限性也随之显现出来。理性知识观对人的情感、态度和价值的漠视招致不同学派的批判。理性知识观无限放大知识的工具性，忽略了其内在的价值，忽略了知识的情感成分。知识还具有解放自我和帮助个体追求精神自由的功能，知识通过唤醒个体独立判断的意识和创造的精神，能够创造并生成新知识。课程知识中的科学知识和人文知识应该是共生的，对任何一方的偏废和漠视都是不可取的。课程知识观对学校的影响是巨大的，既影响教育过程，又影响教育结果。

（一）课程知识观

信息化时代，知识海量增加，而人的精力是有限的，个体终其一生所能掌握的知识也只是知识海洋中很小的一部分。个体有限的掌握能力同知识的生成速度形成了巨大的矛盾。不同学段的学生学习什么样的知识最有价值便成了国家课程必须考虑的问题。虽然世界各国的学者都对这个问题给出了自己的回答，但是没有谁宣称已经很好地解决了这个问题。在美国，受后现代主义的影响，许多学校认为通过搜索引擎就能够轻松获取任何知识，信奉教授知识已经过时的理念。然而，以赫什为代表的另一派美国教育家认为，不重视核心知识积累，而以儿童为中心的浪漫主义教育方式导致了美国学生阅读素养下降，导致了更大的教育不公平，弱化了美国人的身份建构（彭正梅，2021）。中国的课程教学没有走美国之路，核心知识教学仍然是课程知识的重要组成部分。学校在建构自己的课程知识观时，应深入思考课程中的核心问题，同时关注世界发达国家的做法，以便对自己有所启发。

从不同角度思考学校的课程知识观建设能使其更具开放性，保证其及时更新，确保其与社会同步。我国的课程知识观也在不断更新，解读国家的课程知识观既能使学校的课程知识观和国家的课程知识观保持一致，又能从中获取建构学校的课程知识观的灵感。信息化时代赋予了知识新的内涵，课程知识的内涵也变得更加丰富。课程知识不仅包括课程中的文化知识与技能，还包括人们在特定文化情境中对课程知识进行选择、协调、适应的能力，以及人的情感、态度等综合发展下形成的稳定的内在文化经验与品质（刘晶晶，

2017）。课程知识不仅包括静态的社会知识，还包括人与知识的互动知识，以及人与知识互动后产生的转化性知识。

教材是课程中社会性知识的重要载体，2020版教材经过修订以后发生了一系列重大变化。其中，思政、历史和语文全国使用统一版本的教材，其他九个学科的教材则可以一纲多本。教材内容沿用了核心知识的体系架构，但是加入了许多反映中国社会最新发展成果的内容。"核心"和"新"是2020版教材课程知识的两大特点。教材中的核心知识基于人类社会创造的知识体系，以中国社会认同为前提，以利于建构中国话语体系和表征中国身份为目的，希望通过课程知识建构中国人共享的文化心理。在全球化思潮影响下，"核心知识"是中国对课程知识观的自定义，是全球融入的自我身份建构，因为培养人才是教育的首要使命，这是不容置疑的。"新"体现了国家对教育的担当和对受教育者的人文关怀，及时更新知识体系、结构和内容，使得其同受教育者的生活建构起紧密的联系，能促进知识同受教育者生活世界的互动，进而提升知识教化人的效果。国家将本次教材的修订工作放到了国家事权的高度，聘任了全国顶级的专家和学者，完成修订工作，也体现了国家对基础教育课程建设的重视。

素养立意是课程知识观的一个重要方面，是知识与人互动后的个体表征。素养由知识技能、思维方法和精神品质三方面构成，这三个方面是统一的整体。知识技能是人的素养得以持续发展的基础，思维方法是素养形成的动力并决定人解决问题的范式。个体以知识和技能为基础，在实践活动中通过特定的思维方法与世界互动，会形成观点、理念、思想等精神层面的财富，也能够形成稳定的个性品质。素养兼具社会性和个性双重特征，是人建构其与自然、社会关系所形成的个体表征。教育部出台的《普通高中课程方案（2017年版）》对素养做出以下界定："普通高中的培养目标是进一步提升学生综合素质，着力发展核心素养，使学生具有理想信念和社会责任感，具有科学文化素养和终身学习能力，具有自主发展能力和沟通合作能力。"这段文字中，"素质"和"素养"的修饰词分别是：综合、核心、科学、文化。促进人内在气质发展的身体和心理知识统称为综合素质，综合是对知识的门类要求，是对课程设置"面"的规定，这就要求高中课程知识的覆盖面能满足学生的发展需求。"核心素养"是综合素养达成基础上的聚焦，新版高中课程方案聚焦关键能力、正确价值观、必备品格的培育。为达成上述目标，课程设置在照顾"面"的同时，要对课程设置分配权重，要重点关注关键素养的培养。科学是课程知识的基本属性，指向知识的产生过程和产生方式，合本质是科学属性的首要表现，合逻辑性是实践经验向科学知识转化的条件（刘艳，2021）。遵循科学原则是社会性知识向个体知识转化的基本原则，课程知识不仅具有合乎知识论检验的科学性，也具有其属人的文化性，通过对文化的挖掘、体验、生成，将文化精神内化到人的意义世界中，就构成了人的文化素养（张金运，张立昌，2017）。当知识内化于人时，要力求转化后的知识符合科学性，但受情感的影响，个体知识总会带有主观特征。科学性和人本性的统一使得课程既体现其工具性的一面，又体现其人文性的一面。

教材中的知识是多样态的，有静态的社会性公共知识，有方法论知识，还有能转化成素养的个体性知识，各种样态的知识是能够相互转化的，其转化流程见图 1-1。国家课程的知识观是学校建构知识观的基本蓝图，学校也是落实素养知识观的基层组织，学校只有将国家课程的知识观赋予校本化的内涵，才能将其转化成可操作的知识。图 1-1 中，核心知识通过"科学推理"和"文化化人"的方式与学生发生互动，内化于学生，最终形成素养，转化成个性知识。

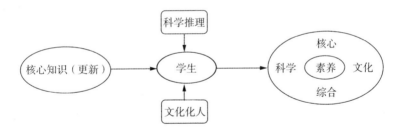

图 1-1　课程知识的流变

图 1-1 中，"更新"对于学校具有重要意义。教材的更新周期往往长达十多年或二十多年，然而信息时代知识的更新速度很快，生活在知识快速更新时代的学生，其接触的情景知识会同教材中相对陈旧的知识产生矛盾。为了解决这一矛盾，更新情景知识，并将知识同学生的生活情景紧密联系起来，能激发学生的学习兴趣，促进其核心素养的形成。学校也可以在学生的核心素养中注入校本化的内涵。核心素养包括核心知识、关键能力和必备品格，不同学段所侧重的内容各有不同，这就需要学校根据学段特征做好课程规划。

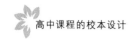

（二）课程知识的要素互动

图 1-1 中，课程知识的实质是静态知识同学生互动形成素养的过程。素养是知识内化于人的样态，也是评价课程实施效果的尺子，决定素养落实效果的关键在于学生与知识的互动。知识与人的互动不是冷冰冰的机械过程，人的情感、认知、思维都会参与其中，这些因素都会影响互动的效果。知识本身也会对互动的效果产生影响，知识内容同学生情感、喜好、认知能力的匹配度会影响人的认知行为。随着知识与人互动量的增多，人的情感、思维、品性参与互动的比重也会随之增加，这些要件会对互动的效果产生巨大影响。

素养是课程目的，素养的形成与发展有其自身的规律。素养形成的要件包括知识、能力、品性和价值等，其中，能力、品性和价值的形成都需要一定的时间，这一规律对课程内容的组织形式和知识的呈现方式都会产生重大影响。国家课程方案和学科课程标准是所有学校规划课程时必须依据的文件，国家课程方案又对学科课程标准具有统摄作用。依据国家课程方案，学科课程标准凝练了本学科的核心素养，明确了学生学习该学科应该获得的正确价值观、必备品格和关键能力。

2017 年版的国家课程方案和学科课程标准都对教材的编写提出了要求，即教材的编写要以大概念为单元组织知识。"以大概念为核心结构化课程内容"是对原有碎片化组织知识形式的匡正。碎片化组织知识的方式是功利知识观的产物，忽视了人的思维、品性和价值的发展规律。大概念的组织形式拉长了教学组织的时长，使得单元内知识的学习更具持续性，更有利于素养的形成。大概念揭示了事实性知识的附着点，通过图式组织知识的方式使得知识具有了联系。大概念知识结构的学习过程对学习者逻辑认知的要求更高，认知过程既强调知识的感知、记忆和内化，又强调运用联想和想象等高阶思维来建构知识的体系。大概念的知识组织形式，不仅能促进概念的意义理解，增强概念内部知识点的张力，还有利于学习者形成迁移力。学习新的概念时，学习者会对某个已知概念的习得过程进行迁移，运用已习得的逻辑思维方式建构新知识。迁移力对解决问题有重要帮助，是构成人的素养的重要能力。大概念的知识组织形式不仅会影响学习者知识的习得和能力的形成，还会对其品性的发展起到促进作用。

2017 年版的国家课程方案和学科课程标准对知识的呈现方式也提出了要求，即教材中知识的呈现要情景化，情景化的知识呈现方式对素养的形成具

有促进作用。素养的载体是人，人的情感和态度会强化或抑制素养的形成，同时，品性和价值是情感和认知共同作用的产物。基于此，学习者的认知过程中不仅要关注认知，还要关注情感。情景是教育发生的场景，也是知识转化的条件。原始口耳相传的教育、苏格拉底的诘问教育、孔子的对话教育，都是基于特定问题情景的教育。情景不仅卷入了认知，还卷入了情感，还原了知识的实践属性，是理性和感性的结合。不管是理性的推理，还是感性的直觉，情感的参与都能促进知识的多维化，能发展学生的综合素质。

三、通过认识学生来实现课程赋能

课程的核心目的是为学生赋能，赋能主要通过知识的流变来实现，使知识转化成潜在的知识，知识与学生互动后能转化成学生潜在的知识，是学生问题解决能力形成的基础。在学校中，学生与知识互动主要通过"人—知识"和"人—人"的方式实现。"人—知识"的互动模式是学生以文本为媒体，通过自主学习的方式，实现直接互动。"人—人"互动是学生通过教师或同伴等"主观知识载体"间接同知识发生互动。不管是直接互动还是间接互动，都受人的认知规律和心理特点的制约，还受人的发展规律的制约。依据上述规律，学校在课程建设过程中只有科学设计课程体系，方能实现课程育人。

（一）从认知论的视角来设置学校的课程

1. 知晓学生的认知发展规律与课程设置的关系

人与知识互动首先要遵循人的认知发展规律。皮亚杰将儿童认知发展规律划分为四个阶段，分别是感知运动阶段、前运算阶段、具体运算阶段、形式运算阶段。皮亚杰的认知阶段理论对教育的学制设置有重大影响，当前世界上通用的学前、小学、中学学制基本是按照这个理论进行划分的，与之对应的课程设置也基本是按照这一顺序来设计的。高中生属于儿童发展的最高阶段，学生的认知依靠抽象和表征材料来进行逻辑运算，也是思维发展的最高阶段。对于处在逻辑运算阶段的高中生，了解其身体、心理及认知特征是课程设置的前提。国家启动的新一轮课程修订率先在高中进行，虽然从国家层面上已经考虑到学生的学段特征，考虑到时代特征，但在课程落实方面仍然有大量工作需要学校来完成。教育部主持设计的中小学课程结构属于预设的课程结构，是尚未完全定型的文本式结构，其中还有一些空白之处与不确定之处，需要一线教育工作者给予必要的调整和补充（廖哲勋，2016）。皮亚杰在概括他的认知阶段理论时，强调各阶段出现的一般年龄因个人的智慧程度或社会环境不同可能会有差异（施良方，2001）。社会环境对学生认知的影响使得学生认知的发展水平存在不均衡性，我国幅员辽阔，学生的认知发展水平也因地域不同而存在很大差异，教育部预设的课程结构显然不能满足所有学校的个性需求。故此，学校要通过校本化课程来确保学校的课程内容同教育部的课程一致且能够发生合力。

2. 学校分析学生认知水平的方法及其意义

作为促进人与知识互动的责任主体，分析本校学生的整体认知能力水平是学校的首要工作，这决定了课程内容的深度和广度。分析的方法较多，例如，在学校生源相对稳定的情况下，可以根据二至三届毕业生的高考成绩，对学生的整体水平做对比分析，求出均值，就能够了解学生的整体认知水平。又如，把学生的入学成绩同区域的整体中考成绩做对比，分析出学生整体的认知水平。不管采用何种方式了解学生的整体认知水平，都有利于学校设置课程目标，确定学校完成国家课程的深度和广度，进而确定学校的课程数量和课程体系。认知基础分析对学校有着重要意义，总量控制的课程能让学生很好地平衡学习、休息和兴趣发展之间的关系。首先，学生能保证有足够的精力来学习，不至于因过重的课业负担导致出现身体和心理问题。其次，有规划的学习任务量能给学生腾出业余时间来发展自己的兴趣和爱好，提高其在校的幸福感，并为学生合理地规划人生打下基础。另外，预留的"空余时间"能让学校平衡学科课程和活动课程，使得两者相得益彰，促进学生的全面发展。

（二）从智慧生长的视角来设置学校的课程

1. 智慧生长是人发展的重要目的之一

智慧生长的重要指标之一是解决问题的能力。根据布鲁纳的观点，人的智慧生长依赖其通过认知迁移和转换来适应环境的能力及其在新环境中解决问题并适应环境的能力。奥苏贝尔认为，智慧生长可以通过训练解决问题的思维范式来习得。问题解决的步骤包括呈现问题、明确目标与已知条件、填补空隙、检验四个步骤。在填补空隙环节，人利用推理和顿悟等策略将已知和未知建立链接，是解决问题所需的关键能力。布鲁纳认为，培养学生解决问题的能力可以通过发现学习来实现。奥苏贝尔和布鲁纳都强调学习过程，强调思维训练。事实上，任何一个问题的解决都依赖于解决者的知识水平，"已有知识"对问题的解决有重要作用，这意味着知识量对顿悟、发现等能力的培养有重要作用。过度拉长知识学习的时长不利于知识量的快速积累；过度强调知识积累而忽视思维训练不利于解决问题能力的培养。两者的矛盾给学校的课程实施提出了挑战，如何平衡知识积累和思维训练是学校必须回答的问题。

2. 学校促进学生智慧生长的方法

根据布鲁纳的观点，人们若要超越直接的感觉材料，那么，所涉及的不仅仅是把感觉输入某一类别，并根据这一类别进行推理，还要根据其他相关的类别做出推理（施良方，2001）。概念获得的实质就是确立一个新类别，新概念的确立都是基于已有知识和对已有知识概念的再析取和合成。新修订的国家课程方案倡导大概念学习，就是基于大类别的学习，是适合高中学生智慧生长的学习。通过小学和初中的教育，高中生已经积累了大量知识，具备了基本的知识量，这是大概念学习发生的前提。大概念强调思维训练，强调规律，更强调过程学习。当然，大概念学习肯定不是高中课程实施的唯一方式，记忆和练习等强化范式的学习也必不可少，也就是说，学校设计的课程实施策略要兼顾知识积累和思维训练。

综合实践活动是高中课程的另外一个组成部分，内容包括研究式学习、社会实践、志愿服务。综合实践活动以项目或实践为依托，能创造真实或仿真的问题情境，有利于学生在真实情境中解决问题。这部分课程没有现成的教材，这对学校的课程规划提出了挑战。学校不仅要明确该课程的定位，将其看作学生智慧生长的重要组成部分，统筹设计该部分课程的目标、内容、实施方式，还要平衡该部分课程同学科课程的关系，尽量建构两者的联结，使学生能将学科课程所学的知识运用到综合实践课程中，使得知识体现其解决问题的价值，实现知识和智慧的协同增长。

第二节 课程校本化的定向与定位

学校最重要的使命是育人，评价一所学校的好坏必然要看其育人效果。学校的育人主体是教师，教师的素质在很大程度上决定学校的育人水平。"对话"是教师育人最为重要的方式，"对话"既包括以课堂为载体的正式"对话"，也包括教师与学生的随机对话。经过教师设计的师生对话内容是课程的形式之一，按照古德莱德的课程分类，这类课程被称为"运作课程"。学生从师与生的对话内容中获取的价值观、知识、技能（经验课程）的多寡很大程度上决定了学校的育人效果。从这个意义上讲，学校的课程决定并评价学校的育人效果。

一、古德莱德的课程分类

古德莱德将课程分为五类：理想课程（ideal curriculum）、正式课程（normal curriculum）、领悟课程（perceived curriculum）、运作课程（operational curriculum）、经验课程（experienced curriculum）。理想课程是研究结构和教育学者们根据国家意志，希望将国家和社会中优秀的价值观、知识、文化、技能、经验转化成学习内容，以期培养后继者。理想课程是一种待研讨、待论证的课程，是一种准实践课程，有些课程可能因为自身缺点而不能被实践。正式课程是由教育行政部门规定的课程，包括课程规划、课程标准、教材等。与理想课程不同，正式课程经过了官方批准，是被认可且能被投入实践的课程。领悟课程是学校和教师对正式课程研读后，将其同实践和经验融合，形成的以学校和教师为载体的课程。领悟课程经过加工，成为一种预实施课程，该课程受校情、学情和教师自身能力及水平等多重因素的影响，具有鲜明的个性特征。运作课程也被称为实施课程，是以师生为载体的课程，是"在发生"的课程。运作课程是"对话"课程，是由教师和学生两个互动主体共同实施的课程，对话内容多数情况下带有"被设计"的特征。经验课程的载体是学生，是学生通过课程学习知识、能力和经验。经验课程具有"终端"特征，能评价课程的实施效果。

古德莱德按照课程产生→发展→循环的序列对课程进行了分类，且对发展过程中的实体课程样态进行了界定。从理想课程发展为经验课程的历程中，不同主体的介入为课程注入了实践性，实践性使得各种样态的课程焕发出勃勃生机，21 世纪初我国的基础教育课程改革历程验证了这一点。以 1999 年《关于深化教育改革全面推进素质教育的决定》的颁布为契机，依据上述教育政策，不同学者从课程设置和实施层面提出了践行该政策的观点，这些观点

和思考不一定会成为国家正式课程方案的内容，故可视作理想课程。2001 年
6 月，教育部发布了《基础教育课程改革纲要（试行）》（以下简称 2001 纲
要），随即颁布了学科课程标准。2001 纲要、学科课程标准和国家认定的教材
共同形成了正式课程。从这轮改革中正式课程的目标和内容可以看出，其实
践性更强，更符合国家的发展、教育的需求和师生的发展需要。

2001 纲要中的课程改革目标描述如下：

1. 改变课程过于注重知识传授的倾向，强调形成积极主动的学习态度，
使获得基础知识与基本技能的过程同时成为学会学习和形成正确价值观的
过程。

2. 改变课程结构过于强调学科本位、科目过多和缺乏整合的现状，整体
设置九年一贯的课程门类和课时比例，并设置综合课程，以适应不同地区和
学生发展的需求，体现课程结构的均衡性、综合性和选择性。

3. 改变课程内容"难、繁、偏、旧"和过于注重书本知识的现状，加强
课程内容与学生生活以及现代社会和科技发展的联系，关注学生的学习兴趣
和经验，精选终身学习必备的基础知识和技能。

4. 改变课程实施过于强调接受学习、死记硬背、机械训练的现状，倡导
学生主动参与、乐于探究、勤于动手，培养学生搜集和处理信息的能力、获
取新知识的能力、分析和解决问题的能力，以及交流与合作的能力。

5. 改变课程评价过分强调甄别与选拔的功能，发挥评价促进学生发展、
教师提高和改进教学实践的功能。

6. 改变课程管理过于集中的状况，实行国家、地方、学校三级课程管理，
增强课程对地方、学校及学生的适应性。

从上面的描述中可以看出，原有的课程目标（倾向性目标）、课程结构、
课程内容、课程的实施方式、课程评价和课程管理都与教育的现状产生了
"适应性问题"，这也是本次改革正式课程重点要解决的问题。20 多年后反
观这次正式课程改革目标的达成情况，作为见证者和亲历者的学者及教师
都持肯定的态度，这也印证了这轮改革颁布的正式课程确实具有很强的实
践性。

对正式课程"解读→理解→认同→形成课程方案"的过程是正式课程向
领悟课程转化的过程，多个主体的参与会加速其转化。教育研究者与教育行

政部门通常以组织培训的方式来加速课程的转化；学校通常通过接受培训、研讨、实践的方式形成学校的课程方案，以此来加速课程的转化；教研组、备课组、学科教师会以学科为载体形成论文、研究成果、课程方案来加速课程的转化。上述课程的转化过程详见图1-2。

图 1-2　正式课程向领悟课程的转化

从图1-2可以看出，正式课程转化成领悟课程，课程的载体逐渐变得多样化，包括教育行政部门、教研人员、学校课程研究人员、教师等，这些载体在与国家课程互动过程中形成了多样化的领悟课程，包括"行政人员的领悟课程""研究人员的领悟课程""学校的领悟课程""教师的领悟课程"等，这些变式的领悟课程对正式课程解读的深度和侧重点会存在差异。对于学校而言，从学校和教师层面物化领悟课程的意义重大。学校层面上，学校应该建构自己的课程体系，形成学校的课程方案，这些物化的成果有利于引导教师形成学科的课程方案。教师层面上，教师会通过解读和领悟学科课程标准、教材、教参等文本材料和通过参加培训物化正式课程，形成"教师的领悟课程"。这两类课程是学校课程建设的重要组成部分，也是学校应该花大力气去做的事情。

运作课程最重要的载体是课程和活动，作为课堂教学实施者和活动组织者的教师，决定着领悟课程向运作课程转化的质量。领悟课程向运作课程转化的过程，如图1-3所示。从图1-3可以看出，领悟课程向运作课程转化的过程中，课程的载体由多元转化成单一，真正转化成运作课程之前，教师是主要的载体。也就是说，在课程实施层面，教师具有不可替代的作用。这也意味着，任何课程建设都是同教师的发展同步的，离开教师的课程建设是空中楼阁，是没有实体支撑的。

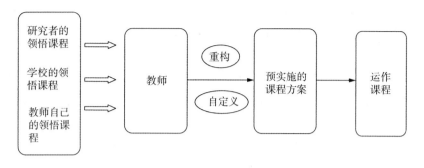

图 1-3 领悟课程向运作课程的转化

运作课程展开的形式是对话，对话的主体是教师和学生，运作课程的实施过程中，两个主体对课程转化的效果起决定性的作用。作为运作课程的设计者和实施者，教师的智慧对"对话"的效果有着重要影响。运作课程的对话既有预设性，又有即时性。对于即时发生的新问题，教师必须运用自己的智慧来加以解决，使得对话顺畅进行。此外，对话力也影响着对话效果，在"一对多"的特殊对话中，让尽可能多的学生参与对话是教师实施运作课程的基本能力。

经验课程的载体是学生，是课程发展的"终端"和"目的"，是评价课程质量的核心要素，能够检验前四种课程的质量。古德莱德经验课程中的"经验"有着丰富的内涵，是知识、技能、体验、思维、反思、情感等要素相互作用后形成的价值观和智慧，其核心是解决问题的能力，经验是过程和结果的综合，既指过程中的体验、感受、思维等，也指习得的经验。同社会生活中习得的经验相比，从学校课程中习得的经验略有不同，知识、技能、思维等的"经验"被密集习得，大量的间接经验学习加速了学生的成长。但是，学习过程中真实情景的缺位会让这些"经验"的应用大打折扣。

二、古德莱德课程分类对学校校本化国家课程的启示

按照古德莱德的理论，课程的样态具有多样性特征，是可以转化的。从理想向实践的转化，学校要有更多的担当。国家课程转化成领悟课程的过程中，学校不仅要进行自我转化，而且要促进教师完成转化。从领悟课程转化成运作课程的过程中，学校要发挥领导功能，使得课程的运作能够合理有序。从运作课程转化成经验课程的过程中，学校要发挥好课程监控和发展教师的

双重任务，促进课程落地的实效性。学校校本化国家课程的过程中，要做好定向与定位，使得校本化的方向正确，保持和国家课程的同向发展。

学校研读国家课程，首先要研读国家课程的内涵。钟启泉、崔允漷、张华对国家课程做了如下界定：国家课程是国家规定的课程，它集中体现一个国家的意志，专门为培养未来的公民而设计，是依据未来公民接受教育之后所要达到的共同素质而开发的课程。它根据不同教育阶段的性质与培养目标，制定各个领域或学科的课程标准或教学大纲，编写教科书。它是一个国家基础教育课程计划框架中的主体部分，也是衡量一个国家基础教育质量的重要标志（钟启泉，崔允漷，张华，2001）。这个定义明确了国家课程的性质和课程的育人目标，阐明了其制定依据和内容。国家课程具有权威性和统摄性，约束并设定课程校本化的方向，是学校课程校本化必须遵从的纲领和指南。

（一）依据国家课程的性质来确定学校的课程建设定位

国家课程体现国家意志，学校在校本化国家课程的设计中，要悟透课程中的国家意志，要创造性地对其进行转化来指导实践。深入研读国家课程改革的指导性文件是参悟国家课程的重要方式之一。2014年，教育部印发《关于深化课程改革落实立德树人根本任务的意见》，标志着我国的课程改革进入了一个新的阶段（简称为深综改阶段），这个阶段最具代表性的课改思想是立德树人，这一课程思想也是新修订的学科课程标准和新教材的指导思想。2019年，国务院办公厅印发的《关于新时代推进普通高中育人方式改革的指导意见》中提出了高中课改的近期目标：德智体美劳全面培养体系进一步完善，立德树人落实机制进一步健全，普通高中多样化有特色发展的格局基本形成。2022年，教育部印发了《普通高中学校办学质量评价指南》，指南提出：以习近平新时代中国特色社会主义思想为指导，全面贯彻党的教育方针，健全立德树人落实机制，引领深化教育教学改革，全面提高普通高中办学质量。遵循教育规律和人才成长规律，加快建立以发展素质教育为导向的普通高中学校办学质量评价体系。纵观这些课改文件，"立德树人""德智体美劳全面培养体系""素质教育"等关键词跃然纸上，这些关键词也是学校校本化国家课程的关键词，为我们确定了校本化改革的方向。

国家的政策法规在确定方向的同时，也为学校校本化国家课程留出了充足的空间。立德树人是国家为了培养社会主义建设者和接班人的既定教育策略，创新且能因地制宜地将这一策略应用到学校教育中，考验着学校的智慧。

学校要想从理论上解决这个问题，要先回答以下问题：立德树人的理论内涵是什么？高中阶段应该重点培育哪些"德"？学校立德树人的策略是什么？怎样评价学校立德树人策略的实效性？实践层面上，学校要重点解决的问题是怎样设计教师高度认同的"立德树人"教育实践规划。"五育"并举是国家培养人才的另一个重要策略，是马克思主义全人观在社会主义国家的教育实践。德智体美劳相对的均衡发展既是人成长的基本规律，又能满足国家对于多样化人才的需求。站在国家和学生发展的立场，学校需要从理论、实践及其相互的融通性三个视角来定位学校的课程策略，方能保持同国家立场的一致性和同向性。2022年，教育部印发了《普通高中学校办学质量评价指南》，其核心目的是要通过以评促建的方式来推进立德树人和"五育"并举的教育落实。对照这个文件，比对并自评学校的优劣点，也能帮助学校找准发展定位。

（二）依据国家课程的育人目标来定位学校课程的育人目标

国家课程的育人目标是培养社会主义的建设者和接班人，是培养未来国民的共性素质。我国的国家课程是为了培养服务国家的中国人，国家和国民认同的中国人特质是课程育人的首要目标。另外，我国作为社会主义国家，培养服务社会主义的国民是国家课程对人的素质要求。教育是为了培养未来人，未来人要服务国家的未来发展。当代中国同世界交往日益频繁，国家对具有国际视野的人才需求日益增大，培养具有国际视野的人才也将是学校校本化国家课程要重点考虑的问题。

深综改背景下，基础教育的课程编写已经被提升到了"国家事权"的高度，国家层面上的一系列措施正在推动这项改革的进程。国家聘请了全国顶尖的学者和教授，修订了课程标准，重新编写了教材，其中，全国统一使用的是语文、历史、思政课程的教材。国家课程的重大变化势必对学校的课程目标定位产生影响。定位学校的课程目标时，学校可以采用自上而下的方式。所谓自上而下的方式，就是在解读国家文件和学科课程标准后，抽象出学科课程体现"培养服务社会主义的国民"的共性特质，然后可以将其整合到学校的课程目标中。在学科课程中，各个学科都强调"家国情怀"特质的培养，学校可以将这个特质设置成学校课程的首要目标。当然，学校也可以采用自下而上的方式，在领悟国家教育和课程文件后，根据校情，为学校的课程目标注入"社会主义中国人"的内涵。

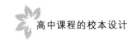

（三）根据高中学段的育人规律来定位学校的课程建设

高中是基础教育的最高学段，是基础教育向高等教育的转型期。历经 9 年的义务教育，学生个体的学业水平已经有较大差距，高中生要开始为即将到来的高等教育专业发展做准备。根据高中的学段特征，国家对高中的定位是特色发展。体现学校特色的关键领域之一是学校的特色课程，然而当前相对趋同的国家课程让许多学校觉得发展特色课程是一件难事。统一的国家教育政策、统一的课程标准、统一的教材（版本选择区域统一）似乎留给学校展现特色的空间并不大，这让多数学校把特色课程的发展纷纷转向了校本课程。然而，在学分结构中，校本课程的学分占比并不是很高，仅在校本课程这个小空间中建设特色课程显得视野过于狭窄。

事实上，国家课程的校本化有着非常广阔的空间，开发匹配学生智育水平的课程是一个重要方向。高中是人成长的关键期，学生的智力水平大大提升，抽象思维水平大幅提高，思辨能力逐渐接近成人，开始运用"理论"指导自己的认知行为。高中也是重要的分化期，校际学生的差距相对比较大，学生认知、思维、偏好的校际差异对课程的实施提出了挑战，不同学校必须设置不同广度、深度、难度的课程内容来建构自己学校的国家课程体系。在这个意义上，找准适合自己学校学生智育水平的课程就可以作为学校的特色课程。

随着学生思辨能力的发展，其判断是非的能力也在大大提升，智育和辨析力的发展使得这个阶段学生的情感发生了重大变化。与低龄段的学生相比，高中生的情感更加社会化，与社会生活相关的情感，诸如人生观、道德观、美感在其生活中的分量越来越重。正因如此，高中生的价值教育显得尤为重要。对于多数人来说，这个阶段习得的价值观对其一生影响深远。在这个阶段，给学生提供什么样的价值观教育课程是所有高中需要回答的一个重要问题。同样，由于高中生的思辨能力已经获得了较大发展，说教已经难以取得很好的效果。故此，探索适合高中学生情感特征的价值观教育课程是国家课程校本化的一项重要内容。

高中阶段是学生形成积极自我概念的重要时期，高中生开始更加理智地看待自我。在高中生自我概念的形成过程中，理想自我和现实自我面临分裂危机，自我肯定和自我否定的冲突很大。相对稳定却又不稳定的自我认知方

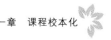

式会促使其在此阶段建构差异性很大的自我概念，开发自我概念课程并引导高中生形成积极的自我概念，对其生命的质量影响很大。自我概念源自反映评价、社会比较和自我感觉。反映评价是"我"从他人那里获取的反馈信息，高中学生获取的反映评价的信息来自与其关系紧密的家庭成员、老师、同学、朋友等重要他人，分析、判断、取舍这些信息对自我概念的取向有很大影响。社会比较是"我"通过同他人进行比较来发现"自我"和认识"自我"。自我感觉是"我"通过反思来认识"自我"，形成自我概念的方法。自我概念形成的理想"自我"对学生的行为有促进或抑制作用，积极的自我概念会强化行为，通过外因强化这些行为并使之持续发生并产生积极的结果，会增强学生的自我效能，自我效能的增强又能促成积极的行为结果。干预学生自我概念形成过程中的信息加工方式，干预自我概念与其行为链接的方式，这些课程都会对学生形成积极的自我概念产生促进作用。

高中阶段还是学生形成积极态度和优秀品性的重要阶段。态度影响个体对特定对象的行为选择，正向、积极的态度会让学生选择适切的行为来做人做事。态度经过接受、反应、评价、组织等一系列过程后，能够内化成品性。品性具有稳定性，能够预测个体的行为及行为结果，优秀的品性对提升人的生活质量意义重大，影响深远。品性的形成对时长的要求较高，短期的干预效果并不明显，这为品性教育的课程设置增加了难度。即便如此，开发品性教育课程对学校仍具有重要意义，因为品性教育指向人的"内核"，能够改变人的特质。对于学生而言，优秀品性的习得能改善人与社会的关系，改变自我概念，提高生活的质量。

第三节　课程校本化的关键问题

课程具有目的性和系统性的特征，课程的目的性决定课程的价值取向，课程实施要实现课程目的。作为课程规划和实施实体，学校要在全面理解国家课程目的的基础上，设计学校的课程目的，构建学校的课程文化。多数情况下，学校会用培养目标来诠释国家的课程目标。学校的培养目标是一切教育活动的灵魂，体现学校的办学主张，指导学校的办学实践。学校的办学理念体现学校对教育规律的认识和实践。培养目标体现学校对人的认识，对人的发展规律的认识。学校在建校和发展的过程中，办学理念和培养目标已然确定，但是随着学生成长环境的变化，随着学校教育需要承担的内容的变化，学校有必要重新审视自身的办学理念和培养目标，对其加以修正或者做出新的解释，以此来适应教育的发展和课程规划的需要。

一、再审视学校的办学目标

办学目标是学校建设的努力方向，引导学校的发展。办学目标分为软件和硬件两个部分。硬件建设，在资金到位后，按部就班地执行即可实现既定目标，而软件建设则是一个长期的过程。在软件建设中，教师、课程、学生是三大核心要素，这三个核心要素建设的达成度决定学校发展的高度。虽然很多校长明白这个道理，但是在制定学校软件发展目标时，依然很犯难，原因在于这三个要素是流动的，诸多不确定因素会对目标的达成产生影响。

（一）为学校的培养目标注入新的内涵

教育要回答"为谁培养人""培养什么样的人"和"怎样培养人"的问题。培养目标是学校层面教育目的的具体化，同时体现学校的特点。学校培养目标的表述面临两个矛盾，其一是学生生源变动与培养目标相对恒定的矛盾，其二是恒定目标与学校办学条件变化之间的矛盾。学生的流动性和培养目标的相对恒定性之间的矛盾为培养目标的确定增添了困难。鉴于此，很多学校借鉴了国家教育目标和联合国教育目标的表述，修订后将其转化成学校的培养目标。这样做能确保教育目标方向准确，还能规避频繁修订培养目标带来的麻烦。然而，国际形势的变化和国家的发展要求会影响国家的教育目的，对人才的质量会提出新的标准。课程育人目标的变化势必会影响学校，学校重新定位和再思考培养目标就显得尤为重要。

2020版各学科课程标准的育人目标强调了核心素养的培养，核心素养传承了素质教育的精神，进一步凝练了素养的内容，"有理想、有本领、有担当"的时代新人是素养的核心。"有理想"旨在培养为理想而不断追求的人，这是人的发展样态，也是人内在的精神状态。从品性发展来看，"有理想"同"进取"品质紧密相关，是人不断发展的动力源。"有本领"是人生存的基础，是人处理自己与社会之间关系的前提。"有本领"就需要不断学习，因为学习是铸就本领的主要途径，有本领是终身学习的结果。"有担当"是人处理好人与他人、社会、国家关系的前提。担当是责任和义务，也是享受权利的前提。担当需要主动作为的勇气，需要勇于承担责任的品性，担当是他人缺位时的主动补位，是勇于挑起担子的主动作为。担当品性的习得，不能止步于认识和体会，还需体验和实践。

（二）将国家的教育目标融入学校的培养目标

1. 让理想信念教育生根

哈佛商学院的一项调查显示：3％的学生有长远而清晰的奋斗目标，25年后，他们成了社会精英、行业领袖、政界要人；7％—10％的学生有短期清晰的奋斗目标，25年后，他们成为社会的中坚阶层、律师或教授；不到60％的学生目标不甚清晰，25年后，他们都是普通职员；不到30％的学生没有任何目标，25年后，他们成为临时打工者，少数靠社会救济生活。这项调查的结果提醒学校要反思一个问题：就算读了名牌大学，如果没有明确的人生追求，将来也未必能够成为一个对社会有重大贡献的人。

理想信念教育对国家和社会发展的促进作用是不言而喻的，为了实现国家的百年奋斗目标，将理想信念教育融入教育实践是教育人应有的担当，也是学校培养目标必须体现和予以落实的重要内容。将理想信念教育作为一个重要的培养目标，这与工具主义和功利主义相反，它强调人的发展、人的潜能的发挥，体现了人的发展与社会发展的统一、人的自然属性与社会属性的统一。遗传药理学家周宏灏曾说过（杨静东，2009）："人从出生起，生命的路上坎坷很多，一生就像大海行船、逆水行舟，绝不会总是风平浪静，时时会有风浪，会碰到暗礁，都能给我们很大的打击。但是，有远大理想的人，那种实现理想的信念就能给人以强大的力量。"周宏灏的话表明，理想与坚持相互作用，理想的引领将坚持转化成了坚守。

学校、家庭、社会和个人是影响理想形成的四个重要因素。汪君（2020）将上述四个因素作为因子，进行权重统计后的研究结果表明：学校层面占比67.88％，个人层面占比12.5％，社会层面占比11.55％，家庭层面占比8.87％。学校对青少年理想形成的影响占比最大，这与其年龄和生活特点密切相关。青少年时期，学生生活的主要地点是学校，接触时间最长、频次最高的人是老师和同学，学习和生活环境对其影响是巨大的。田永秀和朱利

（2015）对老科学家人生理想形成的影响因素的个案研究发现：中小学时代就立志报效祖国或从事科学研究的有 108 位，占个案总数的 65%。对高精尖人才的个案研究也表明，学校对于人的理想形成的作用非常大。上述研究表明，理想信念教育在学校教育中所占的分量较重，应该成为学校教育内容的重要组成部分。鉴于理想信念教育对个人和社会发展的重要性，新的时代背景下，学校在确立培养目标时，应该重新定位理想信念教育的比重。

在学校中，理想信念教育是卓有成效的，诸多教师在理想信念教育的策略和方法上做出了探索。他们将理想信念教育寓于目标教育中，将长期目标和短期目标结合，将班级目标和个人目标结合，培养学生的目标意识，引导学生追求理想并为实现理想而努力，这些实践成果是对理想信念教育的有益探索。然而，当前理想信念教育也存在一些问题，主要包括三个方面：其一是有些学校理想信念教育的氛围不够浓；其二是部分教师对理想信念教育的重视程度不够；其三是理想信念教育的方法和途径比较陈旧。让理想信念教育植根于学校，不仅要解决意识问题，还要解决方法问题。作为学校的决策层，领导班子要意识到理想信念教育对于个人和社会发展的重要性，要将理想信念教育融入学校教育的全过程。汪君（2020）的研究表明，教师的价值观和行为方式对学生理想信念的形成会产生重大影响，班主任的影响尤为重要。故此，班主任队伍建设是学校开展理想信念教育工作的抓手，也是在新时代革新理想信念教育方法的突破口。

当然，要想让理想信念生根，关键要看学生自己。理想信念的形成受多种因素的影响，有家长的因素，有教师的因素，还有社会的因素，而这些因素最终要通过内在的自我发挥作用，内在的自我在理想形成的过程中起决定作用（王柏棣，王英杰，2015）。理想信念要同现实结合，方能真正生根。现实社会由不同领域和从事不同领域的人构成，选择适合自己的领域或行业，方能让理想有生长的土壤。很多情况下，理想和现实是互为促进的，当个体体验到从事某一行业的乐趣和幸福，便会萌发从事该行业的意愿和追求。这样，现实不断为其注入发展的动力，推动其树立新的目标，个体实现这些目标的过程就会演化成其实现理想的过程。高中阶段，学生还不能充分体验某个行业，但是，其对社会领域的行业认知已经建立起来，经过多年的沉淀，个体的兴趣也已经逐渐使其明确了未来可能学习的专业。依托社会领域的职业认知，将兴趣爱好同学生的专业选择结合是高中理想信念教育的重要途径。

学科课程对学生理想信念的形成助力作用明显，高中阶段学生擅长的学科往往会同其未来从事的专业具有相关性，学科教师要适时地将其所教学科有杰出贡献的人的事迹转化成课程资源，潜移默化地影响学生。

2. 本领教育要体现全面发展

本领是个体与现实互动中完成特定任务所表现出来的能力，任何领域的本领，都需要经过长时间的练习。本领同任务之间的高相关性是本领教育的基本原则。《义务教育课程方案（2022 年版）》更加明确了"有本领"的内涵，值得高中学校借鉴。"有本领"的具体要求包括：乐学善学，勤于思考，保持好奇心与求知欲，形成良好的学习习惯，初步掌握适应现代化社会所需要的知识与技能，具有学会学习的能力。乐于提问，敢于质疑，学会在真实情境中发现问题、解决问题，具有探究能力和创新精神。自理自立，热爱劳动，掌握基本的生活技能，具有良好的生活习惯。强身健体，健全人格，养成体育运动的习惯，掌握基本的健康知识和适合自身的运动技能，树立生命安全与健康意识，形成积极的心理品质，具有抗挫折能力与自我保护能力。向善尚美，富于想象，具有健康的审美情趣和初步的艺术鉴赏、表现能力。学会交往，善于沟通，具有基本的合作能力、团队精神。

《义务教育课程方案（2022 年版）》中，"有本领"涵盖四个领域和一对关系，四个领域是智、体、美、劳，一对关系指个体同团队的关系。

"有本领"的智育目标要求是：培养学生乐学善学的能力和学习情感，实现学习知识、学习习惯和学会学习能力的综合发展，并以学生学力的提高来发展其解决问题的能力。综合性是新课程智育目标的变化点。知识学习、学习习惯、学会学习要共生发展，知识的习得过程要同思维、学习策略、学习品质共同发展。强调思维发展，不仅要会做，而且要会想，学思结合对问题解决起到关键作用。真实情境的问题解决是体现综合性的另外一个变化点，学科综合实践课程是达成这一目标的路径之一。

体育的本质是身体管理的教育，作为教育手段，通过体育锻炼能够增强学生体质，提高学生生命活力，促进学生身心健康。身体是人存在的基础，身心健康是智育、美育、德育和劳动教育发展的前提。体育是人类为适应自然和社会以身体练习为基本手段而自觉地改造自我身心和开发自身潜能的社会实践活动（周西宽，2004）。从这个定义来看，身体运动和心理锻炼是身体教育的基本手段和表现形式。"有本领"的培养目标也是从这两个方面进行界定的。2017 年版普通高中课程方案中对体育目标做了以下界定：坚持锻炼身体，养成积极健康的行为习惯与生活方式，珍爱生命，强健体魄。自尊自信自爱，坚韧乐观，奋发向上，具有积极的心理品质。由此来看，体育教育以身心为内容，以健康为目的，旨在促进学生的全面发展。同时，作为一种实践活动，身体锻炼也是培育品性的重要载体，从这个意义上来讲，"五育并举"的目标是一致的。

2017 年版普通高中课程方案中对美育做出了以下约定：具有健康的审美情趣，具有发现、鉴赏和创造美的能力。课标从审美的价值判断力和创造力两方面提出了要求，文字不多，涵盖的信息量却很大。美育的内容非常广，既包括物美，也包括人美。学校定义美育的内容时，也可以将这两个方面加以融合，既可以通过艺术课程来专门提高学生的审美能力，也可以将美育融合到其他课程中。其中，以人格美为内容，以锤炼理想人格为目的的美育是可以被融入各个学科的。理想人格的锤炼实质上是要把现实与理想、内在与外在、个人与社会完全统一起来，实现作为一个人所应有的尊严和价值。

劳动是受个人支配的创造性活动，其目的和价值在于创造物质财富和精神财富。劳动源自需要，是维系人存在的方式，劳动所创造的精神财富和物质财富是幸福感的源泉，所以劳动是获取幸福的活动。社会分工的精细化使得劳动的概念发生了变化，劳动包括为创造财富的所有脑力和体力付出。同时，劳动具有经济、社会、伦理等多重属性，这些属性为劳动教育目标的确定提供了参考。普通高中课程标准将劳动同其社会属性建立了联系，旨在通过劳动让学生具备社会适应能力。义务教育课程标准中将劳动同生活技能和习惯相结合，也是这个目的，即以劳动为载体来创造美好生活，创造幸福。学校在确定劳动教育目标时，要根据时代特点和教育部《大中小学劳动教育指导纲要（试行）》（以下简称《纲要》），丰富劳动教育内容，使得其更符合教育规律和学生的成长规律。《纲要》中对劳动教育的内容做出了约定，包括日常生活劳动、生产劳动和服务性劳动。同时，也为劳动教育的实现途径做了约定，高中生劳动教育的途径包括：（1）持续开展日常生活劳动，增强生活自理能力，固化良好劳动习惯；（2）选择服务性岗位，经历真实的岗位工作过程，获得真切的职业体验，培养职业兴趣；积极参加大型赛事、社区建设、环境保护等公益活动、志愿服务，强化社会责任意识和奉献精神；（3）统筹劳动教育与通用技术课程相关内容，从工业、农业、现代服务业以及中华优秀传统文化特色项目中，自主选择1—2项生产劳动，经历完整的实践过程，提高创意物化能力，养成吃苦耐劳、精益求精的品质，增强生涯规划的意识和能力。

2017年版普通高中课程方案对于处理我与我、我与他人、我与世界关系的本领提出了以下目标：正确认识自我，具有一定的生涯规划能力。文明礼貌，诚信友善，尊重他人，与人和谐相处。学会交流与合作，具有团队精神和一定的组织活动能力，具有全球化时代所需要的交往能力。尊重和理解文化的多样性，具有开放意识和国际视野。高中生在处理我与我的关系时，应以自我完善为目的，提高自我认识和自我规划的能力。处理我与他人的关系时，要在交流、合作中提升交往能力。建构我与世界的关系亦是如此，理解差异方能提升自我的包容和开放能力，了解多元文化方能真正接纳其他文化。

3. 担当教育要成为学校价值教育的重点

担当指承担、担负责任等，担当同情怀、意志和价值观紧密相关。人生需要担当，是人对自己负责的表现；家庭需要担当，有担当的家庭才能和谐与融洽；集体需要担当，有担当的集体凝聚力才会强；社会需要担当，有担当的社会才能更好地发展。《义务教育课程方案（2022年版）》中对担当教育的培养目标做出了以下约定：坚毅勇敢，自信自强，勤劳节俭，保持奋斗进取的精神状态。诚实守信，明辨是非，遵纪守法，具有社会主义民主观念与法治意识。孝亲敬长，团结友爱，热心公益，具有集体主义精神，积极为社会做力所能及的贡献。热爱自然，保护环境，爱护动物，珍爱生命，树立公共卫生意识与生态文明观念。具有维护民族团结，捍卫国家主权、尊严和利益的意识。关心时事，热爱和平，尊重和理解文化的多样性，初步具有国际视野和人类命运共同体意识。

担当是连接思想与行为的纽带，是从应然向实然转化的桥梁，能预测行为发生的结果，体现生命的价值。具备担当品质的人能正确认识责任和理想之间的关系，能将理想同行为紧密联结，将理想与责任紧密联系，会坚持不懈地奋斗来实现理想。人是有责任的生命体，生命的价值原本就在于责任的担当（杜坤林，2012）。清楚自身的责任担当是人实现自身价值的前提，实现个人价值的场域和视野决定了人实现的价值的大小。

担当的重要性是不言而喻的，但是其受重视的程度却并不高。家庭教育中，魏彤儒和廉旭（2020）"父母在子女成长中更重视什么"的主题调查表明：62.35%的父母更重视学习成绩，29.41%的父母重视兴趣爱好，仅有

8.24％的父母重视价值观以及担当意识的培养。学校教育，重智育轻价值教育的现象比较突出。

在社会主义国家，担当是维系社会团结的主流文化，是凝聚全国人民的重要国民品性。作为学校，要将担当教育贯穿于学校工作的始终，学校要扭转重智轻德的现状，平衡担当、本领和理想信念教育的关系。理想信念教育能提升个体事业发展的高度，担当教育决定人做事的意愿和投入度，本领教育决定做事的能力，这三者在人的发展历程中不可或缺。作为课程实施的实体，学校要把担当教育融入学校的课程体系，让担当教育落地。学科课程和活动课程是学校课程的主体，学校要考虑如何将担当教育同这两类课程进行整合。另外，作为课程实施者，教师对担当教育的认识决定了其实施的效果，必要的培训也能保证担当教育的落地。

社会担当对促进家庭和谐有着积极的作用。在家庭中，每个家庭成员都承担着相应的责任，只有每个人积极履行自己的责任，家庭成员才能互敬互爱，和谐相处。在子女教育中，父母应当从小培育其担当品质，使担当品质植根于其价值观和行为。学校不仅要积极落实担当教育，还应发挥其辐射力来影响家庭教育。学校要用好家校合作的平台，引导家长将担当教育融入家庭教育，让家长意识到担当教育对家庭和社会的重要性。此外，学校要提供富有实效的教育资源，指导家长在家庭中实施担当教育。实施过程中要鼓励家长及时分享经验，通过交流使这些经验成为共享的资源。

家长培训中，案例分享是一种相对高效的方法。培训教师通过案例将富有实效的教育策略传递给家长，有利于担当教育在家庭教育中落地。活动设计和活动后分享是通过活动落实教育目的的重要方法，然而这一看似简单的教育方法对于很多家长来说却很陌生。事实上，家庭生活是由大大小小的活动构成的，这些活动构成了一系列任务群。任务驱动又是实施担当教育最有利的条件，如果家长能充分利用好活动资源去教育孩子，一定会收到较好的效果。

（三）重构学校教师的发展目标

学校培养目标的落实要依赖教师，教师的课程能力起着关键作用。长期以来，教师培训注重提高教师的教学能力，而课程能力则没有受到足够的重视，这使得教师的课程能力普遍较弱。伴随着新的课程标准的出台，为应对多变、复杂、多样的改革，教师自身的专业能力急需提升。教师要重新定位自己的角色，重构教育能力。结构性的重建课程能力既不是对以往能力的点状修补，也不是线性的以新替旧，而是要针对教育环境的变化条件，重新识别胜任工作的关键能力要素（王威，2021）。提升教师课程能力的迫切性是不言而喻的，将其纳入学校的办学目标，是学校应有的担当。

1. 教师课程能力的可发展性

课程能力是教师以课程为对象，以个性的心理机构为基础，经过后天知识学习而生成的结果（皮连生，2008）。从定义来看，课程能力受个性心理特征的影响，发展水平会有个体差异。但是，作为一种学习结果，课程能力的可发展性为学校提升教师的课程能力提供了理论基础。对于教师课程能力的分类，一种思路是把课程看成一个系统，按照课程要素方式进行分类；另外一种思路是把课程能力看作学习结果。

课程能力包括认知性课程能力、实践性课程能力和研究性课程能力。认知性课程能力是思维、理念层面的认识，是开展课程实践活动的基础，影响教师的课程行为方式和课程价值取向（常珊珊、李家清，2021）。作为课程的重要组成部分，认知自我的知识体系能够帮助教师确定能力提升的领域，弥补原有知识体系的不足。多数有教学经验的教师已经熟知了课程的基本知识和课程实施方法，但是，对课程理论缺少系统学习，致使其对于课程理论的一些核心问题的思考不够深刻。实践性课程能力是指教师在课程实践中将课程目标转化为以学生年龄和现有发展水平可接受的、实际上可操作的课程行为，并在这个过程中运用课程相关技术完善支撑、监控评价实施过程与实施结果的能力（朱超华，2004）。实践性课程能力包括课程设计、组织、实施、评价等，是互为促进的活动系统。实践性课程能力是基于实践并通过反复练习形成的能力，这同一线教师的工作样态非常接近，教师对此类课程的操作能力一般都比较强。但是，由于缺乏课程系统观的指导，教师系统设计课程的能力仍有欠缺。研究性课程能力是教师在课程实践中对自身的课程行为进行自主审视与反思并服务研究的能力（常珊珊、李家清，2021）。自主审视与反思能保证课程的顺利和高效实施，确保课程育人效果。教师通过对一轮轮课程实践所蕴含的观念和行为加以系统、全面、深刻的审视，批判自我，能够有效提升自我能力。课程研究能力的实质在于研究，要将研究的对象聚焦于课程。

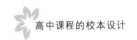

2. 教师课程能力的目标设定与达成策略

课程观是课程能力的核心，提升教师课程能力的关键是改造教师的课程观，提高其课程决策力和创造力。课程观是对课程本质的认识，认同课程育人的性质和价值，具备设计和实施课程的能力。课程观的形成通常要经历认知、价值判断和观念形成三个发展阶段。当认知活动基于需要时，认知的主动性会得到强化。教师培训工作中，必要的需求分析能够增强培训的实效性，提高培训效率。价值判断对教师课程观形成具有重大意义，当课程认知活动同教师建立起联系并能生成意义时，认知活动的价值就会得到教师认可，并转化成自觉行动。此外，课程能力既能帮助教师解决学校的教育教学问题，又能服务家庭教育。将课程实践从工作引入生活，场域的扩大增强了课程的实践性，经受过多场域实践检验的课程观才是真正的课程观。教师认可并能应用的课程观同教师的情感、认知、原有价值体系融合，会形成新的价值观。这种具有个性特征的课程观构成了教师课程能力的核心。

当然，课程观的形成是以特定问题的回答为标识的。首先要回答"育什么样的人"的问题。不管是学校还是家庭，共享特定教育目标是课程观指导不同场域教育实践的前提。另外，还要回答"哪些知识更有价值"的问题，这个问题的回答有利于教师平衡各种教育活动的占比，整合和选择最佳教育资源，优化教育资源分配。最后，要回答"怎样让知识发挥其最大效用"的问题，这个问题的回答对提升教师课程实施和评价能力大有裨益。

智慧的教育实践会影响一个人的终身发展。教师的课程能力是智慧教育的重要组成部分，该能力源自实践，能够通过个人的认识和反思生长。以特定任务为载体的培训是提高教师实践能力的重要方式，将"教师亲自规划、设计、实施一个课程"转化成一个培训任务，这种将培训内容同教师的工作结合的方式能减轻教师的负担，增强其对培训内容的认可度，提高培训的实效。具体操作步骤见表1-1。

表1-1　课程设计步骤

步骤1	培训课程设计（课程名称的确定、课程目标、课程内容结构、课程资源的选用等）
步骤2	提供一个可模仿的优秀课程设计

续 表

步骤 3	教师自己规划课程名称、目标、内容结构等
步骤 4	论证课程规划的合理性
步骤 5	对已论证的课程进行再设计（自我完善）
步骤 6	组织课程资源
步骤 7	课程实施并记录课程实施效果

单课程的开发可以聚焦一个主题或一个专项技能训练，但要对课程学习的时长有所约定。限定课程学习的时长能确保课程育人目标的实现，每个单课程的学习时长应该以四周为最低时限。课程的实施不仅是为了改变行为，而且要改变行为背后的思维习惯。唯有这样，课程才会助力生长，实现其价值。以单课程设计为载体的任务培训是一种系统培训，能将教师转化成创造者，有助于教师课程能力的整体提升。表 1-1 中，教师是课程的设计者、实施者、创造者。设计课程的过程中，教师需要规划课程名称和目标，并据此设置课程内容，并使之结构化。这个过程使教师转化成课程编写者，教师要系统思考课程设计与实施的关联性，整体规划课程及其逻辑结构。由于一线教师能够精准定位学生的认知能力和阶段发展目标，因此，教师亲自参与课程设计能让课程更精准地服务学生，提供适切的课程。教师的创造性劳动不仅能帮助其提升教育能力，还能让其找到成就感和幸福感。

设计课程的过程是创造的过程，实施课程的过程是再创造的过程。教师实施自己设计的课程，能更好地将学生、课程、自身知识加以融合，使之产生合力。作为课程的设计者，教师对课程目标、内容和结构的熟悉度更高，高熟悉度能让教师在课程实施过程中将长远目标和近期目标结合，提高育人目标的达成度。综合评价能改变评价的单一性倾向，提高评价的效率。以任务为载体的课程设计与实施，为教师的课程活动注入了创造性特质，能或多或少地改变教师工作的方式，顺应教师的成长规律。

高中课程的教学目标主要靠学科教学实现，学科课程包括必修、选择性必修、选修三类。学生完成规定学时，可获得相应学分，从而具备相应的资格，如学生完成必修课程的学科学习，就能达到本学科的毕业要求。任何学科的课程都是由综合的体系构成的，是多个单项课程的整合，综合性是学科承担育人任务的前提。综合课程的设计能力对教师全面理解和贯彻学科育人的教育思想至关重要。教师可以以必修、选择性必修、选修为一个意义单元，整体设计其课程目标、内容和结构；也可以以高中三年的学科育人目标为意义单元，设计三年的课程目标和内容。当然，教师这样做的前提是要悟透学科课程标准和教材，对两者的关联度进行深入思考，然后通过批判的视角来审视教材及其育人目标达成度的关系。在此基础上，对标学科课程标准，依据学生实际，调整和补充相应的课程内容，使得综合化的课程更加优化，更有利于育人目标的达成。为了能更好地设计综合课程，仅仅学习学科课程标准是不够的，教师还要深入学习国家课程方案，理解国家培养德、智、体、美、劳全面发展的社会主义接班人的时代要求。当前，对时代新人的具体要求是有理想、有本领、有担当。"三有"的要求表述简单，内涵却非常丰富。教师只有对国家新时代人才的培养目标有深刻的理解，方能在学科教育中体现"三有"目标，实现育人目的。

二、再思考学校的办学理念

办学理念是教育理念的下位概念，是学校对"办什么样的学校"和"怎样办好学校"的深层次思考成果。一般情况下，办学理念包括学校的办学目标、工作思路、办学特色等，但是有些时候，一些学校在结构化学校办学理念的过程中，把学校的办学目标、培养目标、办学理念剥离开来，办学理念被窄化成了学校实现办学目标和培养目标的路径，包括工作思路和办学特色两个部分。

办学理念高度浓缩的特征使得其承载了彰显学校主导工作思路和达成办学目标的任务。办学理念是人们对学校发展进行理性认识从而形成的具有普遍意义的理想、信念和价值观念，是对办学实践的客观反映，它以办学实践为存在的前提，在一定条件下对办学实践起指导作用，办学理念是灯塔，确立了学校发展的方向与目标并具体指引着人们的行为（江雪梅，2020）。办学理念对学校的重要性是不言而喻的。一所学校的办学理念，应该是领导班子和教师共同认同的理念，这样的办学理念能极大地增强学校的凝聚力，推动学校教育事业的发展。当然，随着时代的发展，办学理念也在不断更新。潘懋元（2003）认为：随着时代的进步和认识的发展，办学理念不断更新，用作理论探究的理念是一般的，而用作实践指导的理念则是特殊的，因此，办学者需要构建属于自己的办学理念，使之成为本校师生的统一认知与共同追求。我国一些大学在发展历程中，一直坚持学校特色的办学方针和理念。如中国科技大学的办学方针（理念）是：质量优异、特色鲜明、规模适度、结构合理。在一些大学纷纷扩大规模的时候，中国科技大学却始终坚持"规模适度"原则，正是这种坚守让该校取得了长足的发展，为社会输送了大批精英人才。随着时代的发展，中国科技大学将"潜心立德树人，弘扬教育教学传统"作为新的办学方针之一，将德与才统一起来，致力于培养德才兼备的人才，更好地服务社会。由此可见，不管是大学，还是高中，都要顺应时代，坚持特色的同时还要与时俱进。随着时代的发展，学校所处的社会经济环境也在不断变化，学校发展要随之不断更新，课程改革是社会发展的产物，其反映的价值追求也理应反映在学校的办学理念上。

有理想、有本领、有担当是国家对时代新人提出的要求，提高核心素养是国家对人才提出的新要求，立德树人是社会认同的教育方针。这些共同的价值体系是学校办学的基本依据，如何根据学校的需要，将这些价值体系融入学校的教育理念并指导实践是学校应该重点思考的问题。课程能直接体现立德树人的教育方针，以课程为抓手来落实"三有"教育目标也应当是行之有效的。课程是由诸多要素整合而成的系统，这个系统几乎涵盖了学校方方面面的工作，包括教师、教学内容、文化、规章制度等。学校的日常运转要耗去管理者和教师大量的精力和时间，革新教育理念，首先要找准抓手。学校的课程基本由教师落实，教师决定了学校办学理念执行的深度和高度。故此，以教师为抓手是学校革新办学理念的最佳切入点。

对于一个人而言，优秀的人格和持续的反思是其保持优秀的基本方法。如果一个优秀的人停止了反思，其优秀人格就会慢慢消退，无法维持。对于学校而言，拥有众多具备优秀人格的教师，整个团队就会优秀，而要想保持优秀，学校也要不断学习反思。从这个意义上说，革新学校办学理念也就是学校反思和提升的过程，反思是个人和团队发展的动力，教师反思最基本的方式是研究，也就是说，提高教师反省力的核心是提高教师的研究力。因此，学校应当借助一些平台，发展教师的研究力，使教师不断发展自己的人格，实现终身成长。

第二章

学校的课程建设

第一节　学校的课程规划

学校课程规划是学校在课程政策的规范下，为了实现自己的培养目标所采取的一种课程领导行为，这种行为既蕴涵了国家的意志，又承载了学校的意志，是国家权力与学校权力在课程方面进行对话的综合反映（靳玉乐、董小平，2007）。按照古德莱德的观点，学校的课程规划是领悟课程的重要组成部分，领悟课程是理想课程和正式课程的衍生课程，自然受这两种课程的节制，国家的课程政策会对学校的课程规划方向起到制约作用。学校的所有工作都要服务于培养目标，课程规划作为学校工作的重要组成部分，能促进学校的整体发展并成就学生，课程目标的制订和实施应该以培养目标的实现为主，辅以教师的发展目标。作为事实层面上的课程领导者，学校要认真研读国家课程方案等文本，落实国家意志。同时，作为课程领导者，权力和责任并重，学校只有不断解决课程实施中的实际问题，才能建设好课程。课程实施在学校层面上遇到的问题具体且复杂，不确定性因素较多，这就要求学校要对国家的课程进行调适和创新实施。

一、学校课程规划的基本问题

（一）规划学校的发展愿景

课程建设是一个永远在路上的系统工程，它牵动着学校工作的方方面面，学校教师对课程建设成果的期待通常也比较高。愿景是根据现有条件和信息对未来景象有远见的预测或期待，学校愿景指从学校现状出发对学校未来的一种有远见的预测或期待，学校愿景渗透了学校的基本价值（靳玉乐、董小平，2007）。

学校的课程规划内容通常包括课程体系规划和课程群建设规划两个部分。课程体系是学校的课程总和，是对学校课程的整体设计。课程群是由特定方式组织起来具有相对稳定性的课程的组合，课程群主要分为两类，一类是活动课程群，另一类是学科课程群。教师或教师团队设计的课程群或单课程是学校课程体系的组成要素，课程群的设置能够评估课程体系。学校课程体系的评价指标包括体系的完善性、整合性和可优化性。就完善性而言，开足开齐国家课程是学校课程体系是否完善的底线标准。整合性体现学校的智慧，整合能节省资源，促进学科知识的相互融合，促进知识转化成能力。可优化性要通过课程体系单要素的嬗变来引发其他要素的正向变化。

在学校的规划中，校长的课程领导力和教师的课程能力既是学校课程建设的保障因素，也是学校课程发展愿景的重要组成部分。作为学校发展的第一责任人，校长的课程领导力决定了课程发展的高度和厚度，作为校长，应当明确课程的基本理论和课程建设的基本方法。鉴于此，将校长的课程领导力发展列为学校的发展愿景，能够使学校的发展愿景更具感召力。教师的课程能力与课程建设成果直接相关，针对不同教龄和不同层次的教师，可设定不同的任务，通过任务驱动的方式提高教师的课程能力。课程任务按照由小到大的次序排列分别是：单课程、课程群和学科课程体系。

课程开发是根据学校课程的内源需要和内涵价值，建设研究团队、管理团队、领导团队，让团队成为课程发展的基本保障单位。团队建设是以目标为导向的，成员之间通过角色分工和技能互补，在任务推进中建立相互协作、相互信任的成员关系，进而形成合作共赢的团队。绩效评价制度建设对于团队有着重要的导向和促进作用，绩效评价既要重视团队成果的计量，也要重视团队协作能力的计量。在团队建设中，团队领导者的素养至关重要。领导者要做到高位引领、凝聚力量，建设团队的同时还要不断发展自己。团队领导者要有较强的组织能力和共情能力，既要能管理，又要会服务。团队领导要学术能力强、专业能力扎实、人品好且具有前瞻能力。

（二）发展学校的课程观

高品质的学校课程必须寻求课程理论对其进行规范和指导，课程理论可以帮助学校解决课程规划中无法回避的理论性和技术性难题（靳玉乐、董小平，2007）。依据课程理论并结合课程实践发展起来的课程观不仅能解决课程"是什么"的问题，还能解决"怎样做"的问题。课程的知识观、权利观、学生观是学校课程观的主要组成部分，对学校的课程设计和课程实施都会产生重大影响。

传统的知识观认为知识是客观的，但是人在学习知识的时候总会以自己偏好的方式完成，学习者同教师互动的时候，也更喜欢不同观点互动的学习氛围。平衡主观知识和客观知识的占比是学校课程规划必须做的一项工作，合理的占比和调控策略能够反映学校课程观的开放程度。高中生在已有知识、智力水平、加工知识的能力等方面的差异非常大，知识传递途径的同一性与个体的差异性体现了学校课程观的包容程度。另外，课程知识还要回应时代特征，课程知识流转的速度和知识更新速度的不对等是课程设计的另外一个难题，适时回应知识变化能让课程设计更加灵动。开放、包容、灵动的课程设计不仅影响学校课程观的取向，也会影响课程的育人效果。

权利观指学校对自己拥有的课程支配权的观点和看法。国家课程校本化的进程中，学校是课程的研发中心，教师是研究者，学校要把知识转化成经验，转化成学生解决问题的能力，因而学校是多极课程权利主体中的重要成员，是课程设计、开发、实施和研究的重要基地（靳玉乐、董小平，2007）。虽然学校拥有课程设计和实施的实质性权利，但是这些权利是国家的赋权，学校是在代表国家行使课程权利，学校只有透彻领悟国家意志的课程体现，才能行使好国家的赋权。同时，作为国家课程落地的主体，学校拥有的实践智慧会促进课程的创新、发展和更新。赋权和自主权是矛盾统一的，学校只有践行好这两项权利，才能真正发挥其课程研究和实践的基地作用。

课程育人是课程存在的终极价值，学生观体现的是学校对"发展中的人"的主张。界定好"发展中的人"能让课程与学生有效互动，而定义好"人的发展目标"能让课程发挥最大的价值。社会需要三观正确的人、终身学习的人、人格不断生长的人，价值、品性和能力的协同增长是课程最核心的目标。高中学校的近期目标之一是为高校培养人才，家长的关注往往会让这个目标超过其应占的份额，影响了长远目标的达成。学校需要平衡短期目标和长远目标的关系，表达学校的主张，方能引领社会树立正确的人才观。

当学校将知识观、权利观和学生观进行统整后，融入自己的价值判断，就成了学校的课程观，表达学校的课程主张。学校的课程观是指导学校课程规划的主导思想，能协调学校内的各种关系，解决各类矛盾，让课程依照其生长规律发展。

（三）确定课程规划的指导思想

学校规划课程要确定指导思想，并将指导思想转化成可应用的理念。学校的课程规划是国家课程方案的校本化版本，其指导思想和编写原则应该立足于学校。2017版高中课程方案的指导思想是：以习近平新时代中国特色社会主义思想为指导，以落实立德树人为根本任务，以社会主义核心价值为统领。校本课程规划要不折不扣地以此为指导思想，方能坚持正确的政治方向。国家课程方案的指导思想相对宏观，而学校运用这些指导思想时要具体化，要将宏观的思想转化成可落实的理念。以立德树人为例，我国传统文化中对"德"的释义很广，教育对"德"的定义也非常宽泛，包括品德、道德、美德等，学校应该根据教育规律和学生的道德状况对"德"进行新的定义。此外，立德树人对教育内容有次序约定，德是人的发展之根和成人之本，这意味着教育要以德为先，重智轻德的教育是行不通的。当然，树人的过程中，虽然德是成人的首要特质，但并不是全部，以偏概全的理解也是要不得的。全面发展是马克思主义对人的发展的要求，也是我国的教育方针。立德树人确立了以德为首的原则，但也要平衡德同智、体、美、劳的关系。社会主义核心价值观是统领课程规划的另外一个重要指导思想，学校要对社会主义核心价值观的概念、意义和形成路径进行深入思考，找准社会主义核心价值观的落实路径，然后将其转化成学校课程规划的指导思想。

（四）定义学校的培养目标

立德树人和全面发展的育人指导思想应该体现在学校的培养目标当中。当前，部分学校重"才"而轻"德"，这使得教育呈现出工具化倾向，造成学校人才培养目标实然与应然之间出现差异，不利于学生的全面发展，也不利于整个社会的健康发展（孟思欣，2017）。过度强调人的工具性会让学校陷入怪圈，谈教育必谈分数，谈育人效果必说升学率，致使学校的人文关怀极度缺失，学生的身心受到伤害。国家及时重拳出击，打破了这一怪圈，"双减"政策就是其中的重要措施之一。学校承担着让学生社会化的功能，学校也是最应体现人文关怀的地方。学校应该始终遵循教育规律，秉持自己的教育主张。培养目标最能体现学校的教育主张，课改背景下，时代新人的"三有目标"为学校指明了方向，学校理应重新定义自己的培养目标，承担应有的教育担当。学校运用立德树人思想定义培养目标时，不仅要考虑"德"的界定，还要考虑人的发展。事实上，国家、社会、学校都希望培养出健康、幸福的人，家长对于这一目标的认同感更高，学校理应将其置于培养目标的基础层来支撑其他目标。

培养目标是对人的发展的结果界定，运用人的发展理论指导培养目标的确定，可达度更高，科学性更强。全面发展是全人发展，是人的整体发展，这是高中教育最应重视的理论。"具身"是认知科学领域的热门研究课题，该理论认为心智植根于人的身体及身体与环境的相互作用之中，身体参与了认知，影响了思维、判断、态度和情绪等心智过程，身体活动影响着关于客观世界表象的形成（叶浩生，2014）。具身理论对全人发展的贡献之处在于：体育和劳动（体力劳动）这两种指向身体的教育和德、智、美这三种指向心智的教育是同等重要的。身体不仅是心智的载体，而且同心智一样，参与认知的过程，身体学习的"具身"身体经验也是建构知识的方式之一。学校首先应该培养一个身心健全的人，健康的身体能为心智的大发展提供基础，精力充沛的人能创造出更多的成果。从这个意义上讲，当教育不能改变一个人的起点智力水平时，改变其身体素质也可能让有机体创造出更多的社会财富，通过培养身心和谐的人，尊重其个性与意愿，启迪其智慧，最终就能将其生命价值最大限度地开发出来。除了具身理论外，多元智能理论也对全面发展的全人教育有重大贡献。通过这些理论的学习，学校方能始终践行全人发展，坚定教育主张，始终落实正确的教育主张。

　　毕业生的素养形象表述是对于素养教育的学校表达，最能体现学校的培养目标和教育主张。从外因来看，毕业生的素养受国家、社会、家长和高校标准的共同影响。从内因来看，毕业生的素养是学校表达教育主张的重要途径，能够体现学校的教育成果样态。对于学校而言，毕业生的素质有其共性的特点，又有其个性的一面。身心健康是基本，学校毕业生的形象表述中，身心健康处在第一层面。当然，对于健康的内涵表达，学校可以有其个性化的表述。高中是人的价值观形成的重要时期，故此，正确的世界观、人生观和价值观是毕业生素质中不可或缺的部分，也是学校教育承载国家和社会意志的体现。知识教育是高中教育和高等教育共享的内容，也是衔接两者的桥梁。知识是思想、观念、行为发生的内隐系统。能力是人完成某种活动的心理特征，知识和实践共同作用后会把潜能转化成外显的能力，能力是人走向社会的立身之本。知识和能力的发展结果是毕业生素质的组成部分，知能兼备是高中生应有的素养。信息时代背景下，学习是人适应社会的基本方式，自主学习是个体与社会同步的条件，主动发展能够使人创造更大的价值。主动发展以特定品性的形成为标志，是人的动力系统，独立、创造、进取等品性是主动发展的必备品性。学校毕业生的素养表述中，主动发展是最高层面的素质，这一素质能够让学生走向社会后实现终身学习，不断提升自己的人格，创造出更大的社会价值。图 2-1 的学校毕业生素质构成结构图可以为学生

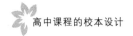

的形象表述提供思路。

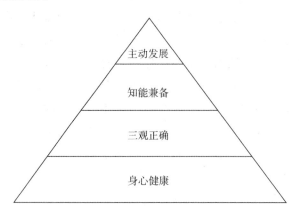

图 2-1 学校毕业生素质构成结构

二、学校的现状分析

(一) 如何分析学校的现状

教育实践有其本身的主体性,教育实践是教育理论的基石。但是,教育理论能够厘清教育实践中存在的问题,并提供解决的思路,实践和理论的融通是解决教育问题的最佳方法。理论学习能为课程规划提供思路,能让学校更加准确地理解国家政策。然而,建立在校情基础上的课程规划才更科学,更具实践意义。

认识自己是自我发展的前提,认识自己才能找到长善救失的策略,找准自己同社会的契合点,一步步地发挥出个体的最大价值。学校在做课程规划时,认清学校的现状也非常重要。精准的学校现状分析能让学校更好地设置课程,充分利用课程资源,发挥课程的育人功能。学校现状分析的首要对象是学生,其次要分析教师现状。分析一线教师和课程课时量的匹配度,只有教师数量满足课时量才能保证开足、开齐国家规定的课程。教师分析的另一项内容是学科教师分析,要分析整个教研组的师资结构、学术水平、课程开发能力和课程实施能力。另外,还要对教研组的领军人物进行重点分析,重点分析其组织协调能力、共情能力和专业精神。

学校管理团队成员分析是学校课程现状分析的重要内容。学校管理团队的核心是校长，校长对课程的认知力和决策力决定了学校课程建设的高度。认知力包括校长对课程的理解和重视程度。理解是校长对课程的基本看法，包括课程在学校发展中的作用、影响课程建设的因素、课程建设的基本思路等，校长对课程工作的情感和态度决定了校长对课程工作的重视程度。决策力是校长整合学校人、事、物来服务课程建设的能力，对学校的课程建设有重大的影响。管理团队分析还应分析学校领导班子成员的课程能力。课程建设中，领导班子成员的课程能力对课程推进起着关键作用。学校的课程主要分为两类，一类是学科课程，另一类是活动课程。主管这两项工作的领导，不仅要负责这两类课程的规划，还要组织团队开发和实施课程，这对主管此项工作的领导的规划力、领导力、组织力要求颇高。此外，整个管理团队的配合也十分重要，学校的财力物力支持也是推进课程建设的重要因素。

对学校现有组织制度和课程制度进行分析也是学校现状分析的重要环节。学校的基层组织形式包括年组、教研组、备课组等，基层组织是学校教学和学生管理的基本单位，分析这些基层组织的组织能力和研究能力对优化课程开发团队具有重要意义。课程开发工作周期长，工作量大，对团队的合作能力要求高。基层组织分析能让学校从另一个视角来优化基层团队。学校的课程制度分析中，首先要分析学校现有制度对教师课程的权责界定，这会对课程建设的长远发展起到助推作用。其次，要分析学校是否有课程成果奖励制度，奖励制度对教师开发课程的激励性很大，能够影响到学校高质量课程的数量。

（二）再配置人力资源和重构课程制度

学校的课程建设是学校全体干部、师生共建的工作，是上下协作的工作，是多点开花的工作。课程工作的包容性和拓展性要求学校合理配置人力资源。配置学校人力资源时，应先从管理体制开始。现有的管理体制多以德育、教学、总务为三条主线，采用线型或协作式块状管理方式，多数活动课程由德育部门管理，学科课程由教学部门管理。这种管理模式的优势是课程的权责相对清楚，有利于工作分工，劣势在于课程系统育人的功能不能得到充分发挥。因此，校长应该亲自参与课程管理，负责课程的规划、统整、协调工作。

学科教师对课程的实施并不陌生，但是将原有的单节课或章节课转化成内联外延的课程对教师来说确实有挑战。如，教师的精力和时间不足同开发课程所需的时间是有矛盾的。正视这一现实能让学校的资源配置更合理，更切合学校的实际。如学校可以组织教师通过合作性团队分享项目工作。以单课程项目为例，假定项目团队有 4 名成员，每位团队成员只需承担 1/4 的工作就可以完成这个项目，再花费 1/8 的时间熟悉其他团队成员的成果，这样平均到每个人在该项目中使用的时间就变成了原时间的 3/8，大大地节约了时间成本。这个例子说明合作型团队建设能够使教师工作和学校发展实现双赢。课程建设背景下，理性思考这一做法的合理性并将其转化成管理实践能节约人力成本，提高资源配置的效率。

学校组织制度的优化，其实质是要优化教师和教师、领导和教师之间的关系，这就要求学校认真思考并定位教师组织的属性。专业性是教师的职业特征，繁杂性和创新性是教师的工作特征。专业性的单兵作战组织形式很难解决繁杂性和创新性的矛盾。如果不能将教师的手和脑解放出来，创新性的发挥就会大打折扣。鉴于此，建设合作样态的教师组织能相对有效地解决这两者之间的矛盾，扁平化、合作型的教师组织能凝聚教师的合力，实现团队成员的共同发展。

学校有两个最重要的课程制度，其一是学校的课程开发和实施制度，其二是课程奖励制度。学校的课程开发和实施制度是对学校教师开发和实施的权责约定，要把教师的课程开发和实施权框定在国家约定的范围内，政治方向和意识形态是红线。另外，还要约定课程范围，教师开发的课程内容要隶属于学校的课程体系，服务学校课程体系的育人目标。学校的课程奖励制度同学校的人力资源组织制度要具有同向性，要以团队奖励为主，鼓励团队合作。同时，可应用性和可推广性应当成为成果奖励的基本条件。

三、学校的课程结构

（一）课程结构

课程结构是课程内部各要素、各成分密切联系、有机结合的组织形式。受社会因素、学生因素和知识因素的综合作用，课程内部必有的课程目标、课程内容及学习活动方式的组合，以及在此基础上形成的多种课程类型的组合和多种教材类型的组合均须符合受教育者身心和谐发展的要求，从而形成合理的整体结构（廖哲勋，2016）。课程结构主要有两种组合方式，其一是课程目标、课程内容和学习方式的组合，其二是课程类型的组合。这两种组合方式不是纯粹静态的单向组合，而是横向间彼此互动的。通常情况下，为了便于设置和管理课程，学校会选用一种组合式的结构方式，形成学校的课程体系。2017 年版的高中课程设置以课程类型为主要的结构方式，分为必修课程、选择性必修课程和选修课程。2022 年版的义务教育课程结构同样以课程类型为主要结构方式，分为国家课程、地方课程和校本课程三类。高中的课程分类之所以与义务教育学段不同，是因为高中学段在强调课程内容思想性、时代性、基础性、关联性的同时，更加强调选择性。

（二）规划学校的课程结构

1. 宏观的隐性和显性课程结构

学生获得的经验应该是整体性的，是知性、理性和情意的整合，学生获取经验的方式是多元的，具有非线性特征，依据学生认知发展的需要，同时开发显性课程和隐性课程，能拓宽课程资源，优化学校的课程结构。学校教育的主要功能是将社会的理想、价值、知识和能力传递给学生，以促使学生有组织地完成"社会化"，凡是能够促使上述目标实现或产生意想不到的学习结果（知识能力或道德规范）的，都可称为隐性课程（高晓文，白钧溢，2021）。学校层面的隐性课程主要包括三类，其一是物质文化课程，其二是制度文化课程，其三是精神文化课程。物质文化课程主要指校园物质环境，学生同这些资源互动时会形成活跃的课程资源。制度文化既包括学校成文的制度组织，也包括学风、班风、师生关系等自然形成的习惯和约定。精神文化课程包括价值观念、品性、情感态度、思想道德等课程，这类课程通常蕴含于正式课程中，通过隐性方式流变。

学校规划显性课程结构时，应该以国家规定的结构为主导，以方便课程管理、利于课程开发和实施为原则，建设学校的课程体系。对于采用德育、教学、总务线性为主体管理的学校，可先以学科和活动课程为主课程结构，建构学校的课程体系。对于班容量大且年级领导下沉年级管理的学校，由年级承担课程管理和开发的功能，建构开发学校的子课程体系，然后整合成全校的课程体系。学校的课程结构方式要利于该结构中各个要素的互动，促进学习者身心的和谐发展。高中课程方案实施后，必修、选择性必修、选修的课程结构组织形式从实验到推广应用，实现了其预期的效果。必修课程是所有学生必须修习的课程，通过一年半的课程学习，学生能拿到绝大多数必修学分，这为不参加高考的学生提供了便利，通过学分认证后，这类学生就可以选择其他方式完成高等教育。选择性必修是所有参加高考的学生必须学习的课程。通过选择性必修课程的学习，能够为学生接受高等教育做准备。必修课程和选择性必修课程的学习过程中，学生需要先选科，多样化的选择组合尊重了学生的个性选择，充分考虑个性兴趣的课程组合有利于激发学生的个人潜力。选修课程包括两部分内容，一部分是国家在必修和选择性必修基础上设计的拓展、提高及整合课程，一部分是学校根据学生多样化需求和学校发展需要设计的课程。选修课程是学校统筹规划，学生自主选择修习的课程，学校对其有较大的自主权。根据学校类别、学生基础知识水平，学校可以调整课程的难度、深度和广度。选修部分的拓展、提高、整合课程在高中最后一年的占比较高，课程内容的模块功能趋弱，整合功能增强，这要求学校依据学情和校情认真利用和再开发这部分课程。学校课程团队开发课程的能力越强，课程实施后的育人效果就越好。校本课程相对比较灵活，在课时和学时配置许可的情况下，学生可以自主选择修习校本课程。必修、选择性必修、选修的课程结构明确了国家主导课程的权利，同时为学校提供了空间，校本化国家课程结构的首要任务是要完成选修课程的精准选择和校本课程的科学开发，使得整个课程结构不断完善。

学校的课程体系是多层次的，不同层次承担各自的功能，然后通过互动来实现课程的育人目标，图 2-2 是多数学校的宏观课程结构。

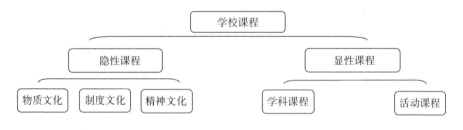

图 2-2　宏观课程结构

2. 中观的多学科整合课程结构

宏观的课程结构能勾勒出学校的课程架构，更细致的课程建设应该考虑二级课程要素的组成及其互动形式。以学科课程为例，要考虑学科课程的分类与整合，建立整合后的学科课程的目标、目标体系和内容（表2-1）。通过学科整合，设置多学科共享的课程目标，有利于打破学科壁垒，加强学科沟通，提升整体育人效果。

表 2-1　学科整合类课程体系

	核心目标	基础目标	拓展目标	发展目标
人文与社会	指向人文素养，注重学科课程的工具性与人文性的协调统一；培养思辨、演绎、归纳等综合思维能力；培养共情、挑战、关爱等品性；培育学生社会主义核心价值观的形成。	阅读与写作、中外历史纲要、国家制度与社会治理、哲学与文化、当代国际政治与经济、法律与生活、逻辑与思维等。	中国古典文学类、外语及其文化类、中国传统文化史学类、政治经济学类、学科思维等。	思辨与表达、文化理解、模拟政协等。
科学与技术	指向科学素养，注重学生的科学精神；注重独立的思考能力、质疑能力和批判性思维、创新性思维；培育认真、踏实、严谨、求是、进取、坚毅品性；形成良好的科学道德。	函数、不等式、图形、统计、力学、热学、振动和波、电学、光学、原子物理、科学实验、化学与生活、化学反应原理、有机化学基础、结构与性质、遗传与变异、环境与稳态、信息技术基础等。	数学与生活中的物理、物理学史、化学史、细胞生物学、分子生物学实验、微生物学、机器人、几何画板和数据统计等。	物理学科竞赛课程、化学学科竞赛课程、生物学科竞赛课程。
艺术与审美	指向培养学生的艺术素养和审美能力；艺术理解和表达力；培育观察、想象、创新品性；促进学生的人格形成。	艺术欣赏与评述、艺术综合与探索、美术设计与应用、美术造型与表现、歌唱、欣赏、鉴赏、乐理等。	合唱团、摄影社、美术社团等。	书画、国画、篆刻。

	核心目标	基础目标	拓展目标	发展目标
身心与健康	指向培养学生积极健康的生活态度；积极地强壮自我，勇敢地超越自我的健康精神；培育不怕困难、勇于拼搏的品性。	田径、足球、篮球、排球、体操、武术、体育与健康基础知识。	羽毛球基础训练、排球、篮球基本战术理论与实践、心理学与生活、生涯课等。	羽毛球、田径、足球等指向专业选择的课程。

3. 微观的学科和活动课程结构

学科课程是教师最熟悉的课程，也是占课时和学时最多的课程，学科课程的结构方式对学科育人效果的影响也最大。必修、选择性必修和选修相结合的方式是学科课程的主要结构方式，这是国家课程方案在学科课程上的体现，所有学科课程都要遵守这个约定。统一约定的课程设置有其自身的优点，多学科共享同一个课程结构有利于学科整合，有利于相近学科的知识融合，能提高学生综合运用知识的能力。当然，受区域和校际学生差异的影响，单一的课程结构无法满足学生的个性发展需求。鉴于此，在满足开齐、开足国家课程的基础上，有些学校尝试设置基础、拓展和发展三个梯次结合的课程结构。这一结构是对国家主导课程结构的有益补充，每个课程可以单独设置内容和目标，内容和目标螺旋上升，课程既独立又相互衔接。通过控制课程的难度、调整选修课程的学分、设置多样化的课程，以满足不同学生的需求，该课程结构以促进学生的全面发展为目标，调适了课程内容和学生发展的关系，是一种有效的课程结构。

活动课程包括晨会、班会、军训、重要纪念日活动、社会实践活动、志愿者活动、研学活动、学科类活动等。与学科课程相比，单个活动课程相对独立，活动的目标指向具有多重性特征。基于这一特征，可以根据活动类型设计课程结构，图 2-3 就是此类课程的结构。结合三年连贯的目标体系，可以分学段设置学段目标及课程内容，合理配置课时。

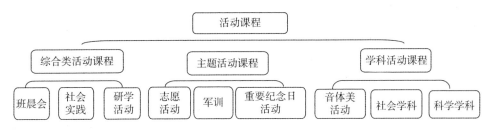

图 2-3 活动课程结构

第二节 学校课程建设的阶段目标

学校整体的课程方案是学校课程规划的重要组成部分，是学校层面自上而下的课程发展规划，内容包括阶段目标、内容、实施步骤、可能遇到的问题及解决措施等。学校整体的课程方案的阶段目标可以是三年期、五年期或六年期，阶段目标有助于学校在特定阶段专注于特定的课程行为。方案的内容包括学校的课程设置方案、开发方案、实施方案和评价方案等。课程方案中的实施步骤具有实践性，是对行为程序的约定。课程方案的推进过程中，可能遇到困难，预估困难对方案的落实能起到积极的作用，预估的解决措施会在真实情境中转化为补救方案，而未能预估困难的方案则难以落地。

一、学校课程建设的阶段目标

学校整体的课程方案中的阶段目标既要回应学校课程的发展愿景，还要回应学校的培养目标。学校的课程发展愿景通常是描述性的且带有画面感的"图"，愿景更多地表达了学校的愿望，描绘了学校通过实践，追求所向往达到的境界，愿景描述的场景需要长时间的努力方可达成。阶段目标指向愿景，是对愿景的回应，但是更加清晰可视，可达成度更高。体系完善且整合性好的课程体系是多数学校课程发展愿景的局部体现，要想实现这个局部愿景，学校要把愿景的实现转化成一个个阶段目标，依赖可视化的目标来达成。任何课程行为都是基于特定目的且指向特定结果的，课程行为受学校培养目标的制约并要体现培养目标。

学校根据自身实际，可以设定不同维度的阶段目标。课程开发基础薄弱的学校，可以以国家课程的校本化为重点，设定阶段目标。对于任何一次课程改革和教材变动，学校都要投入大量的时间和精力来完成校本化工作，挑战性很大。对于教师而言，则要先完成新课程方案和学科课程标准的解读。学校要有担当，为教师提供优质的培训资源，助力教师领悟课改精神，并促使其将课改精神创造性地应用于实践。针对校情，学校可以编制类似表2-2的阶段目标，也可以依靠内部的研究团队，研究教材结构和内容，分析教材同国家课程方案、学科课程标准的衔接点。在此基础上，确定学段目标，根据学校的课时和学时，统筹配置学习资源，使学习资源能够辅助教材，两者形成互补。学校还可以引导优秀教师团队开发主题课程。主题课程是教师在研读学科课程标准的基础上，结合教材内容，以主题和专题为基本架构，将教材中同一主题的教学内容按照学生认知发展的规律，统筹设计后形成的课程。主题课程以探究为主要学习方式，学生可以自主研读目标学习资源，形成自己的观点和结论。

表2-2　国家课程校本化实施的阶段发展目标

目标分类	达成度
基础课程	1. 教师能够领悟课改精神，并能转化课程目标。 2. 通过一轮教学，教师熟悉教材的基本架构，知晓课程标准和教材的衔接点。 3. 教师熟悉教材的优缺点，能够根据教材补充、调整教学内容，使之更切合国家课程方案和学科课程标准。
主题课程	1. 学科教师根据国家课程方案和学科课程标准，将教材内容分成不同主题，并形成主题或专题课程。 2. 依据学校的培养目标，确定活动主题，学生参与项目式主题学习。

课程开发经验丰富的学校，可以以某类课程为重点，确定阶段性发展目标。课程开发的过程中，调适课程是所有学校必须做的事情，如果学校教师资源充足且教师开发课程的能力较强，可以在完成调适课程的基础上，开发

拓展型课程。与基础型课程相比，拓展型课程是一种体现不同基础要求、具有一定开放性的课程，拓展型课程能够满足个性需求，能够照顾学生的个体差异。拓展型课程的科目种类和育人目标体现了学校的教育价值追求，对于促进学校办学特色的形成具有助力作用。以拓展型课程为主题确定学校的课程目标时，要定位课程的育人目标，要根据学情对课程的门类做整体的规划，要统筹配置学科课程和活动课程的占比，要有一定比例的综合实践学习领域的课程。表 2-3 是一个以拓展型课程为主题的样例。

表 2-3　拓展型课程样例

目标分类	达成度
拓展型课程	1. 学科类课程要悟透学科课程标准，根据学科课程标准和学情，定位本校学生的学科学习目标，根据学科学习目标确定课程框架。 2. 比较并定义课程框架和教材的结构框架，开发必要的拓展内容并使之满足本校学生的学科发展要求。 3. 根据学校的培养目标，定义活动课程的类型和科目，系统设计活动课程的种类和科目并使之连贯，活动课程要共同服务于学校培养目标的达成。
学生发展	1. 培育主体意识，发展自主学习能力，提高自我规划和自主选择能力。 2. 完善认知结构，能够综合运用多学科知识解决问题。 3. 在新情境或陌生情境中能够发现问题并运用创新思维提出解决问题的方案。

二、学校课程建设与学生发展机制

培养目标能够诠释学校的教育价值，作为培养目标的重要组成部分，学生发展目标是对学生品性、能力、素养的结果界定，约束学校所有的课程行为，也最能体现学校的学生观和课程观。以某校的学生发展目标为例，该校将"培德·增智·育慧"定为学生发展目标。"培德"重在明德，明德修身是根本；"增智"是由"知"到"智"，格物致知是发展；"育慧"是由"智"到"慧"，正心诚意、实践创新是目的。该校学生发展目标的指向同国家课程方案的培养目标是一致的，同时体现了学校个性化的教育追求。图 2-4 诠释了课程实施过程中人的变化，从第一个"人"逐渐向第三个"人"转化，实现全人发展目标就是要把人变成有知识的、有德行的、智慧的人。从情感、行为

（学习）、态度、价值方面进行干预，教育开始发生，学生的知识、能力、品性、思维就会发生变化，通过习惯加以强化，最终促使学生转化成"全人"。

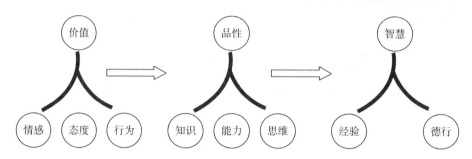

图 2-4 教育干预过程中"人"的变化

确定学生发展目标，首先要定义学生，定义学生发展的机制。预设课程实施过程中学生的发展机制，方能使学校中所有的课程以该机制为指导，致力于学生的发展。不论是哪类知识，只有当其与学生互动时，才有转化的可能。学生发展机制是依据学生身心发展规律而定的，学校必须真正了解学生，加强对学生的研究，方能确定真正有效的学生发展机制。范例学校的学生发展目标"培德·增智·育慧"是依据人的发展规律而定义的，是能经得起实践检验的学生发展目标。人感知外界的方式决定其行为，学生为自己的学习赋予什么样的意义以及赋予意义的方式决定了其学习的效果，"培德"是从"有德"到"有更多德"的过程，德的多寡决定了学生感知外界的敏感度，进而让人不断修炼人格和改变自我，以"人格发展"为终身理想的人一定会怀揣理想并为之终生奋斗。以"培德"为核心的教育是学生有本领和有担当的前提。

学校教育具有阶段特征，学生在高中三年接受的教育是其终身发展历程的一部分，高中阶段为人的发展奠定哪些基础是学校制订阶段课程目标必须回答的问题。"增智"要回答"增哪些智"和"怎样增智"的问题，从知到智，要求学校不仅给学生提供共性的知识，而且要给学生提供个性的知识。学生的个体性和共性是矛盾统一的，如果学生不能破解这个矛盾，增智的内容和方法就会受到质疑。尊重学生的自然性并发展其社会性的课程才是最有效的课程，是能真正提升学生本领的课程。从图 2-4 可以看出，范例学校对学生的认识是客观的，增智以尊重学生的情感为起点，认可了自然人的基本情感，然后才对其态度和行为进行干预，促使其形成正确的价值判断。对于学生而言，学习知识需要时间，能力形成和思维发展亦是如此，如果不重视此过程中品性的转化，增智就是功利化的"增知"，而非增智。故此，图 2-4 的智是"知识、能力、思维"升华后形成的本领和品性。

人类智慧发展的途径是从数据到信息、从信息到知识、从知识到智慧不断提升演进。在这个过程中，人类通过主动记忆理解，在头脑中构建知识网络，并通过建立事物各部分之间以及各事物之间的关联性，从而领悟事物的根本特征与基本原理，融会贯通，做到知识的迁移、应用与创造，形成智能与智慧（袁金丽，郭志涛，2022）。从"知"到"智"的过程是知识融会贯通的过程，而从"智"到"慧"是利用"德"和"智"创造知识和解决问题的过程，"慧"最能体现解决问题的过程和结果，"慧"最突出的表现就是能利用智力和道德能力来解决问题。"育慧"就要在价值塑造、知识形成、能力发展的基础上，通过实践创新实现知识的智用。智慧体现在真实的情景和真实的问题中，获取知识的情景与知识的应用情景如果没有联结，知识就是难以迁移的，育慧就是空谈。育慧教育要深度挖掘知识的内在规律，融通学科，拓展知识的空间，培育学生学科知识的融通能力和迁移能力。育慧的教育要能创造问题情景，培养问题导向思维，培养学生的批判性和实践性能力。育慧的教育要品能互促，协同育人。

三、学校的课程建设流程

（一）学校课程建设的目的

学校课程建设过程中，要调适国家课程，使课程内容符合学生的认知水平。国家课程依据"预设"高中学生的认知特点设计教学内容，具有很强的"普适性"特征。但是，国家课程的这种"普适性"与教师教学的独特性、学生个性的差异性总是存在不可避免的"鸿沟"。因此，学校在实施核心课程前，需根据实际，通过选择、改编、整合、补充、拓展等方式，调适并创造性地整合国家课程，使课程内容符合学生认知水平。学科课程内容的编排上，要依据高中学生的认知发展规律，对课程内容进行排序。学校需要根据学生的认知能力与年龄特点，以逐步拓展、螺旋上升的排序方式将调适后的课程内容编排在不同学段。每一学段都有相应的学段目标，这样既能确保课程内容的连贯性，又能将育人目标进行适当分解。

（二）学校课程建设的策略

课程建设过程中，要遴选符合国家意志且对学生生长最有价值的知识，研发策略是实现课程价值的主要路径，是研读和论证的过程，是规划和设计的过程，也是行动和验证的过程。课程研发过程，可以采用图 2-5 的流程，以确保课程研发规范且能聚焦学校育人目标的达成。

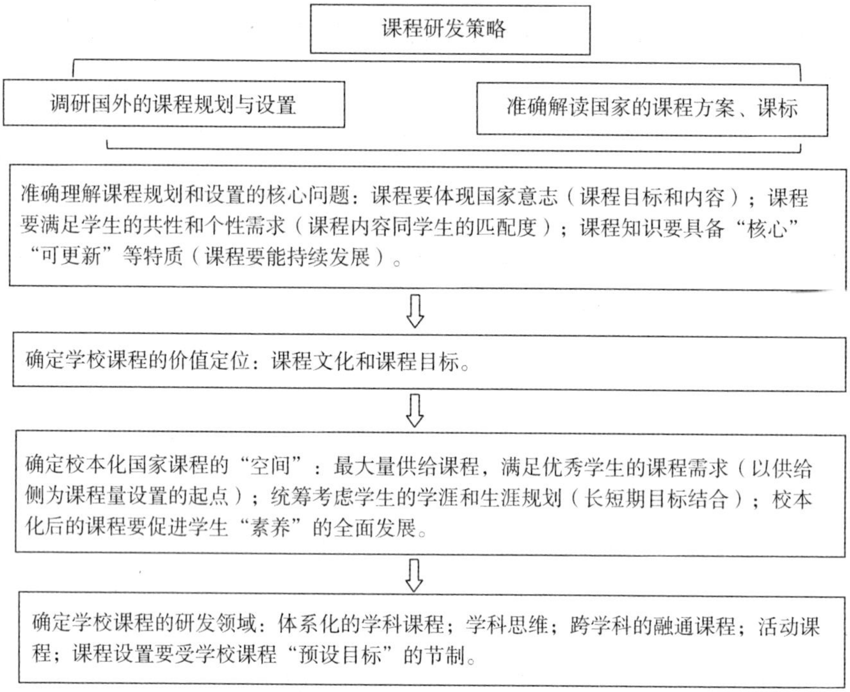

课程研发策略

调研国外的课程规划与设置　　准确解读国家的课程方案、课标

准确理解课程规划和设置的核心问题：课程要体现国家意志（课程目标和内容）；课程要满足学生的共性和个性需求（课程内容同学生的匹配度）；课程知识要具备"核心""可更新"等特质（课程要能持续发展）。

⇩

确定学校课程的价值定位：课程文化和课程目标。

⇩

确定校本化国家课程的"空间"：最大量供给课程，满足优秀学生的课程需求（以供给侧为课程量设置的起点）；统筹考虑学生的学涯和生涯规划（长短期目标结合）；校本化后的课程要促进学生"素养"的全面发展。

⇩

确定学校课程的研发领域：体系化的学科课程；学科思维；跨学科的融通课程；活动课程；课程设置要受学校课程"预设目标"的节制。

图 2-5　学校课程的开发流程

（三）学校课程的实施

教师是课程得以落实到学生个体的重要媒介，课程的发生离不开互动，"师生互动"是确保课程作用于学生的动力。教师的知识结构、组织能力、经验都会对课程的互动过程产生重要的影响，教师还是引领学生参与课程互动的发起者、组织者和传递者。在这一过程中，教师要把物化的课程转化成学生"可理解"的活化课程。此外，学生的心理、情感、态度和行为与"目标课程内容"能否产生互动效应取决于教师用何种方法来架构这两者之间的关系。教法的选用既与课程知识的特点相关，又和学生即时的心理、情感、态度相关。教师解决问题的能力决定了教法选取的适切性。教法的选择能让学生与课程内容产生"化学反应"，而评价则决定了两者的反应效果，以及调节物化课程转化成"活化的学生知识"的效果。

共性与个性定制的学生课程要融合。教师在了解学生水平的基础上，把握学生共性，分析学生认知风格，深入了解不同学生的个性，并与同伴教师共同分析学生个性特征。在此基础上，教师不仅要制订共性的"班级"教学方案，还要根据学生的个性认知风格，规划出个性的课程。以视、听、动三种认知方式为例，每个人都会组合使用三种形式加工信息，但是偏好的组合不同。以听、视、动觉得分高的个案为例，这类认知风格的人接受信息的能力强，但易受外界干扰，专注度不够，课程定制方面，教师要给这类学生提供"自省"课程和"抗干扰"的学习环境，让其学会长善救失，充分发挥其信息接受能力强的优势，抑制"走神"的学习劣势。

第三节　共生课程

课程体系是指在一定教育价值理念指导下，将课程各构成要素加以排列组合，使课程要素在动态过程中指向课程体系目标实现的系统。共生课程体系以共生教育理念为指导，运用培德、增智、育慧教育策略，旨在培养德才兼备、能智慧解决问题且能持续发展的人。共生课程体系由两大类课程的七个课程群构成，活动和学科是课程的主要载体。两大类课程分别是隐性课程和显性课程，其中，隐性课程子体系包括三个课程群，分别是物质文化课程群、制度文化课程群、精神文化课程群；显性课程子体系包括四个课程群，分别是"德育—学涯—实践"课程群、"学科—实践—创意"课程群、"艺术—体育—科技"课程群、"古都—古城—古运河"课程群。

一、共生课程的文化内涵

（一）共生课程的文化源起

学校的课程体系体现学校的教育价值追求，将学校的课程理念同影响课程建设的要素建构联系，能为课程理念赋能，使其具有强大的生命力。社会因素是影响课程的重要因素之一，当前我国以马克思主义为主导的意识形态是课程存在和发展的主导思想，"共"既是社会的底色，又是我国的课程底色。"构建人类命运共同体"是我国走向世界的价值取向，社会主义核心价值观、集体主义是我国特有的价值观。共生课程植根于社会，以"共"为特色，能够得到社会发展理论的滋养，具有很强的生命力。

课程体系建设应该体现中华民族共享的价值观，儒家思想历来倡导"万物共生"的理念。董仲舒有"天生之，地养之，人成之"的天道合一思想。家国一体历来都是中国文化共享的价值观，中国人对"共"有着非常深的情感，继承中华民族基因中的"共"能让共生课程扎根，更有利于"共"文化的传播。

"生"可以表达诸多意义，生长和生产是其基本的意义表达。《周易》以"贞下起元，周流不息"表达事物生生不息的发展状态，生生不息是一种积极向上的生命状态，也预示着能够孕育出新生的生命。共生课程追求生机勃勃的生命样态，追求多姿多彩的生命表达。

从人成长的规律来看，共生能够让学生乐在其中，获得幸福的成长体验，共生的环境对人的成长具有促进作用。将家庭自然状态的共生迁移到学校，共生将会被赋予更多意义，既能服务于学生在校的生长样态，也为其走向社会运用"共生"规则适应公共生活奠定了基础。共生课程能在学校中创设"共生"的环境，加速学生的社会化成长。

（二）共生课程希望创设的生命样态

在自然界中，当一株植物单独生长时，会显得矮小、单调，而与众多同类植物一起生长时，这株植物则会根深叶茂，生机盎然。人们把植物界中这种相互影响、相互促进的现象称为"共生效应"。像植物一样，学校教育环境中的学生、教师和家长等诸多因素相互作用，相互促进，同样能够产生像图2-6中的植物圈共生效应。课程的各个要素，包括课程知识、学生、教师、家长、学校软硬件环境等，而"园丁"则指被"拟人化"的课程观。课程观随着教育的发展会不断更新，"且思且行的园丁"是课程不断前行的不竭动力。学校的共生圈中，教师和学生是主体，也是推动共生圈生长的主要驱动要素，如果教师和学生都把"做最好的自己"作为发展目标，不断生长，就会将这种"生长态势"传递到整个"共生圈"，产生连锁反应，使得共生圈生生不息。

图 2-6　图解植物圈共生效应

（三）共生课程对关系的界定

共生环境中，学校能够积极与学生互动，创设物与人的友好关系。学校的物化环境是学生生活和成长的场所，作为隐性课程的物化环境，与学生的互动性应该受到课程理念的关注。然而要将学校中物化的器物转化成课程，就像要把食物转化成营养一样困难。以钢琴为例，钢琴通常摆放在音乐教室里，学生每周能够去音乐教室的时间是有限的，因此能够触摸到钢琴的机会也就很有限。如果学校把钢琴摆放在一个学生随时都能触碰到的地方，会弹钢琴的学生和希望练习钢琴的学生就能和钢琴这个器物发生真正有效的互动，学生和钢琴便产生了共生关系。

课程自身的特质影响着其与学生的关系，决定育人效果。共生课程既要体现其作为"轨道"的约束特征，又要体现其人文特征，使得课程能够与学生在"轨道"中友好地互动。共生课程是经过国家和学校严格筛选的具有引领性的课程，是融入了社会主义核心价值观的课程，能服务于学生的未来发展。共生课程对学生的价值观、思想、品格、能力发展都会起到引领作用，能武装学生的头脑，并为其终身发展奠基。共生课程是开放的课程，课程的层次性确保其能够服务于全体学生。共生课程包括能满足学生基本发展需要的基础课程及致力于知识向能力和素养转化的拓展课程，还包括服务学生未来职业的发展性课程。基础课程面向全体学生，服务学科基础，是落实国家对学生培养的基本要求的课程。拓展课程不仅强调学科内的整合和融合，还强调学科间的整合和融合，系统构建知识体系，服务于学生知识的内化和迁移能力的形成。发展性课程针对有不同兴趣特长和发展需要的学生，多领域和多层次开发设计课程，为学生增加课程选择的空间。共生课程还强调实践性，通过设计丰富的学科课程实践活动，将课程转化成活动，转化成项目，

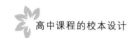

提升学生知与行的能力同向发展。

师生关系是学生与教师之间复杂的关系，并非单一的人际关系，其中包含教学关系、心理关系、个人关系和伦理关系，师生关系对教学活动的进程与教学结果具有重要影响，良好的师生关系对学业成绩具有正向影响（张超，慕文婧，张玉柱，2022）。共生的师生关系有利于学生的生长。共生的师生关系中，教师和学生不是二元的主客体关系，而是互为主体，二者之间能够相互交往、彼此理解、实现意义共识。在共生的师生关系中，学生在积极情感的支配下经历学习历程，积极情感对于提升学习效能有促进作用，进而提高学生的学业成绩。道德学习同学业学习遵循同样的规律，积极情感能够提高学生道德学习内容的认同度，进而促进个人道德水准的提高。共生关系状态下，个体立身于自由开放的公共环境之中，其公共性自然应遵循公共伦理原则，重视师生之间的公共伦理责任，师生双方要自觉接受各自的主体差异，在开放自由的氛围中相互尊重、互补共进，追求作为共生师生关系的充分沟通与相摄相容（冯永刚，武佳萌，2022）。

二、共生课程体系的特征

学校都希望为孩子提供一个丰富多彩的、适宜成长的课程体系，以满足其成长需要、升学需要、个性发展需要。共生课程体系的培养目标与学生发展的需求是一致的。共生强调学生拥有竞争力和合作力，合作力对个人处理与他人、社会的关系至关重要。社会分工的精细化使得合作力变得更加重要，多工种和多领域的协作是完成一个项目的前提，基于项目和任务的合作是人社会化的基本能力。共生课程不仅从课程内容视角强调合作，还从整体的体系建设上培育合作力。以高中的选科走班课程设置为例，课程设置必须服务于课程目标的实现，对于偏离课程目标的做法应该及时纠偏。相对稳定的班级组织形式有利于培育学生的归属感，归属感和稳定的同伴关系对学生合作能力的培育具有重要作用。学校设置这一课程组织形式时，仅满足选择性而牺牲稳定性的做法会弱化班级的意义，不利于合作力的培育。共生课程体系强调"共"的能力的同时，非常关注学生个性的发展。学生个性发展的动力是具有持续发展力，能在目标引导下不断提升自我的人格，发掘自己的潜力，使自己成长为一个有竞争力的社会人。共生课程体系的隐性和显性课程都致力于培育学生在未来的竞争中所需的特质，将竞争力的培养寓于课程开发和实施的全过程。以共生课程的评价理念为例,"做最好的自己"是该课程体系所倡导的评价理念,教师和学生认可并践行这个理念,就会将其转化成自我发展的动力,不断实现自我超越,提高竞争力。

短期的升学需求是物质的、可视的教育目标之一,也是学生和家长高度关注的目标。然而,过度强化和关注升学需求,会让学校的课程体系因背负过重负担而弱化其涵养精神的功能。共生课程既孕育物化的能力,又追求精神的涵养。升学目标的显见性容易使其成为学生、家长、社会评价学校的量化参考。同时,升学目标是学校课程应该实现的目的,理应成为课程体系建设考虑的要素。共生课程体系能确保足量知识的供给,强调学生学业目标的实现,确保处在最高水平层次的学生也能够获取足量的知识,使其在高中阶段所学的知识能满足高等院校对其知识储备的要求。共生课程还注重知识的转化,强调学习过程中思维的深度参与,强调学习中运用合理的方式来组织知识。共生课程体系中,知识学习是目的和过程的统一,是学生将知识转化成能量的过程,也是其将知识转化成能力、品格、价值的过程,强调转化和生成的共生课程体系能够平衡升学需求和精神的涵养。转化后的知识是多样态的,有静态的客观知识,有价值观,有品性,还有克服认知困难所习得的解决问题的能力,多样态的知识会通过再次转化形成个体的精神。

共生课程体系中,学生处于同一生态教育圈,自然会习得共生课程主张的精神。"和"是人维系其社会存在的价值基础,是中国人解决矛盾和冲突的大智慧。担当也是共生课程主张的重要精神,"达则兼济天下,穷则独善其身"的担当是儒家独立人格的精神内核,是中国人理应共同拥有的心理特质。承认人的不完善方能彰显课程育人的力量,从被动向主动转化是共生课程的教育追求,从责任到担当是共生课程的价值追求。"天行健,君子以自强不息"的进取精神是生长的动力,是共生、共长、共繁荣的精神追求。致力于精神涵养的课程通过强调知识的转化,能以不经意的方式,将精神植入人的心灵深处,潜移默化地教育人、感化人、陶冶人、改变人,使人的情感得到陶冶、品性得以生长、思想得到升华、精神得以养成。

三、隐性课程体系

(一)物质文化课程群

物质文化是指人类创造的物质产品体现出的文化,学校的物质文化指教学、科研、生活物质设施和物化设施，是被赋予了特定教育意义的物质，是潜在的课程资源。多数学校选择内涵发展方式，根据学校的办学需求，建立适合学校发展、适合教师教育教学、适合学生学习和生活的场域，意义、特点和品位成为多数学校建设的目标追求。学校的物质文化是基于场域的，场域的文化符号通过潜移默化的方式对学生产生影响。将学校建筑物的文化符号纳入学校的课程建设有利于课程潜力的发挥。以艺术课程为例，艺术教学楼或艺术教室是承载课程的环境，也是重要的课程资源。镶嵌于艺术教学楼或艺术教室的文化符号应该被赋予课程意义，使之更好地发挥其作为课程资源的功效。物化的文化符号具有恒定性，恒定的存在能让更多人有机会注意到该符号，并受到影响。然而，恒定物化的课程有其自身的缺陷，如要靠视觉吸引学生互动，互动的样态相对单一等。

共生课程体系中的物质文化课程，强调对新文化符号的意义设计，还强调对原有文化符号的赋能。学校的文化符号应该是学校重要的课程资源，耳濡目染和学生间的口耳相传是感染和影响学生的主要途径。学校中的文化符号通常出现在公用场域和专用场域，专用场域的文化符号专业目的较强，而公用场域的文化符号则更具普适性和开放性。公用场域经常选用一些名人名言作为文化符号，例如毛主席曾说过："世界是你们的，也是我们的，但是归根结底是你们的。你们青年人朝气蓬勃，正在兴旺时期，好像早晨八九点钟的太阳。希望寄托在你们身上。"这段话通俗易懂，哲理性强，表达了共享、赓续、希望三个意义。耳濡目染会让很多学生熟悉这句话的内容，但是如果想要使其发挥课程资源的作用，则应该为其赋能。在新生教育的任务设计中，可以设计一个校园行活动，具体可以设计以下任务：了解毛主席讲这句话的背景，思考哪些中国青年赓续了革命家的学习精神，并为中华民族的伟大复兴做出了贡献。针对校园文化符号的学习任务设计能为文化符号真正赋能，进而发挥其"课程资源"的作用。从学生走入校园的第一刻起，如果让他们用"特别关注的眼睛"来观察学校的文化符号，就会使他们与学校的文化融合，共生共长。

（二）制度文化课程群

学校的制度文化是规则系统，是一个价值认知与判断的集合体，对学生的价值选择具有定向作用。"以文化人""以文育人"是学校制度文化育人的应然追求，学校制度文化自身所固有的合道德性与合规律性是制度文化能够育人和化人的前提。制度是一种社会契约，是师生能够获得真正自由的前提，这一理解应该成为接纳制度的心理基础。契约基础上的制度对所有人都具有约束力，对学生社会品性的形成具有重要作用。遵守法律规范是人们享有自由的前提，学校的制度规范体系虽然没有法律的刚性，但也拥有塑形的作用，能帮助学生更好地适应社会。从形变到心变的历程是学生形成社会品性的重要过程。追求绝对自由和自我约束是长期潜伏于学生内心的矛盾，缺乏外力的约束通常会让学生做出错误的选择，不利于学生的发展。制度能够扭转这种态势，让正确的选择成为主流。他律转向自律是制度的目的，也是制度完善人的机制。习惯性的他律行为和正确的认知能培育尊重、共情、合作等品性，这些品性是社会化的重要基础品性。

奖励制度可以为其他人提供学习的参考对象。模因理论认为：思想和行为像基因一样，会在人与人之间相互传播。奖励制度能将榜样的思想和行为树为靶标，供其他人模仿和学习。模仿者习得这些行为后，会逐渐将其内化为自己的思想和行为。久而久之，随着模仿者人数的增多，通过模仿并习得榜样的思想和行为，整个群体的道德认知水准就会得到提高。以模因传播为基本范式，通过奖励制度发挥榜样的正影响力，对形成良好的校风和学风会有重要作用。奖励制度对被奖励者的形塑作用也非常明显，正义的行为和思想需要坚持才能转化成品性和信仰，自我肯定和外界的肯定对优良品性的形成具有重要作用。奖励制度作为重要的外力，能提高被奖励者的自我效能，助推其保持优良品性和正义信仰。

（三）精神文化课程群

精神文化是指学校成员所共有的价值体系、意识形态、道德情感、思维方式等，精神文化是学校历经时间的洗礼所孕育的特有的文化，对学生的影响是长期的、持续的、不断发展的（冯永刚，2022）。精神文化具有历史性和厚重性的属性。历史性体现在学校建校的使命和学校奠基者为践行这一使命而表现出的精神和气质，这些精神历经继承者的发扬和继承，会逐渐凝结成特有的气质。共生价值取向的精神文化要体现共生气质，要共享包容，要合作共赢，要在共同的基础上发展个性。学校是文化的载体，承载着国家和民族文化。学校精神文化的厚重性体现在其对国家和民族精神文化的继承和发扬，中华民族共享、共有的价值体系，使得中华文明生生不息、绵延不绝，显示出其厚重的特质。"生"是共同基础上的创新和发展，是促进共生圈的动力系统。在中华文明几千年的发展历程中，生成和不断创新逐渐沉淀成了中华文明的动力系统。以"共"为特质和以"生"为机制的共生精神文化是中华民族文化的表征，故此，源于中华文明血脉的共生学校精神文化的厚重属性是不言而喻的。

学校不仅是民族精神文化的坚守者，还是创新者。我国政府奉行多边主义，坚持改革开放的政治、经济、文化政策，这是文化自信的体现，同时，国家还积极学习其他文明的优秀文化。国家如此，学校亦如此。学校可以通过内涵发展和博采众长建构一个开放、包容、发展的共生圈，拓展共生圈的边界，运用"共生"的张力来促进学校的学习型组织建设，把学校建成内外结合的双循环组织结构，使之永葆生长的态势。双循环学习型组织既能保持学校发展的应有张力，又能通过其与外部文化的碰撞实现创新。

共生精神文化中的"生"是生长和发展，显现于个体学生和全体学生的学习风气，预示着学生生长和发展的态势。学习风气是学生在长期的学习过程中形成的一种相对稳定的氛围，是全体学生群体心理、行为、精神、态度在治学上的综合表现，良好的学风不但能使学生受到潜移默化的熏陶和感染，还能内化为一种向上的精神动力。学风由目标、态度、纪律、方法、兴趣、效果等要素组成，在学风优良的环境里，学生的思想品德、价值观念、行为方式、意志情感等都会发生变化。学风的内循环建设是对学生个体思想、价值观、行为方式、情感意志的干预，个体干预—榜样示范的干预方式能带动更多个体的提高。对于个体而言，目标引导的内生动力激励是内循环的主要方式。高中阶段的学生，其对同伴关注程度更高，同伴之间的相互影响也更深。利用小组同伴的正影响来建设学风是学校学习型组织建设的重要方式，也是班级管理中学风建设的重要手段。外循环系统要促进小组间的相互学习，总结共性的做法，将其转化成班级公约和制度，共同遵守，共同提高，进而改善班级整体的氛围，改善学风。公约和制度具有稳定性、规范性和长远性，外循环的目的就是要找出规律和规范，让"共同认可、共同遵守"成为常态。公约和制度是约定行为的标尺，当学生将其内化为指导自身行为的内在准则时，将会对学风建设起到助推作用。

共生精神文化中的"生"还是守正与创新，是教师在教育过程中展现出来的风格和风采。教风是教师在长期的教育活动中形成的相对稳定的、鲜明的职业操守、教育情怀、专业素养和教育风格，是教师道德、素养、作风的集中体现。教风的双循环系统运行机制同学风建设有相似性。教师个体通过职业规划确定其发展目标,然后将目标拆分成阶段目标,依靠内动力来自我发展和自我实现。教师的自我发展历程中,稳定的教育风格的形成是教育情怀发芽的结果,博采众长是促进教师专业能力精进精深的策略。教师拥有了爱国、敬业的家国情怀,就会以"兴家国"为己任,认真从业;教师拥有了立德、立身的师者情怀,就能身先垂范,自立立人;教师拥有了学高致远的学术情怀,就能自达达人。中学教育的复杂性和学生性格的多样性要求教师依据教育规律,创新教育内容和教育策略。只有博采众长的学习型教师,才能不断创新,找出"最符合规律"的教育策略和方式。教师组织建设过程中,要依靠备课组、教研组、年级组等机构,充分利用教风传递性的属性,设定组织内纵向和横向良性互动影响的机制,提升学校中细胞组织的守正创新能力。

四、显性课程体系

(一) 共生课程的三类课程

共生的课程结构以学科统整为方向,以致广大而尽精微为发展目标,共开设三类课程,即基础课程、拓展课程和发展课程(图2-7)。

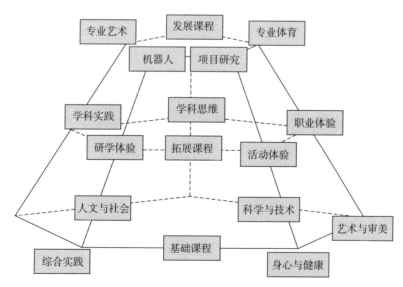

图 2-7 共生课程的三类课程

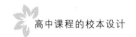

1. 基础课程

（1）基础课程分为 5 类，13 个科目，以必修课程为主，主要集中在高一学段和高二第一学期。

（2）这个时期，学生处于从初中向高中过渡的时期，还带有初中生的特点，情绪波动大，心理承受能力弱；所学科目多，任务量大。

（3）课程的研发要致力于夯实基础知识、培养坚持和反思等关键品性、解决基本问题，课程形式以"过关检测"类课程为主，以期适应这个时期国家课程的设置特征和学生共性的心理特征。

2. 拓展课程

（1）拓展课程是对学科和活动课程的拓展，包括学科思维课程、学科实践课程等，还包括靶向于特定目的的活动课程。

（2）拓展课程面向全体学生，但分级预设达成目标，以期适应所有学生的需求。

（3）拓展课程的研发以"主题类""项目类"为主体，以较复杂问题的解决、优秀品性的培养、高阶思维能力的发展为目的，要使之成为弥补或丰富教材内容的重要组成部分。

（4）活动、职业、研学体验课程要系列化，要以问题解决能力的培养为导向。

3. 发展课程

（1）发展课程要尽可能同学生的专业发展挂钩。

（2）发展课程面向特定群体，要尽可能设置利于学生专业能力提升的课程。

（二）共生课程的课程群

1."德育—学涯—实践"课程群

"德育—学涯—实践"课程群以活动课程为主要形式。活动课程的建设中，知识与人的互动不是冷冰冰的机械过程，人的情感、认知、思维都会参与其中。活动内容会对活动效果产生影响，活动内容与学生情感、喜好、认知能力的匹配度会影响人的态度。知识、能力、品性、价值是构成活动的要件，偏重任何一个要素而忽视其他要素的做法都是不可取的。活动实施过程中，活动与人的互动程度决定着人的情感、思维、品性参与的比重，互动会对活动效果产生巨大影响。

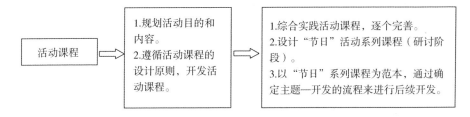

图 2-8 活动课程的开发过程

学涯教育中，共生课程有跨时间轴的三年整体规划。高一年级，研究初、高中衔接，注重"学习适应"，做好学业规划。尤其是"学习适应""人际适应""选科走班"。高二年级，研究选科走班，注重职业探索，做好职业规划；引导学生在参与职业见习、社会实践、志愿服务的基础上，了解社会发展趋势，探索自己的职业兴趣和发展方向，思考生命的意义，树立正确的人生观和职业价值观。高三年级，研究学科素养，注重选择指导，做好专业规划；引导学生认识学业—专业—职业之间的关系，理性选择大学及专业，以专业指导优化学生的学习方法。

学涯教育的原则：

（1）面向全体。每个学生都接受学涯规划指导，每个学生都结合自身特点选课、选科、选社团，直至高考时选专业。惠及全体学生是学涯教育的首要原则。

（2）全程跟进。学涯教育与学生的身心发展、学涯任务紧密结合在一起，身处不同的学段和年级，学生会产生不同的困惑和需求。因此，课程体系应始终贯穿于学生高中生活的每个阶段，全程跟进，并在不同阶段有所侧重。

（3）全员参与。笔者所在学校以学涯教育为主导的课程体系始终注重调动全校教师的参与热情，注重学科渗透和活动渗透。学校各项教育措施都向学生家长公开，争取更多家长的支持和参与，最大限度地实现家校协同，共同关注学生的学涯发展。

学涯教育的内容：

（1）引导学生确立学习志向或理想目标。

（2）引导学生进行自我评估和学习潜能测评。

（3）引导学生进行自我特征分析。

（4）短期目标导向。

（5）引导学生把探究世界的兴趣与学业要求相结合。

（6）引导学生依据学业成绩和能力表征进行评估与调整。

2."学科—实践—创意"课程群

对于"学科"群建设，要先确定课程群的开发策略（图2-9），要分步骤实施。初始阶段，重点关注学科内课程群建设，然后拓展到跨学科课程群。学科内的课程群可以重点研发"过关课程"和"主题课程"两个以调适为目的的课程群，调动一线教师全员参与，并尽可能做到全学科覆盖。

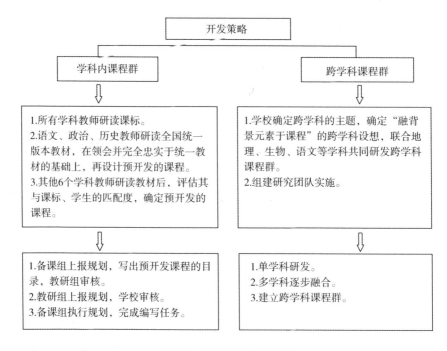

图 2-9　课程群的开发策略

3."艺术—体育—科技"课程群

"艺术—体育—科技"课程群致力于学生特长和专业发展，要有相对明确的目标，要在认真落实国家课程对这几个方面要求的基础上，尽量满足学生的个性需求。全面落实体育教育的国家要求，促进学生全面健康发展。注重培养学生运动兴趣，加强体育锻炼，提升学生体质健康水平，体育教育形式多样，能够服务学生的品性培养并形成体系化的机制。要拓展美育实践活动平台，依托艺术教师团队，开展小型特色活动，将活动内容体系化，逐渐转化成课程。要深耕"审美"教育，将审美教育融合到其他学科。依托科技项目，发展机器人、人工智能课程等科技类课程，带动更多学生参加科技课程，提升其创新能力。

4."古都—古城—古运河"课程群

"古都—古城—古运河"课程群意在促进学生与社会互动，古都、古城课程依托中国的古都、古城历史遗迹，以研学为学习方式，探索古都曾经的辉煌，探索古都的政治、经济、文化地位，通过直观感受的方式获取历史遗迹中的史料，形成自己的观点。古运河课程以大运河文化为载体，通过探访运河古今人文、探寻运河古今城市交融、探索运河古今水系生态，更加立体直观地了解大运河所蕴含的中华优秀传统文化，增强文化认同感与归属感，坚定文化自信，守护民族精魂，赓续中华文脉。

第三章

高中英语校本课程设计与实施

第一节　着力于情感教育的高中英语课程群

一、课程背景

(一) 课程性质和育人定位

1. 课程性质

着力于情感教育的高中英语课程群依据国家课程方案和学科课程标准，系统设计高中三年英语学科课程来切实提高学生的核心素养。该课程群针对北京市中等层次水平的学生，旨在促进学生的学科素养、品性生长和价值观正向协同发展，将学生培养成有理想、有本领、有担当的时代新人。为了实现上述目标，课程设计通过统筹规划并分解学科育人目标于不同课程，使之成为育人支点，来具体落实学科育人任务。国家课程校本实施需要通过调适、拓展、整合、重构课程，才能同学生匹配并开发学生潜能。着力于情感教育的高中英语课程群是国家课程的校本实施课程，从情感教育入手来调适、拓展、补充、重构，是学科育人的实践性课程。

着力于情感教育的高中英语课程群体现国家课程的思想，执行国家课程的意志，能平衡"智"与"情"并使之统一。课程是否适宜实施对象是评价课程是否具有操作性的前提，该课程群的开发充分考虑了"学生"要素对课程设计的影响，充分考虑了学生作为人的认知和情感对课程目标和内容设计的影响。该课程群旨在最大限度发挥学生情感因素对课程的正向影响作用，以认知和情感能力的双向提升为课程的设计起点，矫正了课程设计仅以学生认知水平确定课程目标和内容的不当做法。

着力于情感教育的高中英语课程群是系统规划的课程，具有适切性特征。作为经过多轮实践检验的课程，课程群同学生高中三年的受教育时长相契合。受教育时长是影响育人效果的重要因素，该课程群以三年为育人单元，以课标规定的学科课时和学生常态情况下能分配给英语学科的学时为总时长，系统规划了该课程群的目标和内容，既能确保课程的实践性，

又能切实确保育人效果的实现。同时，整体规划能平衡学科间的矛盾，预防单学科过度占用学生时间，又能发挥学科育人的最大效益。

2. 课程的育人定位

着力于情感教育的高中英语课程群的育人定位指向价值观、必备品格和关键能力的协同发展，课程群的总目标服务学生正向价值观的培育、品性的生长和关键能力的形成。同时，每个单课程都有其各自的课程目标，单课程目标指向并服务课程群的总目标。体系化的协同育人定位符合教育规律和学生的身心发展规律，"全人"发展的课程实施策略能够促进人的整体发展，能为个体学生的专业化发展奠定基础。

(二) 课程的已有基础和资源

1. 学校和学生情况

学校的"共生"课程体系强调课程的关联和融合，强调学科课程同育人目标的深度融合。同时，为了凸显课程的实践性特征，强调课程开发要满足学生选择和发展需求，立足学生的起点能力，要对学生的发展做整体规划，切实落实立德树人的任务。

在"开发→实践→修订→再实践"的过程中，着力于情感教育的高中英语课程群调整目标定位和内容，调适课程同学生的匹配度，促进了学生的全人发展。该课程群的学生起点分析随着学生生源的变化而变化，从现阶段学生同课程的匹配度来看，课程的目标定位和内容能够满足学生的需求，达到课程预设的目标。

共性特征：课程实施对象的知识体系不完备，思想不成熟，情感心智活动不稳定，容易盲从，缺少定型的价值观念系统来指导自己的言行，学生的价值选择、评价准则及判断原则受情感因素的影响较大。在家、校、社的协同教育影响下，高中学生已经习得了诚信、友善、关爱、合作等品性，然而，认知深度的欠缺和生活经历的相对单一使得其品性的稳定性较弱，具有易变性特征。学生的语言学习水平处于区域中等略微偏下程度，具有基本的学习能力，但是受学习经历的影响，个体的差异性较大。学生的共性特征是课程设计的基本逻辑起点，有利于准确定位课程目标和课程内容。

个性特征：课程实施对象初中阶段的学习水平多处于区域中等或中等偏

上位次，这类学生成绩相对稳定，行为中规中矩，这些特征很容易使他们成为教师心目中"不需要太多单独关注的群体"。当学生习惯于这种生活状态时，其自身也不愿意做出改变，于是就带着这种心态进入高中，还希望用这种"自带屏蔽"的方式来度过高中生活。课程实施对象的个性特征要求课程内容的针对性要强，要尽可能地激发学生的内部动机，改变其惯性的学习状态。

2. 课程开发团队

课程开发的核心负责人是正高级教师、特级教师，近30年来坚守教学一线，一直从事课程开发和研究工作。课程开发的核心负责人兼任学校课程管理工作，非常熟悉课程开发的流程，已经带出了一个稳定的课程开发团队。课程开发团队中，大多数成员同核心负责人同在一个年级，长时间默契合作，已经成为一个非常和谐的研究团队。

3. 课程基础

着力于情感教育的高中英语课程群是基于学生且为了学生的课程，课程开发的目的就是要最大限度地发挥学生对课程的正影响。情知相依是学习有效发生的重要条件，也是该课程倚重的开发和实施策略。经历了十多年的开发和实践，着力于情感教育的高中英语课程逐渐形成了体系化且适宜学生发展需求的课程群，其发展历程如下：单课程开发→单课程实践→单课程修订→单课程重构→多课程融合→课程群体系化。

以"记叙文阅读课程"单课程的开发为例，其成型的过程是动态的，历经四轮开发、实践、修订才最终成型，课程目标的确定也是在螺旋上升的过程中逐渐系统和完整。受课程受众基础、课程开发者的课程理解力等诸多因素的影响，该课程最初始的目的仅是确保课程能够得以实施，课程目标定位也仅限于学生阅读能力的提高。但是随着生源的变化和教师课程理解力的提升，通过实践、反思、修订等过程，课程开发团队也对课程目标进行了多次修订。最终定型的目标如下：记叙文的阅读要让学生与作者情感产生共鸣；要让学生的语言习得、内容理解、结构辨析等能力协同提高；学生的思维辨析力要逐步提升；要以情感共鸣为切口，输入正向价值观并促进学生的品性生长。

记叙文阅读课程的成功实践引发了更多的新尝试，说明文阅读课程和记叙文读写课程是在此基础上开发的课程。记叙文读写课程是读写能力融合的课程，致力于学生综合能力的提升。记叙文读写课程开发的初衷也是基于学生发展的需要，旨在提高学生写作的内驱力，降低其写作焦虑，提高学生写作的自我效能。为了达成上述目标，该课程选取记叙文作为读写结合的载体。记叙文是学生最熟悉的文体，学生能通过激活其生活经历而相对容易地完成写作任务，"学习任务"难度的降低势必能够减轻学生的写作焦虑，进而提高其写作能力。正是基于上述历程，经过多年的努力，一个个课程应需而生，并在"开发→实践→重构"的过程中趋于成熟。

4.当前国家课程实施存在的问题及解决措施

我国地域广阔，各地区的社会、经济、文化发展不平衡，地域差异使得学校的发展也存在很大差异，通过校本课程的实施来消减地域差异已经成为共识。通过选择、改编、整合、补充、拓展等方式，灵活地对课程进行重新排列组合，使之更符合学生、学校、地方的特点和需要，是确保国家课程有效实施的重要路径。

经过义务教育阶段的学习，受教育背景、个性发展速度等因素的影响，学生进入高中后的差异非常明显。国家课程解决"共性和个性平衡发展"这一问题的做法是确保课程要培养"有理想、有本领、有担当的时代新人"，同时赋予学校相对的自主权。为了落实国家意志并确保课程的"底线落实"，着力于情感教育的高中英语课程群整合和重组了必修、选择性必修和选修三类课程，重组后的课程更加关注学生的个性化学习，解决了少数优秀生"吃不饱"的问题，能确保有理想、有本领、有担当的课程目标更好地落地。

二、校本课程实施的理念、原则、思路

(一)校本课程实施的理念

知情并重能促进课程目标的互动，真正落实素养教育。外语学习耗时且耗力，重知轻情的实施策略会拉大学生的差距，使得投入和产出不相匹配，而知情并重则有利于实现学科素养同"三有"目标的互动和同向发展，平衡教育的短期目标与长期目标，促进个人实现和社会发展的同向

发展。

（二）校本课程实施的原则

1. 课程实施突出实践

在英语是外语而非二语的学习背景下，真实语言环境的缺失势必会让语言学习的实践性打折扣。为了解决这个问题，课程实施要融通理解和表达学习，创造尽可能多的学习实践场景和机会，使得学生有机会将学习成果以实践的方式表达出来。课程群中的听说课程和记叙文读写课程就是基于这个原则产生的。

2. 课程面向全体，关注差异

针对高中衔接基础教育和高等教育的特点，必修课程要帮助全体学生打好基础，选修课程要满足不同学生需求。增加课程选择性的同时提高了课程的适宜性，针对学生的情感和认知基础，预设相对个性的、可达成的目标。

3. 课程实施注重关联和融通

着力于情感教育的高中英语课程群关注课程内容的关联，融通课程内容。以词汇学习为例，不仅要关注词汇的单个意义，注重单个词汇音、形、意的学习，还要关注词汇在语篇中的特定意义及其衔接意义的学习。语言是文化的符号，学习过程中关注语言和文化之间的关联，使得课程的学习基于特定文化，建构起文化和语言协同的学习机制。

（三）校本课程实施的思路

1. 课程的设计思路

"三有"人才培养是课程的总目标，学科素养是实现学科育人的目标，为了促进两类目标的互动，着力于情感教育的高中英语课程群按照图 3-1 的思路设计课程。课程设计将理想信念、爱国情怀、品德修养和奋斗精神等教育内容同英语学科教育融合，引导学生同历史对话，同中国文化对话，激励学生为国、为家、为个人而奋斗，滋养其家国情怀，涵养其精神。学科素养和本领教育的目的有共通之处，学科素养中的语言能力、思维品质、文化意识、学习能力的发展是本领教育在学科教育中落地的重要指标。担当是个人实现其社会价值的表征，担当教育的核心就是要厚植自主发展的使命与责任。学科素养同"三有"教育都是以主题和语篇为载体的（图3-1的核心部分），以主题和语篇为依托的文本能够促成学生个人世界同文本世界的对话。文本世界与学生的生活世界及文化历史有着千丝万缕的联系，学生在与文本对话的同时，也在与广大的历史时空对话，与自身的生活世界、情感世界展开交流、进行反思。作为对话主体，学生受文本的涵养，会将对话形成的成果进行转化，确定自我发展和实现社会价值的目标并将目标转化成理想，通过自主实践来实现学科素养和"三有"目标的双增长。

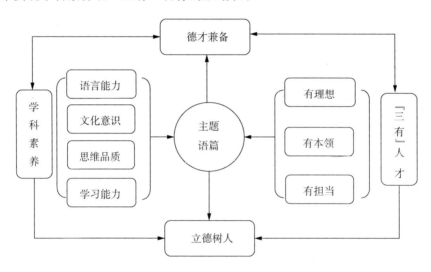

图 3-1　校本课程的设计思路

2. 课程的实施思路

转化是培育德才兼备人才的主要过程（图3-2），学生是该过程的关键要素，既参与过程，又决定结果。互动是课程的客观知识转化成学生"德与才"的主要作用力，互动的参与能引导和激励学生向教师、文本、同伴（图3-2的中间部分）提出问题，生成观点，将知识转化成能力，将判断转化成价值。着力于情感教育的高中英语课程群依据高中学生的阶段特征，通过以情育情、以情促知、情知互动等策略，既把情感作为教育目标，又把情感同认知、品性、价值教育关联，使之协同发展。

经由中国文化浸润的学生情感和认知有其自身特征，儒家文化中情理并重的文化特征对学生的影响是深刻的。"情理"表现了儒家伦理的精神气质，理性化的情感是伦理的依据，没有情感的道德生活是不可想象的，因此，人对伦理共同体的皈依与共识，既是理性的认同，亦是对人的共同情感的皈依（徐嘉，2021）。着力于情感教育的高中英语课程群的课程设计与实施是符合学生文化心理的课程，是以英语学习为介质传承中国文化的课程，是致力于国际视野下中国人的教育表达。

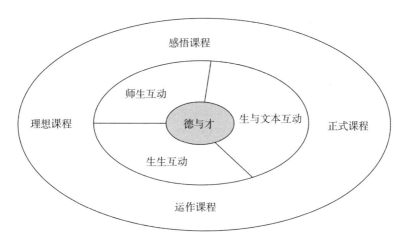

图 3-2　校本课程的转化机制

（1）以情育情：通过以情育情发挥积极情感对学科情感的正影响作用

积极情感和消极情感都会参与学习并对学习效果起不同的作用，高中阶段学生之间的学科能力和水平进一步拉大，其学科情感差距也很大。语言基础水平差的学生，其学科情感相对较弱，学习动机不强，学习焦虑水平也高。语言基础水平高的学生，如果其在课程学习中成就感不高，其学科情感也会随之降低。焦虑是影响学习效果的重要因素，过度焦虑或焦虑程度太低都不利于学习。课程内容的难度是调适焦虑水平的重要因素，着力于情感教育的高中英语课程群根据学生的实际水平，设计了难度水平适中的课程内容，培育学生积极的学科情感，让其保持适当的学习焦虑水平，拥有持续学习的动机。高中阶段学生的学科情感还会受理性的制约。着力于情感教育的高中英语课程群将理性和感性结合，为课程赋予美感，引导学生在课程学习过程中发现学科美并以此来发展学科情感。

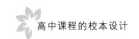

（2）以情促知：通过以情促知来提高学生的自主学习能力

学习既受情绪的影响，也受情感的影响，如果学生通过课程学习能获得成就感，成就动机就会对学生的自主学习能力提升有明显的促进作用。兴趣和尊重是驱动学生自主学习发展的重要情感因素。着力于情感教育的高中英语课程群包括语言和文化双重内容，文化课程内容既包括代表东方文化的中国文化，也包括以英语国家为代表的西方文化。东西文化差异、文化对人的塑造等话题对中学生都极具吸引力，对这些话题的探究能让学生发现学习的乐趣和志趣，兴趣向乐趣和志趣的转化对学习的促进作用非常明显。在班级中，高中生更关注同伴间的评价，更关注同伴、师生关系。被尊重既是高中生高层次的社会情感需要，也是促进其学习的动力因素。课程评价策略的有效应用对学生学习力的反作用比较明显。改变学生以成绩为单一评价点，取而代之的是引导学生多维观察他人并客观评价他人。评价点的变化有利于多向度的观察力和客观评价能力的提升，有利于学生间"被尊重"维度的拓宽，更多人也会因此享受到尊重。运用评价策略提升学生的情感能力，其自主学习能力也会得到提升。

（3）以情育品：通过互动和转化实现品性和正向的价值观的双向生长

单纯的提升认知而忽视情感的价值观教育策略被冠以"说教"称谓而饱受争议。相反，情知互动以其适用性和实效性而广受课程设计者和实施者的欢迎，运用课程内容中的情感点或为课程内容注入情感的课程设计能促进学生和课程的互动，能将价值观学习内容转化成信念，指导学生形成持久的行为。持久的行为在课程"观念和信念"的加持下，能够逐渐转化成惯性行为。惯性行为有助于支持该行为背后的品性生长，品性生长会反作用于价值观，促进正向价值观的形成。有理想是人生观教育的重要内容，规划、坚持、进取等品性是理想得以实现的重要支撑，品性培养为理想教育赋予内涵且能使得理想教育更具实践性。着力于情感教育的高中英语课程群的内容设计关注"家庭和社会更需要什么样的人""不同职业需要哪些品性"等问题，着力于学生的未来发展。上述问题的"答案"转化成课程内容能让本课程更具操作性，规划、坚持、反思等品性的生长能让学生的课程学习更有意义。对于学生，学习着力于情感教育的高中英语课程群能促进其知识、情感、价值观、品性的协同生长，进而促进学生综合素养的提升，更有利于其将教育转化成

"自主发展"。另外，包容、进取等品性有利于学生开放的世界观的形成，开放的世界观会提升学生的"好奇感"，"好奇感"能赋予学生更强的学习动机，促进其认知的发展，促使学生为"自我实现"而学习。

三、校本课程实施的整体设计

(一) 课程目标及学科核心素养的细化

1. 学科核心素养目标

高中英语学科核心素养包括语言能力、学习能力、思维品质、文化意识，每种素养可以分解为多种能力，具体的分类见图 3-3，各种能力之间关系紧密，互动性强且能相互促进。

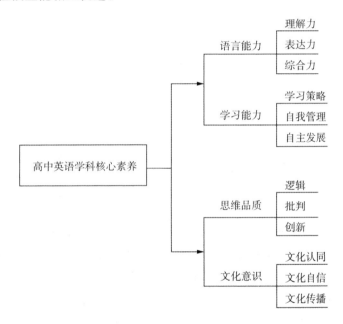

图 3-3 高中英语学科核心素养的能力分类与细化

2. 关键品性培养目标

品性对个人处理我与家国、我与自己、我与社会的关系非常关键，与这三个主题相关品性的习得和发展是本课程群品性培育的重点目标，具体的品性细化分类见图 3-4。

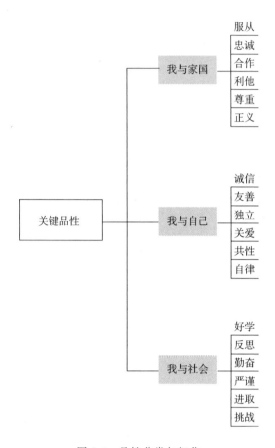

图 3-4　品性分类与细化

3. 价值观教育目标

个体价值体系的形成受价值判断、价值选择、价值认同等因素的影响，个体判断、选择和认同价值的原则决定了个体价值体系的取向。符合社会主流价值的判断、选择原则有利于个体适应社会，形成正向的价值体系。以价值判断、价值选择、价值认同为价值教育的切入点（图 3-5），培养学生形成正向的价值体系。

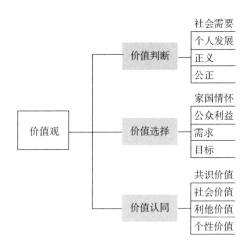

图 3-5　价值观教育目标

（二）基于全学段的课程内容及系统呈现

1. 课程结构

着力于情感教育的高中英语课程群是对高中英语课程的整体设计，学科课程体系由三个子课程群构成，分别是语言知识课程群、语言能力课程群和思维与文化课程群，见图 3-6。

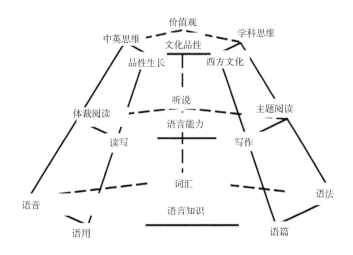

图 3-6　课程结构

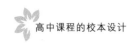

2. 课程体系的子课程群

词汇、语音、语法、语篇、语用等语言知识的学习是互动且互促的，利用互动特征设计课程能够提高课程的实施效果。语音知识的掌握有助于词汇的记忆，词汇拼读能反作用于语音的正确识记。语法同词汇词性、词义的学习高度相关，正确识别语法结构有助于对句子意义的理解，能帮助学生猜测词汇的意思。从语篇知识和语法知识的关系来看，句子结构知识能促进学生理解语篇意义并识别语篇的结构特征，而语篇能通过提供语境帮助学生克服结构障碍来实现自下而上的意义理解。从语用知识和词汇的关系来看，语用知识能帮助学生得体表达，而词汇量决定表达的适切度。语言知识学习的自身规律及其互动特征要求课程设计要综合考虑，既要符合单课程自身特征，又要兼顾与其能互动的关联课程。

语言能力课程群由两大类课程构成（图 3-6 的中间层），一类是单技能课程，另一类是技能融合课程。单技能课程的目标相对专一，课程内容的覆盖面具有单领域性特征。与单技能课程相比，技能融合课程需要融合理解与表达两类课程，促进两种技能转化并得到双向提升，双维的目标取向势必会反作用于课程的内容设置，其内容既要符合转化原则，又要利于两种技能的形成。语言能力子课程群衔接语言知识子课程群和思维与文化子课程群，其设计还要兼顾融入、转化另外两类课程。

思维与文化课程群包括思维、文化、品性、价值四类课程。学科思维课程通过两种方式实施，其一是将英语语言学科的核心概念、学习规律、原理等寓于语言学习的过程中，其二是通过专门的学科思维课来实施。中英思维课程聚焦英汉语言表达的差异性及其背后的原因，该课程能降低差异性对英语语言学习的抑制作用，同时，运用英汉语言的融通性来促进英语语言的学习。西方文化课程以"共建人类命运共同体"为主流价值观，聚焦中国和西方文化共享价值的学习。品性生长课程以"我与家国""我与自己""我与他人"为主题，通过主题阅读、学科实践活动等方式实施，情感教育是品性得以生长的着力点。价值观课程聚焦国家、社会、家庭所需的主流价值，提高学生的价值认同感，为学生的行为文化注入价值判断标准，通过唤醒、认同、约束等方式来强化学生践行主流价值观。

（三）课程实施的主要途径和方式

1. 以概念为锚点来结构化课程的单元概念

着力于情感教育的高中英语课程群中的每个单课程是由数个概念架构起来的宏观意义单元。单课程的实施流程为：规划单课程的主要概念→编排课程内容与序列→分配课时和学时任务→学生自定义单个概念的意义内涵→师生重构概念→识别概念关系→评价与反思。从上述流程可以看出，课程实施凸显了学生的主体作用，概念的理解以学生自定义概念为主要学习形式。学习每个概念的初始阶段，教师提出概念并要求学生通过学习实践来自定义概念。随后的学习中，随着学习时长的积累和实践经验的增加，学生对概念内涵的理解会更准确，自定义的概念会逐渐趋同于"概念"的本质内涵。最后阶段，教师以"画龙点睛"的方式指导学生完善概念。依此类推，当学生以"听读写"的方式践行并自定义了单元中的每个概念后，要尝试建构单元内"概念"的关系，结构化单元概念，最终形成个性化的单元意义理解。

以体裁阅读课程中的说明文单课程（图3-7）为例，可以先聚焦于该课程的"语篇组织策略"这个概念，以任务为载体，要求学生自己建构这个概念，完成相应的学时后，师生共同重构"语篇组织策略"这个大概念。当学生完成单元所有子概念"语篇组织策略""段落组织策略""句际识别策略"的理解和应用后，要引导学生建构这些概念的关系，最终学生要能自定义出类似于图3-7的单元概念结构。

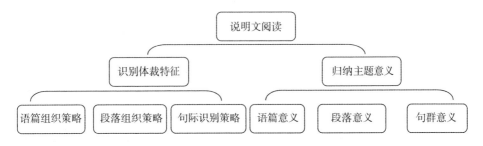

图 3-7 说明文阅读的概念结构

概念是认识和理解事物的重要方式，以概念来定义事物的本质特点能够提升学生认识的精确性，以语词表征并自定义概念是提高学生学习能力的重要途径。将学习能力的培育融入学习过程是本课程实现协同教育的重要策略。同时，为了促进学生语言能力和思维水平的协同发展，着力于情感教育的高中英语课程群以概念学习为锚点，指导学生运用"概念—逻辑"的方式建构概念关系，提升学生准确理解"意义"的能力。

2. 利用学科特点育人

作为外语的英语课程学习，学生需要花大量的时间来练习听、说、读、写等技能，这一学科特点不仅对学生的行为提出了很高的要求，而且对于其坚持、勤奋、挑战等品性也有很高要求，这些品性决定学习行为能否持续发生。着力于情感教育的高中英语课程群既关注促进知识学习的行为，又关注与学习行为相伴的学科情感培育。将单次的识、记、听、读、写等行为转化成持续行为是外语学习成功的关键。转化过程中，情感深度参与其中。为培育学生积极的学科情感，着力于情感教育的高中英语课程群采用将学习行为和学科情感捆绑评价的策略，依据个体的学科起点能力，设定个性化的目标，然后通过正向评价和反馈提升其学科情感，以此来固化其行为的持续发生。

着力于情感教育的高中英语课程群致力于开放、包容的情感的培养，开放、包容的情感有利于学生融合中英思维，通过取长补短来克服自我的认知偏狭。体现"学科思维"和"中英思维"课程的语篇，其作者多为西方人，通过语篇学习作者思考问题的方式，学生会逐渐习得英美"概念→逻辑→辩证"和"实证→求是"的至思方式。学生将其习得的西方思维方式同中式"直觉→顿悟→抽象"的思维方式融合，就能逐渐学会运用双向思维方式思考和解决问题，拓宽问题解决的渠道。久而久之，随着学生的包容情感经验的增长，其接受他人观点的意愿更强，同时能克服自我的认知偏狭，拓展思维的广度。

3. 优化互动机制

为实现"为家国事业奋斗、具有运用英语解决问题本领、能主动担当的人"的课程目标，着力于情感教育的高中英语课程群将理想教育、担当教育融合到学科教学中，增强了课程与学生互动的深度。理想对于个人成长具有灯塔作用，能引导学习行为的持续发生。着力于情感教育的高中英语课程群中"杰出人物""成功事件"等课程内容都能同理想教育融合，引导学生以杰出人物和成功人士为榜样，通过努力学习来实现自己的理想。不管是个人担当，还是团队担当，都能提升人主动作为的意愿，增强做事的责任意识。着力于情感教育的高中英语课程群对责任与担当主题课程内容的设计非常到位，担当教育同学科的高度融合能以"润物细无声"的方式培养学生的责任意识和担当精神。"浸润式"的课程实施方式通过"熏染"学生来落实国家的课程目标，实现学科育人的目的，图3-8中，通过将同心圆外围的理想教育、担当教育同英语学科课程融合，使之同学生深度互动后，就能转化成图3-9的学生样态。图3-9中增长区的内心圆越大，越有利于学生认知图式、情感图式、人格图式的增长，学生的受益面就越大。

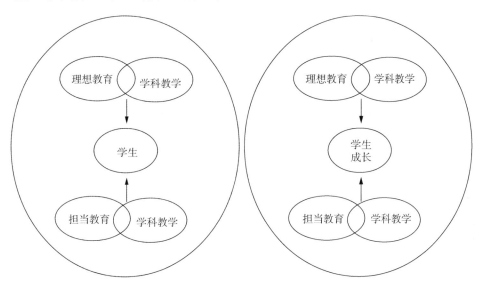

图 3-8　课程与学生互动　　　　　图 3-9　课程与学生互动的增量

　　运用"典型案例干预→类推干预"的课程实施策略来提高课程与学生互动的深度。课程实施者针对课程实施对象的认知风格、成就动机、个性特征等进行分析，按照相似性原则进行分类和分组，在各组中选取典型案例。课程实施过程中，对典型案例进行深度干预，不断反思、总结、改进干预策略，然后对不同类别的干预策略进行转化，使之具有推广性和可迁移性。最后，将"成果化"的干预策略运用于教育实践中，分类教育学生。相对于个性定制的策略促进了个体同着力于情感教育的高中英语课程群的深度互动，提高了课程的实施效果。

　　4. 个性化教学

　　教师通过问卷、观察等手段了解班级整体学生和个体学生的认知风格，把握班级学生共性的认知风格特征，同时对学生个体的认知风格做深度分析，深入了解学生个性的认知风格特征。在此基础上，设计两套课程实施方案：其一是以班级为单位的共性方案，其二是个体学生的个性方案。针对不同个性特征的学生，依据"长善救失"原则，设计"个性定制课程"。以视、听、动三种认知方式为例，每个学生都会组合使用上述三种形式感知信息，但是组合的偏好不同，听觉、视觉、动觉得分都高的学生，接受信息能力强，但易受外界干扰，专注度不够。针对这种认知风格的学生，要为其提供"专注度训练课程"和"自省"课程，充分发挥其信息接受能力强的优势并抑制其"易走神"的劣势，指导其通过"长善救失"策略来实现更好的自我发展。个性定制课程针对性强，学生的个性往往能得到积极的情绪体验，满足其情感需求的效果好。以表 3-1 中的第一位学生为例，该生视觉、听觉、动觉得分都高，课程实施过程对其运用"专注度训练课程"和"自省"课程进行了干预，取得了不错的效果。

表 3-1　认知风格数据

姓名	视觉	听觉	动觉	依存	独立	概括	细节	合成	分析
	4.4	4	3.8	4	4.3	4.4	4.4	4.3	3.8
	3.1	3	3.4	4	2.5	2.6	3	3	2.3
	3.8	2.8	2.4	2.5	3.5	3	3	3	2.3
	3	2.7	2.6	3.7	3	3.4	3.6	3.1	2.1
	2.6	2.5	2.5	2.4	4	2.2	3	3	1.7
	3.6	3.8	2.6	3.17	3.3	3	3	3.3	2.67
	4.8	3.4	3.4	4.2	3.2	3.2	3.6	3.5	2.5
	4.8	3.6	4	3	4	2	4.8	3.67	4
	3.6	3.1	2.8	3.33	2.5	2.2	3.2	3	3
	4.2	3.2	2.5	3.2	2.3	3	3.6	4	3.2
	4.5	3.5	3.1	3.8	3	2.8	4.4	4.3	4.3
	3	3	2.4	2.6	2.3	2.8	2.8	2.8	2.5
	2.9	2.5	2.7	2.3	2.8	2.4	3	2.5	2.5
	3.1	3.2	2.8	1.6	4.3	3.2	2.8	2.8	3.8
	4.9	3.2	2.8	3.8	4	4	3.5	3.5	2

姓名	视觉	听觉	动觉	依存	独立	概括	细节	合成	分析
	2.8	2.5	2.3	3.3	2.3	2.6	3.2	2.83	2
	3.9	3.6	2.7	3.4	3.7	2.8	2.8	2	2.17
	4	3.2	3	2.9	2.7	3.8	3.6	2.5	2.5

个性化教学中，不仅可以针对学生的不同认知风格，进行个性化干预，还可以针对学生的成就动机进行个性化干预。通过问卷（见附件3-1）和观察，对学生的成就动机进行调查，分析学生个体和班级共性的成就动机。通过"任务→情绪体验→评价→提高自我效能"的方式干预学生个体的成就动机，提高其完成任务的实效性。"任务"是研究者为学生布置的共性或个性的任务。"情绪体验"指不同层次的学生接受任务会有不同程度的情绪体验，受个体学科基础水平的影响，不同学生接受任务后情感焦虑的程度差异性会很大。"评价"指针对不同层次水平的学生采用相对差异化的评价标准，分层的评价标准使得评价结果能同学生的努力程度挂钩，进而起到调节其焦虑水平的作用，确保多数学生在完成任务过程中拥有积极的情绪体验，提高其自我效能感。以"最好的自己"为个性的价值追求，以"曾经的我"和"更好的我"为自我比较的因子，以"任务、日常表现、阶段表现"为转化单元，当学生确实通过努力改变自己后，教师要用好反馈机制，及时为学生"喝彩"，提高其自我效能感，激发其自我发展的动机，进而使学生不断进步，逐渐成为"最好的自己"。

（四）课程实施建议

着力于情感教育的高中英语课程群以高中三年总时长为单位，统筹规划了课时和自主学习时长，使之同课程内容的匹配度更高。课程的主导资源是教材，还包括基于国家课程方案和课程标准的补充性课程资源，为了让两种课程资源相互合理补充，并使之同学生能够投入到该学科的时间匹配，课程设计要解决好课程资源同学生精力之间的矛盾，平衡好教材同辅助课程资源的使用。

1. 课程资源

调适、拓展、重构课程资源，可采用以下步骤：

（1）分析教材、学科课程标准、国家课程方案的适配度，以课程标准为标准，以学生实际需求为依据，重构课程。以高中英语阅读量为例，高中英语课程标准建议必修、选择性必修课的阅读量为 14.5 万，教材的阅读量远远达不到这个标准。"体裁阅读"和"主题阅读"两个课程在利用好教材阅读篇目的基础上，以"主题"和"体裁"为依据组织单元，精选并补充了一定数量的阅读篇目来满足课程标准的要求。

（2）协调单课程同总课程群的关系。融合国家课程方案和课程标准的目标，确定着力于情感教育的高中英语课程群的总目标和单课程目标，使之成为相互联动的课程目标体系，所有课程资源的选用都要服务于整合后的课程目标。同时，要处理好"选"和"用"之间的关系，资源的选择要有预设性，要服务学生知识、能力、品性、价值观的协同发展，使用资源时要以"协同目标"的达成情况为评价依据来检视课程资源的实效性。

（3）平衡单课程所占学时的比例。精确计算单课程所需的学时数，单课程的学时数总和要略少于 1320（预估值）的总学时，以便有机动学时。充分利用单课程有延续性且能同其他课程融合的特点，统筹规划课时分配，减少简单重复和不必要的课时浪费。以词汇课程为例，其学时分散于不同学段且与语法、体裁阅读、主题阅读、听说、写作等课程融合，要协同考虑课时分配来提高学时的利用效率。

2. 课程推进

运用"目标引领·整体推进"策略推进课程：

（1）建议将"学段、主题单元、语篇"作为三个互为支撑的学习单元推进课程。一个学段约为八个教学周，能够完成五个主题单元的教学，每个主题单元的基本教学单位要以语篇为载体。

（2）要确定"学段、主题单元、语篇"的学习目标，使得三个目标体系能够相互融通且相互支撑。

（3）设计"学段、主题单元、语篇"的"大问题"，大问题要指向学习单元的核心目标，课程推进以"大问题的解决"为主线设计教学活动。大问题的设计可以从两个维度上设计增长值，一个维度指向学生知识和能力的增长，另一个维度指向其品性和价值的生长，以此来确保课程目标协同发展且互为补充。

3. "教、学、评"一体化

（1）设计教、学、评的目标转化机制

①将"教"的目标转化成可达成的学习目标。建议运用"预设初目标→

换位思考→重新定位目标"的思路来完成目标转化。预设初目标时，要根据课程内容设定一个大多数学生能完成的学习结果。换位思考要求教师站在学生角度，判定不同层次学生达成预设初目标所需的时间和应付出的努力。通过换位思考后的综合评判，重新定位目标，将目标梯度化并使之能与不同层次学生的基础水平更适配。

②将学习目标转化成评价标准。根据梯度化的学习目标，将学生分层并制订差异化的评价标准。差异化的评价标准要基本符合个体学生的实际水平，确保其学习时间及精力的投入和付出成正比例关系。

（2）教、学、评的内容指向一致，服务于学习且能调节、监控、促进学习

①教、学、评的内容既要包括知识和能力，又要包括品性和价值观。将品性的生长点量化成持续的行为改变，将正面价值观教育转化成可观察的行动力，这样就能使得教、学、评共同聚焦于行为。"教"的内容要服务认知行为的变化，学习行为要尽量达到"教"预设的行为标准，"评"要重点关注学生的努力行为和行为变化。

②教、学、评既要重视过程，又要重视结果。要激励学生不断努力，聚焦学习结果的达成度。

③将学生的自省、反思同师评、同伴评价结合，通过外评价引导内评价，通过他评促进自评，最终让学生通过"自我对话"来提升自评和自我反思的能力，以正向的价值观来指导行为，改变行为。

（五）课程评价

1. 以行为、情感为评价点

以"行为为主要评价点"的评价机制要求学生对自己的起点行为（附件3-2）做自我评估，根据评估情况与老师、同伴、家长共同协商并确定周、月、学段行为或行为结果的达标点。达标点要以行为改变或行为结果为主评价点，可观测且能量化。"行为为主要评价点"的机制照顾了个体的差异，个体根据自己的学习基础、情绪状态、价值取向确定达标点，使目标的达成更符合个体的实际水平。人性化的评价机制能确保学生在情感上更易接受这一评价机制，从行动上改变自我。

以"行为→持续行为→惯性行为"为评价点，能够评价行为背后的知识、

能力、品性、价值观，简化的评价程序具有易操作性。对"行为本身"和"行为结果"的双向评价能把过程和结果结合起来评价，更容易被学生接受。"双维评价"能衔接他评与自评，"向内"的自评价和"外反馈"的他评价由于共享"努力程度"和"学业成绩"的双向结果，评价结果更具说服力，也更能促进个体行为的变化。任何评价机制都有其刚性的特征，"底线标准"能确保评价发挥其规范行为的作用。底线基础上依据个体的梯度化"标准"能充分保证教育的"育"性，能有效发挥评价的导向性。

与可观察的行为相比，针对学生情感的评价更复杂，个性特征更明显。着力于情感教育的高中英语课程群将学科焦虑（参考附件 3-5）和学科自我效能（参考附件 3-6）作为两个主要的评价支点，针对学科焦虑水平和学科自我效能，采用附件的问卷进行评估并进行干预。在课程实施的重要节点，课程实施者还会通过访谈对重点案例进行评估，对焦虑值过高或成就动机弱的个案进行针对性的干预，调适其学科焦虑水平和学科自我效能。

2."P 评价"和"E 评价"操作机制

P 评价的内容包括课业、学业等学科学习必须完成的任务，P 评价明确单次行为的学习结果，所有学生都必须付出努力来完成学习任务，每次过关可以得到一个"P"（英文 pass 的首字母），获得一个"P"标志着一个学习结果的产生（评价标准见附件 3-3）。"P 评价"的刚性标准是外在的学习结果呈现方式，学生的每次过关预示着其已经得到了一个学习结果。"P 评价"将行为转化成结果，学生自己的努力转化成结果意味着其经历了一次次成功的体验，一次次成功的体验能逐渐增强学生的学科自我效能，随着其自我效能的提高，其自主学习能力也将随之提高。学生自我效能的提高和自主学习能力的增强又能反作用于作业行为，学生就会坚持记、诵、背、读、写等语言学习行为，有益于其发展"坚持"的学习品质。

"E 评价"针对学生每次的学习行为、努力程度、对待困难的态度、达标率等，进行综合考评，每次优秀可以得到一个"E"（评价标准见附件 3-4）。"E"能积分，可以据此评出周、月、学段的最终优秀者。以"月和学段"为计算单位，将"单个行为→持续行为→习惯行为→特定品性"同情感、态度、价值观、品性关联，既能促进学生行为的持续变化，又能促进其全面发展。

3. 将"最好的自己"转化成个体的价值追求

"P评价"将学习行为转化成了"成功的学习结果",久而久之,学科情感的变化会导致学生学习观发生改变,正向的学习观对于学生的人生观也会有正向影响。"E评价"能让持续行为内化成"习惯性行为",学生须时刻反思才能持续得到"E",反思转化成一种习惯性行为会促进其"反思"品性的生长。学生要想持续得到"E",就要不断挑战自我,挑战自己的耐力,挑战自己的努力程度,挑战持久度,这一系列的挑战过程能促进"挑战"品性的形成。以"天""周""月"为单位的评价给学生强烈的暗示,即要求其把以"天"为单位的"单次优秀"转化成以"月"为单位的"持续优秀",这一过程需要学生树立目标,为了实现自己的目标不断努力,实现目标的过程能促进学生"进取"品性的发展。

"评价行为→正反馈优化的行为→正强化优化的持续行为"的评价模式能有效改变学生的行为,改变支持行为背后的学科情感。以学科为载体的持续作用力在特定条件下能促进"自我认识"发生改变,自我认识的改变能促进"最好的自己"价值观的形成和发展。"最好的自己"价值观会引导学生"成长型"思维的发展,让学生将"自我实现"定位成终身发展的目标。

4. 学分认定办法

学分认定包括两个部分,其一是"纸笔测试"成绩,其二是"过程性评价"成绩,将两个部分的成绩按照3∶7的比例相加能够形成学生的阶段成绩,达到相应学时且阶段成绩合格的学生,能获得相应学段的学分。综合素质评价以描述为主,内容涵盖品性、价值观等。

(六) 保障措施

1. 我校对国家课程校本化的项目资金支撑

我校一直非常重视国家课程校本化工作。最近十年来,我校争取到了区课程开发资金项目,鼓励各学科运用这些项目资金开发课程和学案。得益于学校的项目资金支持,高中英语教研组开发了不同主题的学案,这些学案的开发为着力于情感教育的高中英语课程群提供了资源支撑。我校还承担了"高中课程校本化研发与实施策略"的区级项目,该项目鼓励教研组、备课组、课题组致力于课程研发和实施,学校的项目为学科课程群的开发提供了

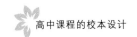

更好的平台。借助学校的项目和平台，着力于情感教育的高中英语课程群获得了更多智力和资源支撑，提升了课程群的品质。学校还对听说教室进行了改造，购买了常规教室的听说设备和软件，软硬件的投入使得课程研发有了足够的资源支撑。

2. 学校的教师发展支撑

我校将教师的发展放在学校诸多工作的首位，优先考虑培训投入，不断建设教师发展平台。学校建成了相对完善的学习型组织，学习型组织的结构性组织和非结构性组织都得到了发展和完善。目前，经过多年的发展，学校教师带头人数量合理，能带动并领导学校的学术建设。学校提供的条件和平台让教师有归属感并能获得成就感，成就感使得教师能够安心且顺心地工作。针对教师的研究和课程开发能力，学校鼓励教师参与国家课程的校本化实施项目和校本课程的开发，鼓励教师申报课题并将课题的研究方向定位为课程研发。学校还设立了教师发展中心，精准帮扶教师。

3. 课程成果推广的支撑

我校创设平台和机会，让教师总结和推广教育教学成果。我校设有专门的教师发展中心，聘请教育类杂志社的编辑和学科专家来指导教师的成果表达能力。学校也鼓励教师申报区级的课程项目，申报成果发表的资金支持。同时，学校也积极同出版社、杂志社联系，为教师的成果推广创造机会，这些措施使得课程的成果表达有了推广的平台。

四、校本课程实施的主要成效

（一）校本课程实施提升了学生的学科情感

学科焦虑和学科自我效能是影响学生学科情感最为重要的因素。学生的学科自我效能与其努力程度存在正相关，学生的学科自我效能越高，其投入到该学科的学习时长和精力就越多。学生的学科焦虑同学科情感也具有高相关性，当学生的学科焦虑过高或过低时，其学科情感就会下降，适中的学科焦虑对学生的学科情感能产生正向影响。

1. 学生学科自我效能的前后测变化

为了配合课程实施，着力于情感教育的高中英语课程群设计了学科自我效能问卷（附件3-6），并做了前后测，结果见表3-2。该问卷包括5个因子，分别是语言知识、阅读、读写、思维与文化、课程目标，这些因子基本涵盖了该课程群的3个子课程群内容。从问卷15道测试题的前后整体对比来看，前测学生学科自我效能的均值为2.6，后测其自我效能的均值为3.2，后测比前测提升了0.6。学生自我效能由中等偏下水平提升到了中上等水平。两次测试结果也显示，学生自我效能水平的浮动基本符合我校学生的入学水平（区域中等偏下），其上升幅度也受其原始水平的影响。

从语言知识因子前后测对比来看，学生自我效能增长了0.5，增长幅度较大，这说明语言知识课程群的内容设计同学生接受力的适切度比较高。另外，从后期归因访谈（附件3-7）的结果来看，以评促学的课程实施策略对学生自我效能的增长起到了促进作用。从阅读因子前后测的结果来看，后测学生自我效能增长了0.3，增长幅度适中。阅读水平和能力本身的增长速度较慢且受思维能力的制约，这也提示着力于情感教育的高中英语课程群的后期设计要调适阅读子课程群的目标和实施策略。

表达技能子课程群的前后测比较显示，后测比前测增长了0.5，增长幅度较大。将理解技能同表达技能结合的课程设计更符合语言的习得规律，也更有利于学生跨技能转化能力的提高，这也能解释为什么该课程群同学生英语学科的自我效能值高度相关。针对听说结合课程，访谈结果表明：听力内容的难度对口头表达影响较大。这意味着听说子课程设计要对听力资源的选择进行适当的调整。另外，读写结合课程学习的访谈中，学生认为"主题拓展写作"挑战性较大，这提示后期的课程设计要关注并改善这部分的内容和结构设计。根据访谈的反馈信息，课程设计者都做了调整。着力于情感教育的高中英语课程群运用了多样化的反馈工具，监控课程实施的效果，并适时进行调整，确保了课程内容同学生需求及学生发展更适配。

思维与文化课程学习的前后测比较结果显示，后测比前测增长了0.7，增长幅度非常大。思维与文化学习是英语学科的灵魂课程，也是着力于情感教育的高中英语课程群的亮点课程，学习语言和文字背后的思维方式、价值取向、文化内涵，学习者自身具有的文化在同异国文化的碰撞中能学习到西方文化的精华，并将之融入自己的思维体系。

从价值观和品性生长两个课程目标的前后测对比来看，后测比前测增长了 0.8，增长幅度也非常大。将价值观教育、品性生长同学科融合是学科教学的重点研究领域。针对内容和课程实施策略，着力于情感教育的高中英语课程群深度融合品性教育和价值观教育内容，后测的结果也证明这些融合措施具有非常好的效果。

表 3-2　英语学习自我效能前后测结果

因子	题项	前测均分	后测均分	前测	后测
语言知识	1. 用正确方法记忆词汇，读写句子时能选用恰当词汇。	2.7	3.0	2.7	3.2
	2. 识别并运用语法规则分析句子。	2.4	3.1		
	3. 运用语音知识断句和朗读。	3.0	3.5		
阅读	4. 运用语篇结构特征阅读并了解语篇的题材特征。	2.7	3.2	2.8	3.1
	5. 阅读中能理解他人态度、情感、观点，并能得体沟通。	2.4	2.8		
	6. 根据阅读目的和任务，读懂不同主题文本的主干意思。	3.0	3.2		
	7. 识别文本的体裁特征，读懂文本的结构及其意义关系。	2.9	3.2		
读写	8. 能写符合写作任务的文章。	2.1	2.8	2.6	3.1
	9. 结合听力和口头表达，完成听说任务。	2.8	3.1		
	10. 结合阅读和写作，完成读写任务。	3.0	3.5		
思维与文化	11. 了解英语学科的思维特点，应用学科思维解决学习问题。	2.2	3.0	2.2	2.9
	12. 知晓英汉思维的差异和趋同点。	2.3	2.9		
	13. 了解中西文化价值观的差异和趋同点。	2.1	2.9		
课程目标	14. 英语学习中，认同并接受课程所表达的价值观。	2.8	3.7	2.9	3.7
	15. 英语学习中，坚持、反思等品性和自身学能协同发展。	3.0	3.7		

2. 学生学科学习焦虑的前后测变化

学科学习焦虑问卷（表3-3）共包括5个因子，分别是课堂焦虑、作业焦虑、他评焦虑、回避行为和自评焦虑。前测的均值是3.1，处于中等偏上水平，后测的均值是2.6，处于中等偏下水平，前后测相差0.5。从学习焦虑水平同学习动机的关系来看，中等偏下（2.6）的焦虑水平让学生身心处于相对轻松的状态，学习效果会比较好，这也说明着力于情感教育的高中英语课程群对于调适学生的焦虑水平具有正向影响。

从单因子的前后测分析来看，他评和自评对于学生焦虑水平的影响更大，两者的前测值分别是3.8和3.7，属于高焦虑状态。两者的后测都降到了2.7，属于中等焦虑状态。4个因子的后测结果中，课堂、作业的后测焦虑值分别是2.3和2.2，而他评和自评的后测焦虑值都是2.7，经过干预，课堂、作业、他评、自评四个项目后测的平均值为2.48，属于中等焦虑水平。从教、学、评互动的视角来看，评价确实能够导向、监控、改善学的状态，评价对人的情绪、情感具有激发和调动功能，当正向、积极的情感处于激活状态时，"教"的策略具有将"即时情感"转化成稳定情感的功能。课程实施过程中，课程实施者经常会在学生情感处于"激活"状态下时，适时利用好这些教育契机，给予其引导，形成了很多成功的案例。从回避行为因子的前后测分析来看，后测增长了0.4，这一增长也说明着力于情感教育的高中英语课程群能通过正面的教育影响学生的学科情感，学生英语学科情感的增长能反驳于行为，进而转化成行动力。

表3-3　英语学科学习焦虑的前后测结果

因子	题项	前测均分	后测均分	前测	后测
课堂焦虑	1. 英语课上，我会觉得紧张不安。	2.2	2.0	2.8	2.3
	2. 当英语课的容量比较大时，我会紧张。	3.3	2.7		
	3. 我不害怕自己的英语作品入选课堂讨论或讲评。	2.8	2.1		
作业焦虑	4. 我担心别的同学看到我写的英语作业时会嘲笑我。	2.6	2.1	2.7	2.2
	5. 每当写英语作业时，我会觉得无从下手。	2.7	2.3		
	6. 我觉得完成英语作业比其他作业轻松。	2.2	2.9		

因子	题项	前测均分	后测均分	前测	后测
他评焦虑	7. 我担心英语老师在课上评价我的表现。	3.8	2.4	3.8	2.7
	8. 我担心英语老师评价我的作业。	3.6	2.6		
	9. 我担心同伴对我英语表现的评价结果。	3.9	3.0		
回避行为	10. 我经常在课下背诵英语单词并翻看英语笔记。	3.3	3.6	2.7	3.1
	11. 我经常用英语写自己的所感所想，如摘抄、反思等。	2.6	2.6		
	12. 我经常练习英语听说。	2.3	3.2		
自评焦虑	13. 我担心自己的英语课堂表现。	3.7	2.4	3.7	2.7
	14. 我会担心英语作业。	3.5	2.7		
	15. 我担心自己的英语成绩比别人差。	3.8	2.9		

3. 学生学科情感的变化

从学科自我效能和学科焦虑的前后测的比较来看，学科焦虑的下降幅度同自我效能的上升幅度接近，这也再次验证了两者的高相关性，也说明学生学科情感的正向变化是明显的。学科情感是学生学科学习的动力系统，学科情感值越高，学生同学科课程的互动性就越好，本课程群以学科情感为锚点，通过提升学生的学科情感来促进学生与课程的深层互动，提高了课程实施的效率。

(二) 校本课程实施提升了教师的实践创新力

"实践＋理论＋实践创新"是教师成长的重要策略。国家课程校本化不仅要回答"什么样的知识最有用"的问题，还要回答"什么样的课程能让最有用的知识高效传递"的问题。着力于情感教育的高中英语课程群的开发在这一使命的感召下，不断探索和实践"学科＋育人"这个主题，以情感教育为着力点，以学科情感的培育为生长点，以"教师课程"为主要载体实践了学科育人。着力于情感教育的高中英语课程群创新了学科育人的机制，使得国家课程目标能够依靠学科，保证了"三有目标"既能融入教育的全过程，又能保证"三有目标"体现学科特点。

奥苏贝尔认为：教学中要尽可能地先传授学科中具有最大包摄性、概括性和最有说服力的概念和原理，以便学生能对学习内容加以组织和综合（施良方，2001）。设计课程时，课程设计者要先归纳学科教学中最具统摄性的知识，将其分类成系统的知识体系。课程设计者结构化知识体系的过程中，会依据自己偏好的方式对知识进行分类，同时，课程设计者也会依据自己所教学生的基础水平，将知识转化成能针对特定群体的"教师课程体系"。"结构化"和"转化"都略具个性特征，也是课程设计者创新的过程，创新能够让知识更高效地传递。着力于情感教育的高中英语课程群融合了自上而下和自下而上两种课程设计策略，自上而下将知识"安置"于特定体系，要求学生具备"全局"思维方式，自下而上要求知识的学习服务特定场景和情景，为知识的应用做准备。运用系统思维结构，该课程群能让课程在转化过程中更具迁移性。学生学习课程群的过程中，也会深受课程设计者"结构化"和"转化"知识方式的影响，形成系统思维的至思方式，更有利于其问题解决能力的培养。

　　校本化国家课程是一项复杂的系统工程，对于身兼多重任务的一线教师而言，开发课程挑战其体力和智力，成长型思维是支撑课程开发者不断前行的动力。为了回答"什么样的课程实施策略最有效"，课程实施者运用"逻辑→求证"的方式，运用问卷、访谈、观察等工具监控课程实施的效果，依据问卷、访谈、观察结果，重构课程内容，调整课程实施策略，最终形成了体系化的课程，课程目标设计、内容选用、课程实施策略匹配度很高。不断追求"精致"，使得着力于情感教育的高中英语课程群日趋完善，日渐成熟。该课程群是成型思维支持的课程，课程的每个细节都有实践创新的参与。课程开发与教师发展互为驱动力，课程为教师的"再发展"提供了平台，教师的不断发展是课程不断完善的动因。

　　（三）校本课程实施为学校的学科课程建设提供了思路和范式

　　学校的课程建设中，学科课程建设是关键，国家课程校本化实施质量的高低直接决定了学校落实国家课程方案的效果。着力于情感教育的高中英语课程群是以高中学段为整体单元的学科课程，该课程群的开发为学校的课程建设提供了范例。"研读国家课程方案＋学科课程标准→重构学科课程目标→规划课程结构→开发单课程"自上而下的课程开发策略能为结构化学科课程提供思路，"开发单课程→开发与单课程相关的课程→开发课程群"能为起步开发者提供可仿效的步骤。不管是自上而下策略，还是自下而上策略，都能为不同发展阶段的教师提供课程开发的基本思路。

学校的课程建设、学科课程的质量对于学校课程的品质意义重大。着力于情感教育的高中英语课程群的课程开发过程中，问卷、访谈、观察等工具的使用监控并导向了每个课程的发展，确保了每个课程的质量。学校在课程建设中，引导课程开发者应用工具监控并调整课程，能确保学科课程的品质。

五、校本课程实施的主要特色

特色一：着力于情感教育的高中英语课程群将价值观的习得方式贯穿于价值观学习的全过程，这有利于学生双向能力的提升。在高中阶段的各学科中，思政、语文、历史、英语同价值观教育的融合度高，每个学科的价值观教育都以社会主义核心价值观为主体内容，但是又各具特点。相比较其他三个学科，英语学科能通过中西价值观的对比，吸取人类共享的优秀价值观。着力于情感教育的高中英语课程群通过对比、批判、遴选等方式将人类共享的价值观提取出来，将价值观教育蕴含于教育的全过程。学生在习得价值观的过程中，也能学会运用"对比、批判、遴选"的方式习得新的价值观。正确的价值观习得方式能让学生终身受益，在多元价值观的冲突中，学生能站位于"中国心国际人"的视角，汲取最优秀的价值观。

特色二：着力于情感教育的高中英语课程群着力于情感且能最大限度地发挥情感和认知的协同育人力量。课程实施过程中，学生会与不同课程互动，互动过程中，其认知活动的高速运行会调动情感参与到认知中，将能量补充给认知，使得两者相得益彰。该课程群将着力点作用于情感，教师运用寓于课程的热情、激情、深情感染学生，这些情感能够为学生的认知提供源源不断的能量，充足的能量供应能确保认知的持续发生，能提高学科的育人效果。情感不仅能够在等级层次改变认知反应，还能影响认知结构的改变（孟昭兰，1989）。情感通过改变图式能改变认知结构，多元多样的认知结构有利于学生认知能力的提升，认知能力的提升能反作用于正向学科情感的提升，发挥认知和情感的协同作用。

特色三：着力于情感教育的高中英语课程群情知协同的育人策略能促进行为同观念的互动，使得观念指导并引导行为的持续发生，内与外融通的品性培育机制是学科育人机制的创新。情知协同的育人策略通过打破舒适圈的方式，引导学生尝试改变行为，这些"行为变化"很容易被课程实施者觉察并施加新的"情知协同"影响力，在"外力"的加持下，学生的尝试行为能转化成持续性行为。学生内在的"成就动机"与课程者施加的"外力"形成合力，会影响支撑学生"持续性行为"观念的转变。新的观念具有固化作用，能够将持续行为转化成惯性行为，促进"新品性"的形成和生长。

第二节　寓情感教育于高中英语学科的案例

涵××同学是一名女孩，说话声音大，无所顾忌，有时候会因为一件小事，突然暴怒。有一次，因为一件琐事，涵××同学认为班主任对她太过严厉，便和另一名女同学在老师办公室里大哭大闹，折腾了一个下午，整个楼道都充斥着她们的哭闹声。作为涵××同学的英语老师，笔者想做点儿什么来试图改变她。教涵××同学的同事得知笔者的想法后，多数都持质疑态度。

一、以情育情

（一）了解涵××同学

笔者做的第一件事是走近涵××同学，了解其性格成因。涵××同学的母亲在商场工作且工作时间比较长，脾气也有些暴躁，导致母亲在管教涵××同学时，方法单一，遇到其犯错时，往往以打骂教育为主。涵××同学的家庭教养方式可能对其行为举止产生了很大的影响，也影响了其性格。

涵××同学的数学成绩很弱，英语成绩很好，学科的不均衡性让她的总成绩一直飘忽不定，加上她多变的情感和易暴怒的性格，同学对她也是敬而远之。在学校的同伴关系中，学习成绩是同伴之间衡量他人的一个重要标准，学习的好坏在很大程度上能决定一个人在班级中的被关注度。

（二）制订"以情育情"的干预方案

对于涵××同学，笔者做了这样的假设：如果涵××同学能够学会"共情"，她有可能更好地控制自己的情绪，进而习得共情的方法，使得其"共情"品性得以生长。基于上述假设，笔者为涵××同学制订了下面的干预方案。

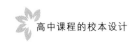

表 3-4　以情育情的干预方案

步骤一：拉近笔者与涵××同学的距离，让其感受到老师与其母亲不同的"教育"方式。	实施方式：课后辅导、作业反馈、课堂提问等英语学习活动。	效果：对于某个优势学科，学生容易同该学科的老师建立相对密切的师生关系，涵××同学也不例外。
步骤二：让涵××同学关注同学对她的评价。	关注方式：1. 她受到表扬后，让她关注别人的反应。2. 她"大喊大叫"后，让她关注别人的表情。	结果：历时一个月后，她有一次对笔者说："老师，我发现大家好像有点儿讨厌我。"她当时的表情非常沮丧。
步骤三：让涵××同学反思自己的优缺点，制订出改变自己的方案。	实施方式：认真思考后，同笔者交流老师为其设计的监控措施。	效果：涵××同学的第一个"自我救赎"方案是不再"大喊大叫"，笔者的提醒方式是对她说"淑女"。

（三）"以情育情"方案的实施效果与反思

"淑女"提示语有三层意思，其一是让涵××同学知道一个受过良好教育且有教养的女孩应该拥有什么品性；其二是让涵××同学知道"共情"的品性是成为"淑女"的前提条件；其三是涵××同学要通过自律和自我克制来成为淑女。达成这三点共识后，每次当涵××同学大喊大叫时，如果笔者或者其他老师在场，一句"淑女"的提示基本就能解决问题。前两周，笔者和老师们的提示频率较高，随着时间的推移，提示的频率日渐降低。涵××同学外在行为的变化是有目共睹的，这让老师和同学觉得她好像变了一个人。当然，涵××同学也有偶尔"犯倔"的时候，但是其"疯狂程度"明显减轻了许多。

涵××同学的变化历程中，感受到了一种与其母亲的教养方式完全不同的教育。初期，笔者只是让其不断感受遇到问题时用什么"情感表达"来面对问题。换位思考后"缓和的情感表达"同"对抗性的冲突表达"会对问题的解决产生完全不一样的效果，当涵××同学深切感受到这一点后，她认可了"缓和的情感表达"的建设性及其解决问题的高效性。正确的情感表达还是架起同学关系的桥梁，积极的情感体验让这个女孩有了改变自己的愿望。情感的反馈具有即时性，她"享受"同学间积极情感反馈的频次越多，对强化她的自我改变作用就越明显，最后促成了她彻底的改变。

二、以知育品

（一）体验持续坚持后的真快乐

涵××同学的英语听说能力较强，但是语法不太好，句法错误太多对她作文的质量影响很大。图3-10是涵××同学的一次习作，笔者对其中的错误点基本都做了标注，从标注量来看，其百词出错的频次很高。对于"率性"且"分析能力弱"的涵××同学来说，要真正补齐语法的短板不是一件容易的事情。只有深刻认识到自己的问题，才可能真正下定决心去解决。有一天，涵××同学拿着批改后的作文来找笔者，表情非常沮丧，但是态度非常诚恳，希望笔者帮她解决这个问题。

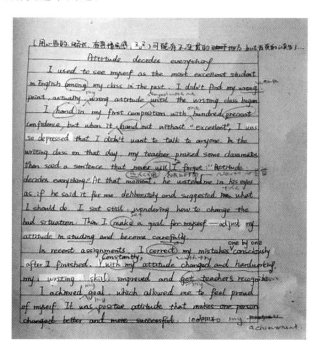

图3-10 涵××同学的习作1

看着彼时的涵××同学，笔者并没有急于帮助她制订方案，而是给她布置了一个任务：用一周时间，反思什么是"真正的快乐"，并用亲身经历的事情告诉笔者"真正的快乐"的内涵。一周后，涵××同学列举了6件事来说明她经历了真正的快乐，笔者对其进行了一一点评，然后给了她笔者认可的"真正的快乐"的内涵：持续坚持取得成功的自我肯定。或许当时涵××同学是第一次听到这个定义，她当时的神情非常惊愕。

随后，笔者表达了自己对她的期待：希望她能把语法和写作的提高过程作为其体验"真正的快乐"的过程。她认可了笔者的建议并表示愿意尝试。从此，涵××同学在行动上做出了巨大的改变，她成了班里每天早晨到校最早的同学，一直坚持到高三毕业。涵××同学持续的努力开了花并结了果，半年后的一次随堂限时写作中，她的作文中除了两个小错误外，基本上没有大的句法错误了。

涵××同学的习作2

My Dream Came True

When seeing the students who are skilled in English, I was jealous. I decided to study hard. It was at that time that my dream took on a vivid form. From then on, I started to read passages, recite and learn from others who stand out. Gradually, I learnt how to use vocabularies and grammar. Step by step, I became more and more skilled. On a day of September, I got a good mark in the exam. On the day, I stayed in a state of disbelief. I remembered shaking with excitement.

Now, when I looked back on the past days of my English study, I had many difficulties every day but I didn't give up. It was the courage of challenging myself that turned my dream into a reality. As far as I am concerned, I have defeated my old self and become a new self. Last but not least, the experience opened up the door of my dream, a dream of struggling for excellence.

从涵××同学的作文中，笔者能够明显感觉到其从"情感认知"向"情感体验"的变化历程，涵××同学作文中的情感表达（下划线部分）是她的真实体验，所以才写出了情感真挚的作文。其正向的情感力和写作能力相互促进，给她"坚持"的行为注入了成就感。久而久之，涵××同学品尝到了"持续坚持行为"的快乐，并将其转化成习惯进而内化成了品性。

涵××同学补齐语法和写作短板的过程与其坚持品性的生长过程同步。

当然，在这个历程中，她也有反复的时候。情绪不佳的时候，她也会有放弃"坚持"的念头，但是每次都会被笔者发现。当笔者提醒她"半途而废"的可怕后果时，她便及时调整情绪，重拾信心，最终坚持下来了。坚持品性的培育，是将观念的改变、行为习惯的养成、情感的体验统整起来，对"全人"进行干预，教育成功的概率也大了许多。

（二）把严谨品性的培育植根于学习任务

品性教育中，长善救失的教育策略能起到非常好的教育效果。涵××同学的英语基本功好，语言的流畅性也不错，但是经常会因为"粗心"而无法在考试中取得理想的成绩。针对涵××同学定制的品性教育方案基本上都取得了成功，笔者对其"粗心"问题开出了类似的药方：自己认识问题→自己提出解决方法→同笔者协商形成最后方案→坚持执行方案（笔者监控）→反思行为结果→体验成功的快乐→严谨品性生长。涵××同学同笔者协商后形成了在不同写作阶段完成重点任务的方案（表3-5）来解决其写作中句法错误频现的问题，同时让涵××同学将在学习历程中学到的"严谨"运用到其他学习任务中，逐渐让自己的"严谨"品性得以生长。教育效果是显而易见的，在高三第一学期期末的全区统一考试中，她的一篇作文（图3-11）质量非常高，后来被全区很多老师当作范文进行讲评。

表 3-5　涵××同学写作过程重点关注的任务

写作过程	自我设问
写前	1. 通过审题，明确话题是什么？我所确定的主题是什么？ 2. 写作所要求的主干信息是什么？ 3. 升华信息是什么？ 4. 我将运用哪些语言来准确表达主题？
写中	1. 我要重点写哪些内容？ 2. 我要尝试使用哪些句型句式？ 3. 这些句型句式采用什么句群来组织？ 4. 完成一个句群写作后，我要做什么样的校正工作？
写后	1. 我要做哪些校正工作？ 2. 回读我的作文，我的关注点是什么？

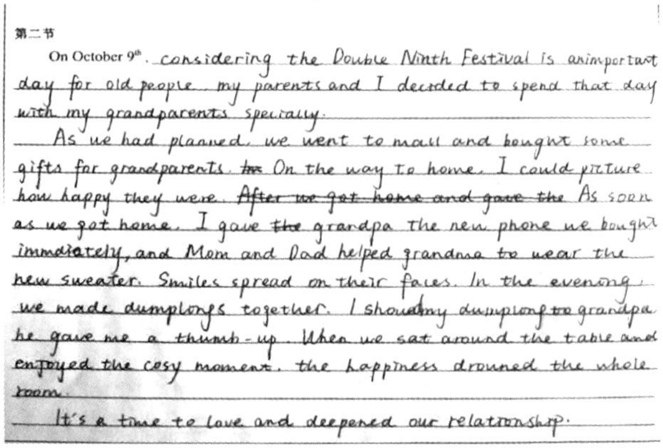

第二节

On October 9th, considering the Double Ninth Festival is an important day for old people, my parents and I decided to spend that day with my grandparents specially.

As we had planned, we went to mall and bought some gifts for grandparents. On the way to home, I could picture how happy they were. As soon as we got home, I gave grandpa the new phone we bought immediately, and Mom and Dad helped grandma to wear the new sweater. Smiles spread on their faces. In the evening, we made dumplings together. I showed my dumpling to grandpa, he gave me a thumb-up. When we sat around the table and enjoyed the cosy moment, the happiness drowned the whole room.

It's a time to love and deepened our relationship.

图 3-11　涵××同学的习作 3

三、品性与生长

"自生长"和"教育助力"是人生长的两种主要方式，将两种方式融通一直是实践教育者的教育追求。通过涵××同学的例子，笔者明白了一个道理：品性教育是全人教育，要把教知识、能力和思维的历程与引导学生体验正向情感的过程融通，要把行为教育和价值引导融通，唯有这样，才能增加教育成功的概率。笔者教育了涵××同学的品性，涵××同学的行为坚持和情感体验相伴相生，追求"真快乐"的价值追求让涵××同学把行为转化成了习惯，经习惯长期的内化，"坚持"成为涵××同学知行合一的品性。品性教育中的"教"是"药引子"，"育"是"主药材"，两者互为补充，缺一不可。

笔者认为"教"是"育"的合力，是涵××同学变化的原因，涵××同学自己却不这样认为，她把自己的变化全部归因为笔者对她的影响，下面是涵××同学给笔者发来的微信。

老师，其实我一直都有很多话要对您说。刚开始，您说您要改变我，我还不信，到了现在，我信了。高三之后，我经常能在自己身上找到您的影子，说白了，就是我在学您。比如早起，比如真的全身心投入去做好一件事。我的情感是您给我的，我越来越正的价值观是您给我的，我知道了原来比坚持和努力更高一层的品质叫坚毅，我做梦都想让您跟别人骄傲地说涵××同学是我的得意门生。我在努力做好一撇一捺，做好一个人，就像您说的那样，做一个有灵魂的人，人最怕不知道自己是谁，我才不想当庸人呢。

高中毕业后，涵××同学一直同笔者保持微信联系，大学 4 年间，每次取得好成绩她都会给笔者发条微信，其取得的成绩包括英语演讲比赛第一名、通过英语专业 8 级考试等。涵××同学后来的成长，让笔者看到了情感教育的力量。

附件 3-1

成就动机学生问卷　姓名：

该问卷只是老师用来评估同学们的英语学习情况，请大家认真作答，真实描述。作答时，根据选项内容在最后一格写上分数即可。

1. 和别人讨论问题时，我总能积极地提出自己的想法。 （1）完全不同意＝1　（2）不同意＝2　（3）中等＝3　（4）同意＝4 （5）完全同意＝5	
2. 在同他人的交谈中，我善于倾听。 （1）完全不同意＝1　（2）不同意＝2　（3）中等＝3　（4）同意＝4 （5）完全同意＝5	
3. 在生活中，我总是给自己定一些目标并积极去完成。 （1）完全不同意＝1　（2）不同意＝2　（3）中等＝3　（4）同意＝4 （5）完全同意＝5	
4. 我十分向往悠闲自在，无所事事的生活。 （1）完全不同意＝5　（2）不同意＝4　（3）中等＝3　（4）同意＝2 （5）完全同意＝1	
5. 在完成一项任务时，我严格地按已有的步骤执行。 （1）完全不同意＝1　（2）不同意＝2　（3）中等＝3　（4）同意＝4 （5）完全同意＝5	
6. 在完成任务的过程中，我总想以自己的方式来。 （1）完全不同意＝1　（2）不同意＝2　（3）中等＝3　（4）同意＝4 （5）完全同意＝5	
7. 我喜欢接触新鲜事物并且想办法搞懂它们。 （1）完全不同意＝1　（2）不同意＝2　（3）中等＝3　（4）同意＝4 （5）完全同意＝5	

8. 陌生的环境会使我焦虑不安。 （1）完全不同意＝5　（2）不同意＝4　（3）中等＝3　（4）同意＝2 （5）完全同意＝1	
9. 我喜欢去完成比较难的任务，以表现自己的才智。 （1）完全不同意＝1　（2）不同意＝2　（3）中等＝3　（4）同意＝4 （5）完全同意＝5	
10. 在学习中，我害怕做那些难度大的事。 （1）完全不同意＝5　（2）不同意＝4　（3）中等＝3　（4）同意＝2 （5）完全同意＝1	
11. 我希望挑战有难度的任务。 （1）完全不同意＝1　（2）不同意＝2　（3）中等＝3　（4）同意＝4 （5）完全同意＝5	
12. 我喜欢完成简单的任务，因为这样更容易成功。 （1）完全不同意＝5　（2）不同意＝4　（3）中等＝3　（4）同意＝2 （5）完全同意＝1	
13. 我的脑子里经常会萌发出一些新的东西来，不然会觉得很乏味。 （1）完全不同意＝1　（2）不同意＝2　（3）中等＝3　（4）同意＝4 （5）完全同意＝5	
14. 无所事事让我感到很满意。 （1）完全不同意＝5　（2）不同意＝4　（3）中等＝3　（4）同意＝2 （5）完全同意＝1	
15. 我感到每一天似乎都从零开始。 （1）完全不同意＝1　（2）不同意＝2　（3）中等＝3　（4）同意＝4 （5）完全同意＝5	
16. 我不愿意选择完成较简单的任务，因为在我眼中它毫无意义。 （1）完全不同意＝1　（2）不同意＝2　（3）中等＝3　（4）同意＝4 （5）完全同意＝5	
17. 我始终渴望有所建树。 （1）完全不同意＝1　（2）不同意＝2　（3）中等＝3　（4）同意＝4 （5）完全同意＝5	

续　表

18. 一天结束时，我必须获得某种有形的成果，如此才能感觉良好。 (1) 完全不同意＝1　(2) 不同意＝2　(3) 中等＝3　(4) 同意＝4 (5) 完全同意＝5	
19. 我做每件事情都有明确的目标。 (1) 完全不同意＝1　(2) 不同意＝2　(3) 中等＝3　(4) 同意＝4 (5) 完全同意＝5	
20. 在完成任务的过程中，无论遇到多大的困难，我都能坚持到底。 (1) 完全不同意＝1　(2) 不同意＝2　(3) 中等＝3　(4) 同意＝4 (5) 完全同意＝5	
21. 在完成任务的过程中，我会不断告诉自己"我一定会成功"。 (1) 完全不同意＝1　(2) 不同意＝2　(3) 中等＝3　(4) 同意＝4 (5) 完全同意＝5	
22. 我在行动之前需要确定自己的方案是完善的。 (1) 完全不同意＝1　(2) 不同意＝2　(3) 中等＝3　(4) 同意＝4 (5) 完全同意＝5	
23. 在完成一项任务的过程中，我总担心失败。 (1) 完全不同意＝5　(2) 不同意＝4　(3) 中等＝3　(4) 同意＝2 (5) 完全同意＝1	
24. 我一旦做出决定，就必须付出行动。 (1) 完全不同意＝1　(2) 不同意＝2　(3) 中等＝3　(4) 同意＝4 (5) 完全同意＝5	
25. 我在完成每项任务时，都力求完美。 (1) 完全不同意＝1　(2) 不同意＝2　(3) 中等＝3　(4) 同意＝4 (5) 完全同意＝5	
26. 当我取得比别人好的成绩时，我认为这是因为自己的能力比较强。 (1) 完全不同意＝1　(2) 不同意＝2　(3) 中等＝3　(4) 同意＝4 (5) 完全同意＝5	
27. 我时常怀疑自己的能力不如他人。 (1) 完全不同意＝5　(2) 不同意＝4　(3) 中等＝3　(4) 同意＝2 (5) 完全同意＝1	

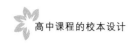

续　表

28. 我认为一个人要成功，抓住机会也非常重要。 （1）完全不同意＝1　（2）不同意＝2　（3）中等＝3　（4）同意＝4 （5）完全同意＝5	
29. 我一直坚信只要努力就能做好任何事情。 （1）完全不同意＝1　（2）不同意＝2　（3）中等＝3　（4）同意＝4 （5）完全同意＝5	
30. 我时常认为自己的运气不如别人。 （1）完全不同意＝5　（2）不同意＝4　（3）中等＝3　（4）同意＝2 （5）完全同意＝1	

附件 3-2

学科学习行为评价量表

该量表主要用作学习自评，请同学们真实描述。自评完毕后，可以根据自评结果，选定行为改善的目标，然后根据自定义的目标来制订行为改善措施。

1. 上课专心听讲。 （1）完全不同意＝1　（2）不同意＝2　（3）中等＝3　（4）同意＝4 （5）完全同意＝5	
2. 对于课上的学习内容，积极回应并积极回答问题。 （1）完全不同意＝1　（2）不同意＝2　（3）中等＝3　（4）同意＝4 （5）完全同意＝5	
3. 课上关注点聚焦课程内容，很少走神。 （1）完全不同意＝1　（2）不同意＝2　（3）中等＝3　（4）同意＝4 （5）完全同意＝5	
4. 课上对老师提出的问题，做不到积极思考。 （1）完全不同意＝5　（2）不同意＝4　（3）中等＝3　（4）同意＝2 （5）完全同意＝1	
5. 写作业时，认真阅读作业任务与要求。 （1）完全不同意＝1　（2）不同意＝2　（3）中等＝3　（4）同意＝4 （5）完全同意＝5	

续 表

6. 写作业的过程中，不会受手机干扰。 （1）完全不同意＝1 （2）不同意＝2 （3）中等＝3 （4）同意＝4 （5）完全同意＝5	
7. 对于作业中的难题，通过认真思考能够独立解决。 （1）完全不同意＝1 （2）不同意＝2 （3）中等＝3 （4）同意＝4 （5）完全同意＝5	
8. 作业中遇到新、难题目，选择放弃。 （1）完全不同意＝5 （2）不同意＝4 （3）中等＝3 （4）同意＝2 （5）完全同意＝1	
9. 主动找到自己英语学习的薄弱点，制订计划解决。（学习意愿） （1）完全不同意＝1 （2）不同意＝2 （3）中等＝3 （4）同意＝4 （5）完全同意＝5	
10. 对于英语学科的学习，不愿花费太多时间。 （1）完全不同意＝5 （2）不同意＝4 （3）中等＝3 （4）同意＝2 （5）完全同意＝1	
11. 对于英语学科记忆、背诵、坚持阅读等任务，我能够坚持。（学习品性） （1）完全不同意＝1 （2）不同意＝2 （3）中等＝3 （4）同意＝4 （5）完全同意＝5	
12. 不善于反思自己学习的进步点。 （1）完全不同意＝5 （2）不同意＝4 （3）中等＝3 （4）同意＝2 （5）完全同意＝1	
13. 通过老师的反馈，能够调整自己的学习状态。 （1）完全不同意＝1 （2）不同意＝2 （3）中等＝3 （4）同意＝4 （5）完全同意＝5	
14. 对于英语学习，有很好的规划。 （1）完全不同意＝1 （2）不同意＝2 （3）中等＝3 （4）同意＝4 （5）完全同意＝5	

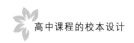

附件 3-3

作业 P 评价标准

评价内容	评价标准
准确率	基础作业：优秀生达到 90%，中等生达到 80%，薄弱生达到 70%；
	能力作业：优秀生达到 80%，中等生达到 70%，薄弱生达到 60%。
对待困难的态度	基础作业：完成当日的作业量。
	能力作业：依据自己的水平，完成了绝大多数作业量。
努力程度	基础作业：作业有过程痕迹。
	能力作业：作业过程有思考的痕迹。

附件 3-4

作业 E 评价标准

评价内容	评价标准
准确率	基础作业：优秀生达到 100%，中等生达到 90%，薄弱生达到 80%；
	能力作业：优秀生达到 90%，中等生达到 80%，薄弱生达到 70%。
对待困难的态度	基础作业：完成当日的作业量，借助字典等提高作业质量。
	能力作业：不仅完成作业量，还解决了部分难题。
努力程度	基础作业：认真完成。
	能力作业：有圈、画等过程性作业痕迹。

附件 3-5

英语学科学习焦虑学生问卷　姓名：

该问卷是老师用来评估同学们的英语学习情况的，请大家认真作答，真实描述。作答时，根据选项内容在最后一格写上分数即可。

1. 英语课上，我会觉得紧张不安。 （1）完全不同意＝1　（2）不同意＝2　（3）中等＝3　（4）同意＝4 （5）完全同意＝5	

2. 当英语课的容量比较大时，我会紧张。 （1）完全不同意＝1　　（2）不同意＝2　　（3）中等＝3　　（4）同意＝4 （5）完全同意＝5	
3. 我不害怕自己的英语作业会入选课堂讨论或讲评。 （1）完全不同意＝1　　（2）不同意＝2　　（3）中等＝3　　（4）同意＝4 （5）完全同意＝5	
4. 我担心别的同学看到我写的英语作业时会嘲笑我。 （1）完全不同意＝1　　（2）不同意＝2　　（3）中等＝3　　（4）同意＝4 （5）完全同意＝5	
5. 每当写英语作业时，我会觉得无从下手。 （1）完全不同意＝1　　（2）不同意＝2　　（3）中等＝3　　（4）同意＝4 （5）完全同意＝5	
6. 我觉得完成英语作业比其他作业轻松。 （1）完全不同意＝1　　（2）不同意＝2　　（3）中等＝3　　（4）同意＝4 （5）完全同意＝5	
7. 我担心英语老师在课上评价我的表现。 （1）完全不同意＝1　　（2）不同意＝2　　（3）中等＝3　　（4）同意＝4 （5）完全同意＝5	
8. 我担心英语老师评价我的作业。 （1）完全不同意＝1　　（2）不同意＝2　　（3）中等＝3　　（4）同意＝4 （5）完全同意＝5	
9. 我担心同伴对我英语表现的评价结果。 （1）完全不同意＝1　　（2）不同意＝2　　（3）中等＝3　　（4）同意＝4 （5）完全同意＝5	
10. 我经常在课下背诵英语单词并翻看英语笔记。 （1）完全不同意＝5　　（2）不同意＝4　　（3）中等＝3　　（4）同意＝2 （5）完全同意＝1	
11. 我经常用英语写自己的所感所想，如摘抄、反思等。 （1）完全不同意＝5　　（2）不同意＝4　　（3）中等＝3　　（4）同意＝2 （5）完全同意＝1	

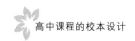
续　表

12. 我经常练习英语听说。 （1）完全不同意＝1　　（2）不同意＝2　　（3）中等＝3　　（4）同意＝4 （5）完全同意＝5	
13. 我会担心英语作业。 （1）完全不同意＝1　　（2）不同意＝2　　（3）中等＝3　　（4）同意＝4 （5）完全同意＝5	
14. 我担心自己的英语课堂表现。 （1）完全不同意＝1　　（2）不同意＝2　　（3）中等＝3　　（4）同意＝4 （5）完全同意＝5	
15. 我担心自己的英语成绩比别人差。 （1）完全不同意＝1　　（2）不同意＝2　　（3）中等＝3　　（4）同意＝4 （5）完全同意＝5	

附件 3-6

英语学科自我效能学生问卷　姓名：

请同学们利用这份问卷评估自己的英语学习能力，请大家认真作答，真实描述。作答时，根据选项内容在最后一格写上分数即可。

1. 用正确方法记忆词汇，读写句子时能选用恰当词汇。 （1）很不好＝1　　（2）不太好＝2　　（3）一般＝3　　（4）较好＝4 （5）非常好＝5	
2. 识别并运用语法规则分析句子。 （1）很不好＝1　　（2）不太好＝2　　（3）一般＝3　　（4）较好＝4 （5）非常好＝5	
3. 运用语音知识断句和朗读。 （1）很不准确＝1　　（2）不准确＝2　　（3）中等＝3　　（4）比较准确＝4 （5）非常准确＝5	
4. 运用语篇结构特征阅读并了解语篇的题材特征。 （1）很不好＝1　　（2）不太好＝2　　（3）一般＝3　　（4）较好＝4 （5）非常好＝5	

续　表

5. 阅读中能理解他人态度、情感、观点，并能得体沟通。 （1）很不好＝1　　（2）不太好＝2　　（3）一般＝3　　（4）较好＝4 （5）非常好＝5	
6. 根据阅读目的和任务，读懂不同主题文本的主干意思。 （1）很不好＝1　　（2）不太好＝2　　（3）一般＝3　　（4）较好＝4 （5）非常好＝5	
7. 识别文本的体裁特征，读懂文本的结构及其意义关系。 （1）很不好＝1　　（2）不太好＝2　　（3）一般＝3　　（4）较好＝4 （5）非常好＝5	
8. 能写符合写作任务的文章。 （1）很不好＝1　　（2）不太好＝2　　（3）一般＝3　　（4）较好＝4 （5）非常好＝5	
9. 结合听力和口头表达，完成听说任务。 （1）很不好＝1　　（2）不太好＝2　　（3）一般＝3　　（4）较好＝4 （5）非常好＝5	
10. 结合阅读和写作，完成读写任务。 （1）很不好＝1　　（2）不太好＝2　　（3）一般＝3　　（4）较好＝4 （5）非常好＝5	
11. 了解英语学科的思维特点，应用学科思维解决学习问题。 （1）很不好＝1　　（2）不太好＝2　　（3）一般＝3　　（4）较好＝4 （5）非常好＝5	
12. 知晓英汉思维的差异和趋同点。 （1）很不好＝1　　（2）不太好＝2　　（3）一般＝3　　（4）较好＝4 （5）非常好＝5	
13. 了解中西文化价值观的差异和趋同点。 （1）很不好＝1　　（2）不太好＝2　　（3）一般＝3　　（4）较好＝4 （5）非常好＝5	
14. 英语学习中，认同并接受课程所表达的价值观。 （1）不支持＝1　　（2）不太支持＝2　　（3）拿不准＝3　　（4）比较支持＝4 （5）非常支持＝5	

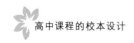
续　表

| 15. 英语学习中，坚持、反思等品性和我的学能协同发展。
（1）不支持＝1　（2）不太支持＝2　（3）拿不准＝3　（4）比较支持＝4
（5）非常支持＝5 | |

附件 3-7

访谈提纲

1. 词汇、语音、语法课程的学习过程中，老师的哪些课程措施提升了你的学习效果？

2. 阅读中，你认为哪些策略（教师指导、作业反馈、自我反思）对你的阅读能力的提升帮助较大？

3. 听力与口头表达结合的课程学习对你的口语表达能力有哪些帮助？哪些内容或形式的学习效果更好？

4. 读写课程的学习中，哪些课程内容（缩写、仿概要写、主题拓展写）对你帮助更大？

5. 请你说说英汉思维有何差异。你认为自己学到了哪些异国文化的思维方式？

6. 中西文化的价值观有较大差异，你认为哪些价值观是中西共享的价值观？你接受并认可哪些价值观？

7. 英语学科的学习中，你认为自己的哪些品性得到了成长？

第四章

高中历史校本课程设计与实施

第一节　旅游与历史的融合

一、设计的缘起

优质的课程能够为学生自我发展和自我实现提供很好的平台。从课程开发的视角来看，借助社会、学生、知识三个要素开发课程，能够检视课程的真实意义，给学生提供"最有价值的课程"。同社会现实紧密结合的课程，能促进抽象知识和直接经验的相互转化。直接经验，不经过课程的深加工，只会是一种较浅的经历。处于动态发展中的学生，系统概念化一个知识体系，能为知识的内化和迁移提供基础。旅游与历史课程旨在将社会、知识、学生融为一体，使得课程三个要素相互作用，发挥其正影响作用。

（一）游与学结合的起源

我国自古以来就倡导"读万卷书，行万里路"，"学"与"游"的相互补充使得知与行相互统一起来，成为认识世界的方法。在古人看来，学是目的，游是途径，游学是求取知识、养性修身、求仕入宦的重要途径。在中国古代，游学一般指人们通过异地旅行获得知识、体验文化、拜师求学以及文人之间扩大学术视野、进行学术交流的活动（肖菊梅、李如密，2017）。孔子周游列国而后从教集成《论语》；司马迁青年时期壮游山河为写作《史记》做了大量的准备；唐玄奘天竺取经写成了《大唐西域记》；徐霞客考察山川而成《徐霞客游记》……到了近代，中国发生了巨大变化，从封建强国沦为备受欺凌的半殖民地半封建社会，这一变化促使国人试图走出国门学习西方先进文化以救亡图存。特殊的历史背景下，这种修学旅游带有强烈的政治目的和学以致用的救亡性质，晚清的海外修学旅游政策，洋务运动时期的幼童留洋，康有为、梁启超的旅游实践与维新变法运动，邹容、陈天华、孙中山的游学活动等都是这一时期的典型例子。海外旅行游历是近代中国走向世界的基本方式，对中国文化的近代化转型、民族性格的重塑以及社会风尚的趋新产生重要影

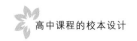

响（黄玲，2003）。

国外的修学旅游历史可追溯至 16 世纪英国的贵族教育，大游学是英国培养贵族子弟的一种方式，后来被传到欧洲其他国家，兼具游学、观赏、游乐性质（张进福，2013）。一般认为，修学旅游被正式纳入学校教育体系最早起源于日本（杨生、司利、张浩，2012）。国外的修学旅游虽不如我国历史悠久，但这种通过旅游的方式实现特定教育目的的举措已成为美国、英国、日本、韩国等国现代教育体系的重要组成部分。在注重素质培养的现代教育背景下，教育部等相关部委提出通过旅游助推中小学生素质教育的政策主张，旅游的教育价值得以重新认识并受到重视，研学旅游成为旅游研究教育的重要议题。研学旅游又称"修学旅游"或"研学旅行"，指学生集体参加的有组织、有计划、有目的的校外参观体验实践活动（任唤麟、马小桐，2018）。研学旅游是以教育为首要动机的旅游活动，凸显了旅游的教育价值，旅游考察活动的目的是学习文化、增长见识、了解社会、提升人格。开设旅游与历史课程的必要性与可行性是不言而喻的，是在研学旅游大背景下彰显旅游教育价值的一种方式，容易被学生接受。

（二）旅游与历史融合为课程的价值

旅游是一门涵盖天文、历史、地理、美术、建筑等内容的综合性学科，在旅游学界有一个普遍的共识，即旅游是文化的载体，文化是旅游的灵魂。文旅融合是我国文化与旅游发展的大趋势，文旅融合既能够传承与发扬历史文化，又能够丰富旅游产业的内涵，此外，历史文化资源与旅游产业融合发展（图 4-1）响应国家"转方式，调结构"的战略号召，在推动旅游产业供给侧改革的同时，加强对历史文化资源的创造性发展，是大势所趋（詹绍文、李明悦等，2021）。由此可以看出，旅游与历史校本课程的开发顺应了这一发展的必然趋势。旅游与历史之间存在着自然的融合和发展的关系，历史文化资源可以为旅游发展提供吸引物，而旅游地所在区域情境可以为历史文化发展提供物质载体。

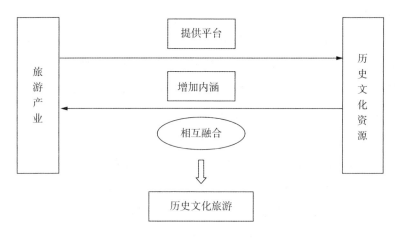

图 4-1　历史文化资源系统与旅游产业系统的融合关系

　　文化内涵理解已经成为旅游的重要目的，了解旅游目的地的历史文化是旅游和历史融合的趋势，是研学的目的，是学生学习的重要方式。本课程拟以国内丰富的历史文化旅游资源为抓手，以落实学科核心知识、涵养学科核心素养为切入点，完成校本课程资源的体系化编写，使得历史知识通过"游学"的方式实现整合学生体验与感悟的目标，以期实现立德树人的教育目的。以主题、专题、项目为组织形式编写课程是当前国际课程设计的重要方式，这些课程编写方式能根据学生实际整合课程，完善教材编写相对单一的组织形式。本课程通过多样化的课程编写组织系统，使得其同教材相得益彰，互为补充，能更好地满足学生成长的需要。本课程从学生生活实际出发，整合历史、地理、旅游及其他人文社会科学相关知识与技能，突破原有单纯历史学科的界限壁垒，实现学科整合和融合。总之，旅游与历史校本课程项目以"课标"思想为指导，以学生的"品性教育"发展为目的，以学生成长为目标，以"服务学生、辅助教材"为原则进行设计。

（三）旅游与历史融合课程对学生发展的意义

　　旅游与历史融合课程与时代同步，同学生实际生活紧密联系。用历史去解读生活能让学生了解自己生活的时代，预测并确定未来的发展方向，是学生向历史求取智慧的途径。随着大众旅游时代的到来，旅游已成为人们的一种生活方式，对于旅游的意义追寻也是人们对其存在价值的追问。旅游活动是文化驱使的结果，追求深度旅游的人旨在追求精神升华，通过文化消费来探寻旅游所蕴含的历史文化积淀。任何历史名胜和文化遗产都是人改造自然的智慧结晶，是人创造性的体现，将旅游和历史课程融合的实质目的是教会学生同智者对话，教会学生了解创造的过程，教会学生运用智慧创造新的历史。

学生是未来历史的创造者，他们现在用什么视角去审视生活决定了其未来的行为方式。课程化能教会旅游者行思结合的行为准则，且行且思是人最直接的成长方式，行而不思的人容易成为模仿者而缺少创造的灵气，只思不行的人容易成为思想的巨人而碌碌无为。该课程的价值在于挖人之潜，在于扬人之长，在于育知行合一的人。旅游与历史融合课程赋予了旅游新的意义，旅游不仅是视听盛宴，还是能引起人反思的活动课程，旅游不仅是游历，还是成长。

二、历史与旅游融合课程的价值取向

(一) 历史学科核心素养与课程目标统一

历史学科核心素养是对历史学科育人价值的高度概括和专业化表述，是历史教育价值观的集中体现。历史学科核心素养包括唯物史观、时空观念、史料实证、历史解释、家国情怀五项要素。这五项要素中，唯物史观是揭示人类历史客观基础及发展规律的科学历史观和方法论；时空观念是在特定的时间联系和空间联系中对事物进行观察、分析的意识和思维方法，是诸素养的基础；史料实证是指对获取的史料进行辨析，并运用可信的史料努力重现历史真实的态度与方法，是诸素养得以形成的途径；历史解释是指以史料为依据、以历史理解为基础，对历史事物进行理性分析和客观评判的态度、能力与方法，是诸素养的显性表达；家国情怀是学习和探究历史应具有的社会责任感和人文追求，是价值归宿。

旅游与历史校本课程的目标是涵养学生的历史素养，既要体现其整体性，又要根据特定游学情境对单素养进行培育。旅游有两个重要目的，其一是游而学，其二是游而乐，两者之间互为影响，互为条件。旅游者通过旅游来实践和探索知识，知识的增长能大大提高心智的快乐水平。通过旅游了解和认识祖国的自然和人文景观，探索其背后的历史和发展，学生爱祖国的情感能自然生长。为旅游注入"探究历史"目的的实质就是要通过物化认识来提高学生家国情怀的情感认知和情感认同，从情感向情怀的转化也是学习向快乐的转换。旅游是学生置身于当下情境对旅游景观的认识，是与不同时空条件下历史景观的对话，是对不同历史景观所处历史情境的再认识和再解释。通过旅游与历史课程，指导学生依据不同情境和不同历史条件，客观分析历史景观当时的状态及其与所处时代的关系，有利于学生从"小历史"着眼，运用唯物史观读懂历史并客观解释历史。依据学生的兴趣点，运用项目或研究性学习手段，指导学生运用史料实证方式深究特定历史景观，能培养学生的研究素养，提升其史料实证和唯物史观素养。

（二）品性生长与课程目标统一

旅游与历史校本课程的学习过程应该是学生必备品格及关键能力的形成和发展过程，正向品性的生长能够促进素养的形成。史料实证既是历史学习的方法，也是培养品性的载体。实现史料实证需要大量的史料，有些史料的获取需要克服重重困难，好学、勤奋、严谨、反思等品性是成功实证的基础。同时，获取史料的过程对好学、勤奋、严谨、反思等品性的生长有促进作用，能够培育学生正生长的态势。旅游是认识历史景观的方式，游览中，学生通过耳听、目睹、阅读、感受等方式了解历史中的人和事，学生可以运用通感感受历史，运用共情品性去体验历史人物和历史景观之间的故事，学生的共情品性就能得以生长。一个个历史景观的背后，总是有着拥有关爱和善良品性的人。这些优秀品性通过历史长河的浸润，会转化成民族品性，流淌在中华儿女的血液中。旅游是激活并学习这些民族品性的重要方式，都江堰、红旗渠、三峡等利国利民的历史景观无不展示着中华民族的品性，并希望通过共享来促进民族品性的生长。

建立在历史理解基础上的历史解释能力与学生共情、关爱、友善等品性的发展是同向的。共情能力对学生真实、客观地理解历史事件有重要作用，同时，客观理解历史事件的能力发展也能促进学生共情品性的生长。从参与历史事件的不同人或群体的角度来看，深度理解历史事件发生和发展的事实原因、情感原因和价值判断原因，有助于学生客观理解历史事件。共情品性参与历史事件的理解，需要建立在运用关爱和友善品性进行判断的基础上，才能形成正确的价值判断，对历史事件做出正义的结论。独立和诚信品性决定了学生所提出的"历史解释"的合理性。历史解释要求学生在独立探究历史问题时，尽可能地占有史料，验证以往的说法或提出新的解释。旅游和历史结合能够帮助学生在教室和图书馆外更大的场域去理解历史，捕捉历史真相。学生参观台儿庄大战纪念馆时，看到的就不仅是这次战役本身，而是会捕捉到更多的历史细节，更多地了解李宗仁本人，会更客观地感受中华儿女血液中的家国情怀，会站在正义的角度来批判侵略者的野蛮和残忍。

家国情怀素养的形成需要品性生长的支撑，要看服从、忠诚、合作、利他、正义等品性是否具备家国情怀素养的显性表达。个人身上的这些品性对于国家强盛、民族自强和人类社会进步具有助力作用。个人和国家的关系是建立在个人对国家认知的基础上，能够以正确的历史观认同祖国的过去和现在，能正确认识走中国特色社会主义道路是历史的必然，进而形成爱祖国山河和为祖国富强而奋斗的爱国情愫。正确的民族观有利于个体站位于大格局，团结中华民族大家庭中不同民族的人，团结更多的人，共谋国家的发展。认识到中华民族多元一体的历史发展趋势，形成对中华民族的认同感和正确的民族观，产生民族自信心和自豪感是能够站位大格局的前提。服从、忠诚、合作、利他、正义等品性是中华文化倡导的品性，也是中华民族共享的品性，这些品性将中华民族的优秀儿女凝结成了民族的脊梁。中华民族的历史上拥有这些优秀品性的人物层出不穷。中国的发展同人类的发展是同步的，中国的发展过去、现在都为人类的发展做出了重要的贡献。合作、利他、正义等品性能够帮助学生理解世界历史发展的多样性，理解和尊重世界各国、各民族的文化传统，形成国际视野，关注人类面临的全球性挑战，理解人类命运共同体的价值。旅游过程中，参观"人物"主题的纪念馆时，学生不仅要关注这些优秀人物的事迹，还要发现其共享的品性。

（三）价值引领与实践导行合一

价值引领是人文学科课程的目的，也是核心素养的重要组成部分。政治上的价值认同主要指对伟大祖国的认同、对中华民族的认同、对中华文化的认同、对中国共产党的认同、对中国特色社会主义道路的认同。价值教育能够为学科教学注入能量，让教学辅助学生生命的生长和完善。中学阶段是学生成长的花季，学生的身体、心理、价值观、思维能力处于大发展阶段，是学生价值观形成的重要时期。这个时期的教育要让学生拥有正确的政治方向，学生只有拥有正确的政治价值判断，才能行得远。人本主义教育家罗杰斯认为："教育不应该成为产生社会地位和金钱的'知识工业'，而是要培养和关注人的独特发展，尊重、敬畏生命，促进生命自我成就和完善，达到自我实现的目标。"追求自我实现是人发展的最高目标，要让自我实现成为学生一生的信仰，学生时代的人生观教育尤为重要。旅游与历史课程不仅致力于提高学生见识，开发其智力，还要通过旅游这一实践活动来强化理想和志向教育，让自我实现成为学生的真正需要。在课程中注入思想是学生形成正确价值观的重要方式，课程资源的遴选和立意都以思想性为判断标准，确保能通过课程内容来浸润学生的思想，助力其形成正确的价值观和高远的志向。

价值教育不能强加于教育对象，不能依靠灌输和机械训练，而要依靠浸润和启迪，使之在教育过程中自然生成。教师在开发课程过程中要选择那些能让自己感动的素材，只有先感动自己，才能感动学生。教师在教学过程中，要通过丰富多样的教学内容和饱满的情绪烘托情感，进而使知识思想转化为学生的智慧。旅游与历史课程要让知识学习演化成学生的自觉行为，要将价值教育渗透在知识学习的过程中，要逐渐转换个体的自我追求。教师的每一个教育行为都要追求学生行为的变化、心灵的震撼和净化，通过长期教育来触动学生的灵魂，潜移默化地影响学生的世界观、价值观和人生观。旅游与历史课程要走进学生心里，触动学生灵魂，潜移默化地对学生进行世界观、人生观和价值观教育。

帮助学生确立正确的价值认识并自觉付诸行动是本课程的预设目标，也是教育期待。王阳明指出："知是行之始，行是知之成。若会得时，只说一个知，已自有行在；只说一个行，已自有知在。"意思是说，知是行的开端，行则为知的完成，二者互为始末，因此行一件事之前，必先有知，行者必以知为前提。教师要引导学生做到知行合一，实现价值引领与实践导行的合一。

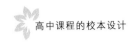

三、设计原则

（一）甄选生活化的课程内容

旅游与历史课程是学科实践化的探索，因此其内容的选择要生活化，这与统编教材是有区别的。统编教材要照顾整个历史演进的趋势，注重结构性和框架性，因此统编教材的史论观点多而细节内容较少。本课程是对统编教材的有益补充，选材包括历史物品、历史故事、历史背景等，以旅游为载体，通过说明历史物品、讲述历史故事、补充历史背景能让旅游同历史学习、历史理解统一，让学生和历史建立意义关联。陶行知指出："生活教育是以生活为中心的教育，到处是生活，到处是教育。"现在，随着经济与社会的快速发展，人们生活水平的不断提升，旅游逐渐融入人们的日常生活，成了现代家庭的一种生活方式。利用历史知识去明晰生活问题，才能发挥历史教育的作用。新课标对高中历史教学提出了明确要求，要求历史课堂教学要体现时代性，不仅教材内容要与时俱进，在教学中采取生活化的教学方式，还主张在生活中学习，体现新时代思想。在旅游活动中，历史文化无处不在，本课程就是要开发出这些历史文化资源，让学生了解和探究历史，打造生活化的历史课堂，让历史走进生活，让生活融入课堂。

（二）活用历史文化资源

党的十八大以来，文化建设上了新的台阶，弘扬中华优秀传统文化已经成为文化工作者的共识。近年来，《国家宝藏》《上新了·故宫》《典籍里的中国》等综艺节目让文物"活了起来"，拉近了文物同现代人的距离。2018 年国务院办公厅发布的《关于促进全域旅游发展的指导意见》中指出：旅游产业应"推进融合发展，创新产品供给"，并强调"科学利用传统村落、文物遗迹及博物馆、纪念馆、美术馆、艺术馆、世界文化遗产、非物质文化遗产展示馆等文化场所开展文化、文物旅游"。从综艺节目的变化和政策文件的出台都能看出：国家正从战略的高度来支持历史文化资源和旅游的融合，加大文化旅游的供给，满足人民群众学习和娱乐的需求。从国家层面来看，旅游既要成为大众放松心情游乐的生活方式，又要成为大众学习中国文化和了解不同地域人文历史的学习方式。国家对文化资源的开发和精品化为广大学生通过旅游学习历史提供了资源保障。当学生学会用历史的视角去看文化景点，他们看到的不再是简单的物品，听到的不再是逗乐的故事，他们会认真思考：历史是如何沉淀出这一历史文化资源的，它的前世今生经历了什么，它有怎样的故事，它承载了怎样的精神内核。

活用旅游资源要让学生经历"了解→探究→读懂→解释"的学习历程，要带着历史解释的目的同文化资源建构意义关系。当然，学会运用时空关联和史料实证的历史理解力是其能进行历史解释的前提。以红色旅游文化资源为例，学生在延安旅游时，了解毛主席、周总理等革命家以及红军在这片土地上的故事是旅游的重要内容，同时，对这个时期发生的重大历史事件的个性解释会成为其历史学习力提升的重要契机。当学生深入探究历史事件后，就能真正走进历史，缩短其与历史的距离。以"毛主席《论持久战》一书出版"这个历史事件为例，当学生通过探究了解了这本书的成书历程、历史意义和深远影响后，才能真正走近伟人，真正理解毛泽东思想的伟大，才能懂得中国革命成功的原因。走近伟人，读懂伟人的思想，能帮助青年学生树立远大理想，学会运用大格局看人和看事。这个过程既是学历史的过程，也是学生学做人和做事的过程，是价值、品性和学识生长的过程。青年学生的直接生活经验相对较少，从教室走向文化景观，通过眼、耳、手体验历史，会增加其直接经验，历史就能"活"起来，感动和教化学生。

（三）尊重学生的个性发展

旅游与历史融合课程面向学生，促进学生个性发展，通过课程使学生在潜移默化中接受知识、感悟历史、涵养素养、升华品行。建构主义者认为，知识是学习者经验的合理化、组织化，并不是对客观外部世界的简单反映。"学习者的每一次认识都是以自己的方式不断使经验合理化、不断接近真实世界的过程，而内部经验的不断合理化又为'创新'提供空间。"旅游与历史融合课程不是为了培养简单反映客观外部世界的"知识罐"，而是希望培养出一个个有朝气、有认识、有思维、有品行的人才。旅游与历史融合课程着眼于拓宽学生视野、培养学生兴趣爱好、发展学生个性特长，致力于每一个学生全面而有个性的发展，致力于其融入社会能力和品性的形成与生长。课程内容十分关注学习者个体的兴趣和需求，更多地着眼于学生真正感兴趣的知识，而不是仅仅为了完成某项规定好的课程任务。课程实施充分重视学生的主体地位，调动学生学习积极性，关注每一个学生的学习需要，强调学生进行实际操作和切身体验，保持每位学生特有的个性，注重经验积累、独立思考、个性理解，关注其社会意识和自我价值的实现。课程的学习成果要努力让学生记住所学并能用系统的思维方法组织知识，形成自我认识和个性解释。

四、设计思路

（一）从历史情境唤醒到共鸣与共情

普通高中课程方案和各学科课程标准强调：各学科课程标准要进一步精选学科内容，重视以学科大概念为核心，使课程内容结构化，以主题为引领，使课程内容情境化，促进学科核心素养的落实。"以主题为引领来使课程内容情境化"是课程实施的有效途径。一件文物可以讲述一个动人的故事，可以还原出历史人物的美与丑，可以让学生在历史情境中感悟历史。在不同年代，一个场域总会发生不同的历史事件，在历史的长河中，事件已成为历史，而场域依旧，只是旧貌换成了新颜。还原不同场域的旧貌，学生就会感受到历史的力量，在不同场域与不同的历史人物对话能让学生理解真正的历史。历史是朝代的更替，是生命的轮转，是场域的容颜改变，是生命价值的映射。通过旅游还原历史情境，学生就会站在现有的场景和场域，思考其生命的价值，思考自己该用什么方式生活和生长。

旅游是一种情的体验，这里所说的"情"是情境引发的情感体验，情感体验是形成感悟的开始，继而能引起共鸣和认同。通过对旅游生活情境的体验与反思，对真实人和事的探究，能让学生走近历史人物并和历史人物一起感受其参与历史事件的心理过程。情境的真实性、典型性和感染力能引导学生走进情境，让学生身临其境地真正"入戏"，浸润其中，拨动其心弦、引发共鸣，使学生感于情、思于疑、明于辩、立于志、践于行。旅游与历史融合课程的设计思路之一采用图 4-2 的流程，注重情境唤醒，注重情感体验，激发共鸣与共情。

图 4-2　课程设计流程 1

（二）从体验美到欣赏美

人们旅游大多是为了欣赏美、感悟美，有人希望欣赏美景、有人希望感受异地风土人情，有人希望品尝特色美食，课程设计中要将"美"作为一个重点予以凸显，要蕴含着"以美示人"的设计，要能让学生感受美好景致、参与审美活动、培养审美能力。历史文化旅游资源中蕴含着很多"美"的素材，比如中国古代建筑中体现的"天人合一和顺其自然"的美学思想，这些建筑依势而就、依山而建，天、地、人共生共长。富有中国特色的古代建筑印证了中国人在大自然面前的敬畏与谦卑，要让学生通过参观古建筑，懂得旅游的发展要做到以保护环境为前提，旅游资源的开发要尊重自然、崇尚自然，从而增强学生的环保意识，引导学生积极健康地生活。历史课程本身也充满着故事情节的叙述之美、蕴含着辩证关系的思维之美、体现了哲学特色的学术之美、紧跟时代潮流的现实之美等，这些都要进入课程中、展现在课堂里。

人文学科历来崇尚真善美，引导学生认知与探索自然界和人类社会的真、善、美，将"美"寓于旅游与历史的融合课程中。学生在北京中山公园和南京中山陵参观时，应该思考这样的问题：为什么孙中山先生会受到人民的爱戴？带着这个问题，学生看到的就不只是一个旅游景点，而是一个缅怀场所，一个引发人思考生命价值的场域，进而激发其走近中山先生的热情。人物主题的景点，尤其是那些为国为民做出重大贡献的伟人，通过旅游走近他们，学生就能感受到他们身上的人性美。对美的追求人皆有之，以美育美是教育的本真，也是旅游与历史课程的独特价值体现。以美育美是旅游与历史融合课程的另外一条设计主线，见图 4-3。

图 4-3　课程设计流程 2

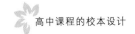

（三）从主题认知到运用思维思辨

旅游过程中的一些文化产品消费的偶然性、短时性和冲动性决定了旅游者难以在短时间内获取完整的历史知识，零散混乱的信息难以在人们的记忆中留存，难以形成系统化的教育资源。历史文化资源随时间、事件发展而沉淀的特殊性决定了历史脉络不是永远清晰完整的，再加上现代认知与历史之间总是存在着鸿沟，雅克·巴尔赞（2009）认为："社会研究根本不可能提供关于过去的全面观点，所有的历史叙事都是不完整的。"成熟的历史文化资源开发一定要建立在系统的历史文化研究基础之上。游客只有得到关于人物和物品的完整信息，才能将千丝万缕的信息以图式的方式印刻在脑海中，转化成深度记忆的成果。

旅游与历史融合课程通过重构文化资源，能够帮助学生结构化文化旅游资源。该课程把旅游文化消费和历史研究结合起来，历史文化资源要服务于历史研究的目标——"究天人之际，通古今之变"，把握历史发展的大脉络、大趋势，形成指导历史的智慧。历史文化旅游景区的线路通常具有一定的主题，展品之间由历史脉络贯穿，互为一体。比如在"新疆旅游与历史"课时中，从纵向的时间维度来看，课程开发者选择了汉、南北朝、唐、清四个新疆发展的关键节点，以此阐述自古以来新疆是各民族共同开发的地方，是中国领土不可分割的部分。这一设计需要课程开发者精心选择相关历史文化旅游资源，精心搜集相关史料并对资源进行深度整理。从课程实施的效果来看，教师教会学生利用"时空"旅游并结构化其有关这个主题的知识，其历史解释力有了很大提升，学生普遍能够得出新疆是多民族共享和共建的新疆，新疆人民和中国其他地方的人民一样，都在为中华民族的伟大复兴努力。

课程的开发要秉持"有容乃大"的原则，应当走出模式化的窠臼，增强课程的针对性和灵活性，使其能够为学生和教师内在创造性的施展创造条件。旅游资源按照内涵，可以分为古文物遗址资源、宗教与祭祀文化资源、古籍文献资源、非物质文化遗产资源以及红色文化资源五种类型，不同主题对学生思维能力拓展的维度也不同。专题研究式的课程内容组织方式会极大地提升学生的历史探究思维能力，弥补教材的不足。教师在教授旅游与历史融合课程时，需要根据学生特点编制相应的知识序列，并对知识加以融合和整合，以此来培养学生的历史思维能力，帮助学生形成"大历史"概念。旅游与历史融合课程的内容序列是主题式的，以主题探究为主要学习方式，这样的探究方式能够提高学生的个性解释能力，有利于学生高阶思辨能力的发展，具体的课程设计流程见图4-4。

图 4-4　课程设计流程 3

第二节　旅游与历史课程的整体设计

一、课程目标

威金斯和麦克泰的 UbD（Understanding by Design）模式又叫"促进理解模式"，明确教学目标是为了帮助学生将获得的知识和技能运用于解决实际的学习问题，实现"为迁移而教"的目标。UbD 模式认为学习目标有三个层次：迁移应用、深入理解、掌握知能（威金斯、麦克泰，2018）。

（一）第一层次目标：迁移应用

根据威金斯和麦克泰的分类，最高层次的目标是"迁移应用"。旅游与历史课程的第一层次目标是将历史与现实生活联结，促进学生将课堂知识转化成生活经验，帮助学生运用所学解决生活或研究中的真实问题。旅游既是学生生活的重要组成部分，又是历史学习的大情境，是历史同生活的衔接点。

1. 学生以"旅游"为情境，重构对历史的实践认知，运用新的认知（个性化认知）解释旅游中经历的历史事件、历史人物或历史现象。

2. 学生将在课程中学会的史论结合、因果分析等历史分析法应用于实践，运用历史、综合、发展的视角分析问题，为问题的解决提供思维支撑。

3. 学生形成跨学科思考和解决问题的能力。学生要能把"历史与旅游"结合的学习形式"迁移"到其他学科，为其他学科知识的应用找到生活情境，将情境同学习建构意义链接，最终提升学习的实践力。

（二）第二层次目标：深入理解

根据威金斯和麦克泰的目标分类，"深入理解"是旅游与历史课程的第二层次目标。该层次的目标以课标要求的历史核心素养为最终发展目标，培养学生形成历史学科观念，发展必备品格和关键能力。

1. 唯物史观：了解唯物史观的基本观点和方法，理解唯物史观是科学的历史观；能够正确认识人类历史发展的总趋势；能够将唯物史观运用于历史的学习与探究中，并将唯物史观作为认识和解决现实问题的指导思想。

2. 时空观念：知道特定的史事是与特定的时间和空间相联系的；能够运用历史时间和空间的多种方式叙述过去、解释史事；能够按照时间顺序和空间要素，建构历史事件、历史人物、历史现象之间的关联；在认识现实社会时，能够将认识对象置于具体的时空条件下进行考察。

3. 史料实证：知道史料是通向历史认识的桥梁，了解史料的多种类型，掌握搜集史料的途径与方法；在辨析史料的真伪和价值的基础上，能够从史料中提取有效信息，作为历史叙述的可靠证据，并据此提出自己的历史认识；能够以实证精神对待历史与现实问题。

4. 历史解释：能够客观论述历史事件、历史人物和历史现象，有理有据地表达自己的看法；能够认识历史解释的重要性，学会从历史表象中发现问题，对历史事物之间的因果关系做出解释；能够客观评判现实社会生活中的问题。

5. 家国情怀：在树立正确的历史观基础上，从历史的角度认识中国的国情，形成对祖国的认同感和正确的国家观；能够认识中华民族多元一体的历史发展趋势，形成对中华民族的认同感和正确的民族观；了解并认同中华优秀传统文化、革命文化、社会主义先进文化，树立正确的文化观；认同社会主义核心价值观，认同走中国特色社会主义道路是历史的必然，树立中国特色社会主义道路自信、理论自信、制度自信和文化自信。

6. 关键能力：促进学生创新意识和能力的形成，提升学生解决问题的能力。在基础教育课程改革的大背景下，旅游与历史课程要在有限的学校教育阶段让学生掌握那些为学生终身学习奠定基础的历史学科思想方法。历史专家是用学科思想方法创造学科知识的，旅游与历史课程不是要给学生提供专家研究的结论，而是要为学生提供这种以创新为特征的专家思维。简而言之，专家思维涉及理解、综合、解释等相对复杂的高阶思维能力。首先，学习理解前人对历史的认识成果，概括要点、提炼中心思想、复述已学。其次，从学科具体、零散的事实抽象、综合为概括性知识，认识现象背后的本质属性，再用概括性知识反观具体事实，加深对事实的理解。再次，要学会解释历史，将历史知识或自己对历史的认识分享和解释给课堂以外的人或向其展示自己的作品。能够达到向别人解释的水准，需要学生根据之前探究学习的观点和知识提出新的观点、需要问题解决和协作交流能力、需要分析评判和逻辑论证能力。

7. 必备品格：以正向的价值观为引导，认识和理解历史问题。运用"逻辑—求证"的至思方式学习历史，发展严谨、求是、反思等品性。

（三）第三层次目标：掌握知能

旅游与历史课程第三层次的目标是"掌握知能"。该课程的基本知识和基本技能是学生学科素养形成的脚手架，借助基础知识和基本能力，学生才能逐渐发展学科思维，形成学科能力和素养。旅游与历史课程不仅要求学生以"历史"和"旅游"为载体学习历史知识，还要发展学生的学习能力。

1. 学会运用"点""线""面"结合的方式学习知识，建构知识体系。"点"是具体的历史事实，"线"是历史发展的基本线索，"面"是相对较长时段观照横向联系的历史。学生学习过程中，要以"面"为基本的意义单位，根据历史发展的"线"叙述重要的知识"点"，通过历史知识之间的联系来理解历史发展的线索，进而以主题或专题形式理解"特定时段的历史"（徐蓝，2019）。

2. 通过联系、比较、分析、综合的历史学习方法，拓展历史的认知结构。旅游与历史课程要求学生在新情境中，将在教材原有体系中所学的知识激活，利用原有知识理解新变式的问题，建立起教材知识与现实社会的联系。旅游中"物化的历史"能引发学生内部认知结构的变化，为所学知识赋予新的意义，同时，"物化的历史"所涉及的具体知识则会有历史人物的选择与行为、历史事件的来龙去脉和历史现象的前因后果，这些具体知识是学生在现实世界的背景下要习得的，在两者融合的基础上建构新的知识结构。

3. "活学"历史。旅游与历史课程的内容不只包含教材中的历史知识，还包括很多拓展性知识。课程内容结论少，情境多，学生能置身于历史的活动时空，与历史人物对话，了解他们的喜怒哀乐，让历史有温度、有感情、有生命、可触摸，让学生把生活同"被还原"的历史建构联系，利于学生通过体验的方式认知历史（郑林，2021）。

4. 通过建构"意义"学习历史。近年来，旅游学习逐渐成为一种新的生活方式，旅游中，当学生发现把历史应用于实践时，个人所拥有的知识就会

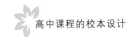

显得"捉襟见肘",繁杂的历史知识就像"森林",旅游过程中的历史学习就像"树木"。旅游让历史更加"可视",用"显性的树木"感染和打动学生,学生就能将"在旅游中学习历史"转化成一种有意义的生活方式。

二、课程内容

(一)课程结构

旅游与历史课程以培养学生的历史素养和人文素养为出发点,以历史课程资源和旅游资源为载体,以"主题"为基本组织单位呈现。本课程旨在让学生学会从不同角度认识历史发展中局部与整体的关系,辩证地认识延续与变迁、历史与现实的内在联系,课程内容的设计既要架构"面"课程,又要设计"线"课程,还要设计"点"课程。该课程共包含九个主题课程(见图4-5),第一类课程包括政治、经济、思想文化三个主题,构成了本课程的"面"课程,即"截面"课程。第二类课程是"线"课程,这类课程以"变迁"为主题,呈现特定阶段动态发展的历史,即"经纬"课程。第三类课程以"物"或"事件"为主题,即"融点"课程,这类课程呈现中国历史上的重要事件、人物和现象,从"点"连线,从"点"窥面,让学生了解和认识中国现在的由来。

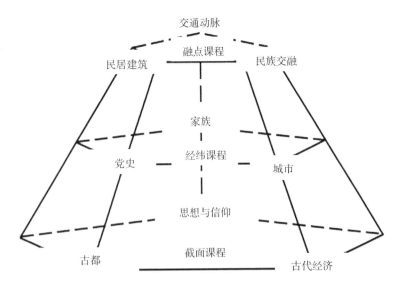

图 4-5　课程结构

（二）课程内容

1. 截面课程

截面课程包括古都课程、古代经济课程、思想与宗教课程，与这三类课程相关的旅游景点都极具代表性，学生能通过去这些景点旅游了解特定历史时代的特征。表 4-1 呈现了截面课程的典型旅游景点和学习要点。

表 4-1　截面课程内容要点

课程类型	旅游景点	学习要点
古都	西安：兵马俑、大雁塔、西安事变纪念馆等遗址。	认识秦始皇、玄奘、张学良等人物的历史功绩，理解秦朝崩溃的教训及中国共产党是全民族团结抗战的中流砥柱。
	北京：故宫、天坛、人民英雄纪念碑等中轴线重要景点。	了解北京 3000 年的历史演进，明确北京到元明清时期成为全国的政治和文化中心的历史，认识北京见证新民主主义革命的峥嵘岁月。
	南京：明孝陵、南京城墙、中山陵、侵华日军南京大屠杀遇难同胞纪念馆等遗址。	了解南京历史文化、日本军国主义的侵华罪行及增强肩负中华民族伟大复兴的使命感。
古代经济	泉州：泉州海外交通史博物馆、九日山祈风石刻、市舶司、金交椅山窑、青阳下草埔遗址、石湖码头、安平桥等。	了解 10—14 世纪"泉州：宋元中国的海洋商贸中心"及成功列入《世界遗产名录》的原因；认识泉州作为宋元时期国家口岸，集生产、运输和聚落于一体的贸易大港的功能。
	徽州：徽州古城、宏村、屯溪老街、徽商文化。	了解中原文化、土著文化以及汇聚于此的各地多种文化如何在徽州相互碰撞后，形成了具有鲜明特色的徽州文化，认识在徽州文化基础上出现的徽商及其生存发展之道。
	平遥古城：市楼、日升昌票号。	了解平遥古城作为汉民族古城的杰出范例地位，知晓明清时期金融业的发展及经济的新变化。

续　表

思想与宗教	山东济宁曲阜：孔府、孔庙、孔林。	了解中国历代纪念孔子、推崇儒学的由来，认识儒学丰厚的文化积淀和深远的历史影响。
	山西云冈石窟、五台山显通寺、塔院寺、菩萨顶等。	了解印度佛教对北魏社会生活的影响，知晓佛教在中国宗教信仰中的地位，知道五台山是藏传佛教、汉传佛教的代表，是历朝历代的"皇家寺院"。
	四川青城山、大足石刻。	知道中国道教的历史，了解赵智凤的一生，认识佛教石窟艺术中国化和佛道儒三教并存的文化现象。

2. 经纬课程

经纬课程包括城市变迁课程、红色基因课程、家族发展课程，与这三类课程相关的旅游景点都极具代表性，学生能通过去这些景点旅游了解特定阶段、特定领域动态发展演变的历史。表4-2呈现了经纬课程的典型旅游景点和学习要点。

表 4-2　经纬课程内容要点

课程类型	旅游景点	学习要点
城市变迁	武汉：黄鹤楼、汉阳铁厂、武汉大学、辛亥革命博物馆、武汉长江大桥等。	了解中国灿烂的传统文化和近代中国的屈辱遭遇及挽救民族危亡的逐次探索，认识新中国成立对武汉涅槃重生的重大影响。
	成都：三星堆遗址、都江堰、武侯祠、杜甫草堂、宽窄巷子、建川博物馆、成渝铁路。	了解成都自新石器时代、抗战至新中国时期源远流长的历史，认同中华优秀传统文化、革命文化、社会主义先进文化。
	广州：灵渠、南越国宫署遗址、十三行、黄埔军校	了解秦汉、唐宋、明清以及近现代广州城市发展的历史沿革和文化特征，认识包容、自强不息的品质以及"统一性、独特性"的特质。

续　表

红色基因	江西：南昌八一起义纪念馆、井冈山、瑞金共和国摇篮景区。	认识中国共产党开辟革命新道路的历程及意义。
	陕西：吴起中央红军长征胜利纪念园、延安宝塔山、枣园革命旧址、杨家岭革命旧址、洛川会议纪念馆。	认识红军长征的意义和中国共产党是全民族团结抗战的中流砥柱。
	河北：保定市白洋淀景区、西柏坡中共中央旧址、石家庄解放纪念碑、董存瑞纪念馆。	了解新中国从西柏坡走来及解放战争的历史，认识中国共产党带领中国人民取得革命胜利和确立走社会主义道路的历史必然性。
家族发展	陕西：唐太宗李世民昭陵、昭陵六骏、乾陵、无字碑、唐玄宗泰陵、华清池。	了解李唐家族，从关陇集团李渊起兵到李世民的贞观之治，从武则天到李隆基的开元盛世，唐朝在李氏家族的统治下，迎来一个又一个发展的高峰。纵横天下近200年的关陇集团，曾建立4大王朝，认识盛唐大时代的诸多制度因素、士族消失等因素。从家族史的视角认识支撑盛唐王朝的家族因素及家族兴衰的经验教训。
	江西鹰潭：龙虎山、上清古镇、长庆坊、天师府、留侯家庙。	了解"南张北孔"之张道陵家族，该家族传承了1900年，是仅次于孔家的第二家族，自东汉以来张道陵及其后裔世居于龙虎山，张氏家族世世代代以"道"为业，传承了中国最古老的思想和文化。认识张氏家族作为我国最知名的家族之一的历史密码。
	湖南省娄底市双峰县荷叶镇福托村的曾国藩故居——中国最后一座乡间侯府富厚堂。	曾国藩在历史上毁誉参半，唯其为人处世、治家治军治国均有拔萃非常人能比之处，为历代名人追慕效仿。一人一书（曾氏家书）为后世留下修身、修性、修业的典范。了解曾氏如何从重重贫瘠的山区走出，走进中国历史的踪迹，探索曾氏家族百年不衰的奥秘。

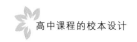

3. 融点课程

融点课程包括交通动脉课程、民居建筑课程、民族交融课程，与这三类课程有关的旅游景点以特定主题展开，学生能通过到这些景点旅游了解中国历史上重要事件、人物和现象的"点"状历史，以主题为"线"了解和认识中国现在的由来。表 4-3 呈现了融点课程的典型旅游景点和学习要点。

表 4-3　融点课程内容要点

课程类型	旅游景点	学习要点
交通动脉	淮安：中国南北分界线、清江大闸、苏北灌溉总渠、亚洲最大水上立交。	通过淮安这座城市了解大运河从春秋到元朝的历史，认识历史人物对大运河的贡献及新中国成立对淮安实现淮水安澜的重大影响。
	四川和云南：雅安茶马司遗址、丽江古城、丽江木府土司。	了解木增护送徐霞客回家乡等故事，认识茶马古道——世界上地势最高的文明文化传播古道之一极其重要的历史地位和经济、文化、民族交流意义。
	甘肃：河西四郡、武威雷台马踏飞燕、嘉峪关、敦煌莫高窟等。	认识丝绸之路的历史及其影响。
民居建筑	湖南：张家界地区吊脚楼、桑植仗鼓舞等。	认识土家族"天人合一"的建筑智慧及元代寸白军和明清改土归流对建筑的影响。
	福建：永定土楼、云水谣古镇等。	认识土楼所体现的客家人的迁徙及居住生存之道和宗法制礼制的影响。
	云南：红河哈尼梯田、阿者科村寨等。	认识哈尼族的迁徙历史形成的蘑菇房及其"森林、村寨、梯田、水系"四位一体生存样态的影响。
	广东：开平碉楼的马降龙村、自力村、锦江里村等。	了解黄壁秀、方润文等华侨人物，认识19世纪中期以来华侨迁徙所带来的中西合璧文化丰碑的历史及其影响。

续　表

民族交融	新疆：交河故城、克孜尔石窟壁画、高昌故城和苏公塔等。	了解汉、南北朝、唐、清朝民族交往的史实与影响，认识今天的新疆生活是历史上各民族从政治、经济、文化等各方面共同缔造的。
	西藏：布达拉宫、大昭寺、扎什伦布寺、青藏铁路等。	了解西藏的历史，认识汉藏交流融合对西藏发展的重要作用。
	河北：承德避暑山庄的溥仁寺、普陀宗乘之庙等宫殿区和湖区。	了解六世班禅、土尔扈特部渥巴锡万里东归等我们国家历史发展的一些重要时刻，认识清朝为了巩固多民族国家的统一，抵御沙俄的扩张，加强各民族交往交流交融的历史贡献。

（三）单元目标与典型课时

1. 截面课程

截面课程内容映射特定阶段的历史，旅游目的地是重大历史事件的起源地，那里的历史遗迹从不同侧面映射出当时时代的社会发展状况。"先主题后整体"的历史学习方式不仅能让学生看到单截面历史的形状、大小、厚度，还能通过比较单截面历史之间的联系，形成全局的历史观，得出宏观的历史结论。

（1）古都篇

西安、洛阳、北京、开封、南京、杭州、安阳、郑州被称为中国"八大古都"。这"八大古都"是统治全国或区域的政权中心，是当时的政治、经济、文化中心，汇集并展现其所处时代的精神、文化、风俗。"古都"单元的学习，旨在让学生以"书游"或"亲身游历"的方式，透过保留下来的弥足珍贵的文物和古迹，以"见、闻、思"的方式，还原"古都"曾经的辉煌与繁华，体验古都文化的生命力，感受古都的向心力和凝聚力，感悟中华儿女自强不息的奋斗精神。

典型课时1

透过建筑看古都。古都中现存的建筑或建筑遗迹是见证过去最好的"史料"，古都的建筑不仅包括宫殿建筑、庙坛建筑、宗教建筑，还包括书院建筑、城防建筑等。这些历史建筑和古迹是当时人们创造出来的物质财富，经过历史的积淀，这些物质财富已经演变成了精神财富，流淌在中华民族的血脉中。以北京的天坛为例，圆形的设计有"蒙古包"的痕迹，融合了不同民族智慧的建筑不仅是当时帝王重要的祭祀场所，也是现代旅游者热衷的"打卡点"。天坛体现了中华民族对自然的敬畏，表征了中国文化"天人合一"的思想。古都的建筑是传承文化的产物，是当时不同民族、域内、域外文化智慧的结晶，了解这些巧夺天工、美轮美奂的建筑中蕴含的建筑理念，不仅能感悟皇权至上、大一统等精神文化，还能感受到中国封建社会的制度文化。

典型课时 2

透过人物看古都。古都中有很多重大历史事件的发生地，有很多帝王陵墓、名人故居等，这些历史遗迹在向世人诉说着曾经的故事。古都是当时的政治和宗教中心，古都的地理位置都比较特殊。以西安为例，透过秦始皇陵墓、大雁塔、西安事变的发生地，了解秦始皇、玄奘、张学良等人物的历史功绩，认识到这三个人物所处时代正是西安发展、繁荣、衰落的时期。从关键人物在历史进程中的作用，不仅要看到古都昔日的辉煌，还要看到其今朝的风采。

典型课时 3

比较古都的现存遗迹看古都。八大古都中，西安和北京的古建筑、帝王陵寝、名人故居、重大历史事件发生地遗迹的保存相对较好，而其他古都现存的历史遗迹数量相对较少。透过这个现象，要看到汉唐、元明清的强大，要理解统一对于国家和人民的重要性，要能看到强大政权在中国历史上凝心聚力的作用，要知道中华民族曾经的辉煌，要感悟发展对于一个民族的重要性，要有复兴中华民族的使命感。古都具有十分强劲的穿透力，古都影响了过去，影响着现在，还能影响未来。让学生透过"看、闻、思"，通过比较的手段，得出自己的历史结论。

（2）古代经济篇

本单元主题是中国古代经济。在中国发展的进程中，经济活动是人们赖以生存和发展的基础，它与社会生活息息相关，是还原当时人们生活的重要历史领域，并在社会政治、文化的发展中起决定作用。了解自宋代以来古代经济的发展和变迁，以及人们为发展经济、改善生活所做出的努力，进一步加深对经济领域的认识，是本单元历史学习的基本内容。聚焦三个遗存相对完整的经济代表——宋元时期的泉州、明清时期的徽州和平遥，具象地观察

10—14 世纪海洋商贸中心的生产、运输和聚落领域的样貌；领略驰骋于 15—19 世纪中国乃至世界舞台的徽商和晋商在商业和金融业方面的大发展，透过精致辉煌的古城古村落的风采，感悟明清时期经济的新变化与中国千百年来的致富秘笈"以末致财，用本守之"的博弈。进而了解中国古代商业发展的特点，分析明清时期经济的新变化没有推动中国实现社会转型的因素。在此过程中，运用延续与变迁、动机与结果等概念理解中国古代经济事实。

典型课时

"泉州：宋元中国的世界海洋商贸中心"一课凸显了中国古代经济发展的一个重要高峰期的缩影，泉州所处的时间、空间是透视中国古代经济核心要素的适宜的切入口。泉州能够成为宋元时期中国的世界海洋商贸中心，主要基于以下五点原因：国家制度保障、具有强大的制造瓷铁商品出口能力、全面铺开的水陆交通系统和高超的造船技艺、作为海上贸易引擎的城市结构、独有的多元而具有世界性的各种社群。22 个遗产点是泉州申遗成功的钥匙，考察其代表性遗产点最终入选的原因也就奏响了泉州最辉煌时期的历史乐章，铺展开了宋元时期中国世界海洋商贸中心的画卷。在开始单点旅游之前，必须了解的一点是对外贸易一直是泉州的经济支柱，相关产业和设施也一直延续使用和更新。如九日山祈风石刻、市舶司遗址和南外宗正司遗址更能体现中央鼓励泉州发展海上贸易事业和朝廷对泉州的偏袒。泉州所体现出的国家对工商末业的政策及保存的大量多元社会特征遗产，以实物遗存的形式显证了宋朝社会与前代相比出现的一些新变化，这是中国历史上的又一次转型——唐宋变革。整堂课在此格局下展开，既能知中国古代经济全貌，又能知中国古代社会延续与变迁，全局与局部、抽象与具体、宏观与微观、整体与细节得以有机地结合。

（3）思想与宗教篇

本单元主题是中国思想与宗教文化。思想文化活动是人类社会生活的重要内容。中国是人类历史上唯一一个文明始终传承不绝、未曾中断的文明古国，今天，中国文化依然独具特色、生机盎然。在中国漫长的历史发展进程中，不同特色的思想文化相互碰撞、相互交融，共同发展，形成了以儒家思想为正统思想、佛道儒三教并存、多元文化兼容并蓄的传统文化思想。传统文化主流思想的演变印刻在了名山古寺、宫殿祠庙和石雕石窟之中，本单元就选取了曲阜三孔、山西五台山、青城山、重庆大足石刻等，了解中国思想文化进程中的具体事件、重要现象及相关人物。知道中国历代纪念孔子推崇儒学的历史表征，认识儒学丰厚的文化积淀和深远的历史影响，知道中国道教的历史，了解佛教对中国的影响，认识佛教石窟艺术逐渐中国化和佛道儒三教并存的文化现象。

典型课时

山西的旅游以五台山和云冈石窟为主，具象学习佛教在中国传播的历史轨迹和历史影响。五台山的显通寺旅游为本课的起始，东汉汉明帝颁旨的洛阳白马寺与五台山的大孚灵鹫寺（今显通寺的前身）是我国最早创建的寺院，灵鹫之名意指东土五台山腹地与西域灵鹫山相仿佛。这也是佛教传入中国的开始。第二处旅游景点为云冈石窟。云冈石窟大部分是北魏孝文帝迁都洛阳以前的作品。佛像的形状一般是厚唇、高鼻、长目、宽肩，有雄健的气概，体貌表现了少数民族的特征。云冈石窟形象地记录了印度及中亚佛教艺术向中国佛教艺术发展的历史轨迹，是佛教石窟艺术"中国化"的开始。第三处旅游景点再回到五台山。这是因为：第一，五台山以其建寺历史悠久和规模宏大，居于佛教四大名山之首。第二，五台山佛教在学习、继承古印度佛教的基础上，根据中国的国情，创立了不同于古印度佛教的菩萨信仰，并在佛学理论与佛教实践的结合上，达到了高度的和谐统一。在中国佛教发展史上，具有举足轻重的影响力。第三，清代以来，五台山佛教宗派分为青教与黄教两大系统。青教是汉传佛教的总称，黄教是藏传佛教的总称。从此，五台山出现了汉族喇嘛，这在全国还是罕见的。五台山成为民族团结的圣洁之地，呈现出汉、藏、蒙、满各族僧众和睦相处的佛地风貌。五台山佛教以其在中国思想史中的特殊地位，在北方地区民族团结融合问题上一直发挥着至关重要的作用。如此，北魏带有少数民族特色的佛教逐渐得到发展，五台山佛教就是民族融合的象征了。第四，五台山是历朝历代的"皇家寺院"。从本课中，学生要看出佛教中国化的历程，佛教作为中国文化的重要组成部分在民族团结、民族交融、社会和谐方面发挥了巨大作用。由此可见，中国文化具有强大的开放性、包容性、本土性、多样性、内化力、凝聚力。

2. 经纬课程

（1）城市变迁篇

本单元主题是以城市为点透视中国古今贯通的历史画卷。通过中国中、西、南部三个有相对较丰富历史遗存的城市——武汉、成都、广州，展示古代重要历史时期在城市发展中的印记、近代中国挽救民族危亡的探索如洋务运动、国民大革命和抗日战争在城市留下的具化影像及新中国成立后对现代城市发展的重大影响。从城市发展的历史沿革中了解其文化特征，从具体的人、物、事中触摸中国历史的脉动，进而认同中华优秀传统文化、革命文化、社会主义先进文化。

典型课时

心怀天下之成都。2500年来，成都的名字一直没有改变过，这在我国所有古老的大城市中是唯一的一例。辉煌的古蜀国文明、神奇的三星堆文化和金沙文化，以及近年发现的比三星堆还要早的宝墩文化，无一不在诉说着成都作为我国历史文化名城的显赫地位。本课就讲述了自新石器时代起至新中国成立后源远流长的成都历史，进而勾勒出成都的城市特点。在中国史前文化中，三星堆和金沙是相亲缘的两个文化遗址，在历史上三星堆在前，金沙紧随其后，它们都是古蜀国蚕丛、鱼凫的遗迹。三星堆是中国西南地区分布范围最大、延续时间最长、文化内涵最为丰富的古国、古蜀文化遗址，距今约3300年，本课就选取距离成都市不远的三星堆作为成都起源的代表性游览景点。三星堆遗址考古成果充分体现了古蜀文明、长江文化对中华文明的重要贡献，是中华文明多元一体起源和发展脉络、灿烂成就的实物例证。开凿于战国时期的都江堰使成都成为"天府之国"，这为秦朝统一中国奠定了雄厚的物质基础，也为成都打下了越来越清晰的独特底色。武侯祠是中国唯一一座君臣合祀祠庙和最负盛名的诸葛亮、刘备及蜀汉英雄纪念地，也是全国影响最大的三国遗迹博物馆。世人尽知，"恢复汉室"是诸葛亮、刘备毕生的信念。杜甫草堂里《茅屋为秋风所破歌》中的"安得广厦千万间，大庇天下寒士俱欢颜"成为唐朝成都响于天下的呐喊。成都唯一遗留下来的清朝古街道——宽窄巷子，既有南方川西民居的特色，也有北方满蒙文化的内涵，是老成都"千年少城"城市格局和百年原真建筑格局的最后遗存，也成了北方胡同文化在成都以及在中国南方的"孤本"。作为一个城市最后的标志性文化景观，它是这座城市最鲜活的重要物证，见证了成都"慢生活"的休闲之态。建川博物馆中记录下了抗战时期参战人数之多、牺牲之惨烈居全国之首的川军的无畏精神。刘湘慷慨激昂的声明道出了川民的伟大担当意识，"四川为国家后防要地，今后长期抗战，四川即应负长期支撑之巨责。四川竭力抗战，所有人力、物力，无一不可贡献国家"。新中国自主设计修建的第一条铁路——成渝铁路，使"蜀道难，难于上青天"的四川人民心心念念的世纪难题得以解决，体现了中国共产党的伟大及其驾驭经济建设的能力，而且拉开了新中国大规模经济建设的序幕。自古至今成都历史的变迁无不彰显着成都心怀天下的本色，从李冰父子、诸葛亮、杜甫、刘湘到邓小平，一位位人物的出场无不印证着中华优秀传统文化、革命文化、社会主义先进文化的强劲动力。

（2）红色基因篇

本单元主题是中国共产党领导新民主主义革命取得胜利的历史。围绕中国共产党三个具有里程碑意义的重要革命圣地瑞金、延安、西柏坡红色旅游景点展开党的百年奋斗史，三个革命圣地贯穿起党的根脉，是党的精神和思想的集中体现。我们党从这里落脚，从这里出征，从这里走向全国执政。通过本单元课程学习，了解党在土地革命时期、抗日战争时期和解放战争时期的历史，认识中国共产党开辟革命新道路的意义，认识红军长征的意义和中国共产党是全民族团结抗战的中流砥柱，认识中国共产党带领中国人民取得革命胜利和确立走社会主义道路的历史必然性。

典型课时

革命圣地之江西。本课通过对南昌八一起义纪念馆景区的游览，从细节处了解南昌起义 5 倍的敌我人数对比，有史实支撑地明白南昌起义的背景、经过和意义。国民革命失败后，中国共产党开始认识到掌握武装力量的重要性。为了挽救革命，中国共产党决定用武装起义来回应国民党反动派的屠杀政策。1927 年 8 月 1 日，周恩来、贺龙、叶挺、朱德、刘伯承等领导了南昌起义。两万多起义军经过数小时战斗，全歼守敌，占领南昌城。随后，起义军撤出南昌，南下广东，10 月初，在潮汕地区遭到敌人的围攻而失败。起义军一部分在朱德、陈毅的率领下，转战湖南；另一部分起义军转移到海陆丰地区，与当地农民军会合。南昌起义打响了武装反抗国民党反动派的第一枪。

本课通过对井冈山景区的游览，了解一根灯芯的故事、深刻认识毛主席在 1965 年重上井冈山的讲话，自然得出井冈山是中国革命的摇篮，也是毛泽东思想形成的重要地点。中国共产党经历了从走俄国攻打城市的革命道路到结合本国国情走自己的革命道路的艰难探索之路，至此，井冈山革命根据地的建立，点燃了"工农武装割据"的星星之火。从此，中国革命走上了建立农村革命根据地，以农村包围城市，武装夺取政权的道路。

通过对瑞金共和国摇篮景区的游览，了解发生在叶坪、红井、二苏大、中华苏维埃纪念园和云石山长征出发地的史实，全面认识红都瑞金的历史。1931年11月，在江西瑞金召开了中华苏维埃第一次全国代表大会，宣布成立中华苏维埃共和国临时中央政府，选举毛泽东为主席。中华苏维埃共和国临时中央政府的建立，是中国共产党人创建人民革命政权的宝贵探索与尝试。有了情境、故事、细节、史实等，通过体验式、互动式活动，才能丰满《中外历史纲要》教材对中国共产党开辟革命新道路的叙述，深刻认识中国共产党开辟革命新道路的历程及意义，切实领悟中国共产党人精神谱系之井冈山精神和苏区精神。这样的党史学习，才能感其心、动其情、启其志、化其行。历史川流不息，精神代代相传。本单元核心目标是"让后来的年轻娃娃们了解中国革命的历史"（毛泽东语），立志从中国共产党人精神谱系这个根、这个源出发，继承革命传统、赓续红色血脉，用精神之火、信念之光激励奋勇前行的磅礴力量。

（3）家族发展篇

家族见证了族人生生不息的繁衍过程，家族史记录了中国以"族"为群落的变迁，"家谱"对族群中的优秀者会着墨更多，对无名者也有点缀语。李唐家族不乏优秀者，从李渊起兵到李世民的贞观之治，从武则天到李隆基的开元盛世，唐朝在李氏家族的统治下，迎来了一个又一个发展的高峰。游历到武则天陵墓，看到著名的无字碑，学生应不仅看到盛唐，还应看到支撑唐王朝的李氏家族史。游历龙虎山不仅要看中国的道教文化，还要了解张道陵家族，自东汉以来，张道陵及其后裔世居于龙虎山，张氏家族世世代代以"道"为业，传承了中国最古老的思想和文化。游历湖南省娄底市双峰县荷叶镇福托村的曾国藩故居——中国最后一座乡间侯府富厚堂，探索曾氏家族百年不衰的奥秘。曾国藩在历史上毁誉参半，唯其为人处世、治家治军治国均有拔萃非常人能比之处，为历代名人追慕效仿。一人一书（曾氏家书）为后世留下修身、修性、修业的典范。了解曾氏如何从重重贫瘠的山区走出、走进中国历史的踪迹。

典型课时

李唐家族。通过游历唐太宗昭陵、昭陵六骏、武则天乾陵、无字碑、唐玄宗泰陵、华清池景点，从家族史的视角认识盛唐王朝的缔造是本课的特色所在。李唐家族的第一优秀者是出身于关陇集团的李渊，李世民的贞观之治、武则天到李隆基的开元盛世，是成功消除关陇集团的历史。纵横天下近200年的关陇集团，曾建立四大王朝——西魏、北周、隋、唐，隋朝诸多新制度、新工程上马的出发点之一就是要根除关陇集团的影响。但因隋炀帝贪大求急，致使新生的统一王朝以更换关陇集团代理人的方式垮塌了。恰恰是隋朝开创的诸多新制度、新工程在李世民、武则天和李隆基手中接续成熟，成为塑造盛唐大时代的根本性制度因素、经济因素，以关陇集团的灰飞烟灭为标志，占据中国舞台500多年的士族基本消失，李唐家族给中国开辟了一个承前启后的盛唐大时代。从贞观之治到开元盛世，唐朝在李氏家族优秀者的统治下，迎来一个又一个发展高峰。从家族史的视角认识盛唐王朝由盛转衰的家族因素也有很大的现实意义，从李唐家族的兴衰中汲取治家的经验教训是每个人应该深思的课题。教材中的历史是"纲要"，骨感性强，真正的历史是庞杂弥散的，聚焦于一点，一个角度可把历史原貌越来越丰满地呈现出来，给人带来不一样的启示。

3. 融点课程

（1）交通动脉

本单元主题是中国古代交通。几千年来，生活和繁衍在神州大地上的勤劳勇敢的中华民族，在同自然相处、追求美好生活的过程中，不仅写下了陆路交通的悠久历史，而且开创了水路交通的光辉历程，用他们的聪明才智和辛勤劳动谱写出世界古代交通史上最壮丽的篇章。汉朝开辟了经西域通往西方的"丝绸之路"。隋朝时完成了贯穿南北的大运河工程，这是世界上开凿最早、规模最大、里程最长的运河。茶马古道是中国西南地区以马帮为主要交通工具的国际商贸通道，是中国西南民族经济文化交流的走廊。本单元以这三条道路为轴，驻足于它们留下了的历史文化遗存，观察运河上中国古代水利航运工程的先进之处、围绕丝绸之路和茶马古道而出现的文化交流的历史见证、防卫之地及古城建设，去了解发生在那里的事件、人物及故事，从具体点上接触这三条道路的历史，丰富其宽度和厚度。认识历史人物对大运河的贡献及新中国成立对淮安大运河的重大影响；认识茶马古道——世界上地势最高的文明文化传播古道之一极其重要的历史地位和经济文化民族交流意义；认识丝绸之路的影响。回荡在丝绸之路上的驼铃、留印在茶马古道上的先人足迹和马蹄烙印及远去的大运河船只上的帆影，无不幻化成了华夏子孙崇高的民族创业精神。这种生生不息的拼搏奋斗精神将在中华民族的发展历史上雕铸成一座座永恒的丰碑，千秋万代闪烁着中华民族的荣耀与光辉。

典型课时

重走茶马古道。茶马古道是指存在于中国西南地区，以茶叶等生活用品为主要商品，以马作为主要运输工具的商贸通道。自古素有"北有丝绸之路，南有茶马古道"的说法。茶马古道源于古代西南边疆民间的茶马互市，兴于唐宋，盛于明清，历经一千余年的沧桑岁月，是人类历史上海拔最高，通行难度最大的高原文明古道。茶马古道主要有三条线路：即青藏线（唐蕃古道）、滇藏线和川藏线组成的庞大交通网络，延伸入不丹、锡金、尼泊尔、印度境内，直到抵达西亚、西非红海岸。了解并熟悉这样的交通网络，课程的文本式游览就凸显出其优势了。

本课开篇以锣锅菜、陇南的罐罐茶、荥经的哒哒面等马帮饮食文化习俗和马铃声、荥经竹号、丁字拐声导入，让学生近距离感知茶马古道与现实的勾连。选取川藏茶马古道的起点——雅安和滇藏线入藏前最后一站——丽江为游览地点，通过茶马司、丽江古城景点再现茶马古道的运作盛况和管理制度，请学生模拟背夫背负茶包重现背夫行走甘溪坡古道的场景，沉浸式体验其艰辛。在丽江木府土司了解木增护送徐霞客回家乡的故事，认识茶马古道促进了汉族和纳西族等西南各少数民族的交流与合作。在时间上，延长到茶马古道的近世：抗日战争时期，当沿海沦陷和滇缅公路被日寇截断之后，"茶马古道"成为中国当时唯一的陆路国际通道，新中国成立后成立国营马帮给与世隔绝的独龙族运送生活物资。

贯穿重走茶马古道一课的目标是，认识茶马古道——世界上地势最高的文明文化传播古道之一极其重要的历史地位和经济文化民族交流意义：它维护了边疆的政治稳定和民族团结，促进了西南边疆经济和文化的发展，促进了各民族的交流与合作。今天，茶马古道虽已成为过往，但是奔波在雪域高原成千上万的辛勤马帮，谋生冒险的特殊经历造就了他们坚毅隐忍、果敢开拓、团结奋发、责任担当的性格和文化。历史已经证明，茶马古道原本就是一条人文精神的超越之路，马帮文化已浸润到我们的民族基因中。

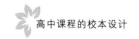

（2）民居建筑篇

本单元主题是中国民居建筑。中国民居建筑是建筑体系中出现最早也是最基本的一种建筑类型，跟普通人的关系最为密切，是人民群众创造历史这一唯物史观的物化体现之一。不同地区由于地理位置、气候因素、民族特色、风俗习惯等原因，造就了不同特色的民居形式。建筑不只是一个物质技术对象，它还与宗教、伦理及其他种种社会文化内涵联系在一起。每一个建筑，都是作为历史、文化的反映而有机地融入环境之中，由于历史文化背景的不同，各个时期民居的形态也各具特色。本单元以张家界地区土家族吊脚楼、福建土楼、云南红河哈尼族的蘑菇房、广东开平碉楼为范例，了解这些民居"天人合一"的建筑智慧，分析影响建筑风格的历史因素：元代寸白军和明清改土归流对建筑的影响、华侨下南洋所带来的经济文化交流、近代以来在国家地方风雨飘摇之际华侨迁徙所带来的中西合璧建筑的历史及其影响。一幢幢民居建筑的功能及意义，要通过空间与时间的文脉来体现，反过来又能支配文脉，成为透视特定地区、特定人群秉持特定文化，开展特定生活的历史见证。通过观察具象的民居建筑，近距离感知人的脉动是本单元的核心所在。因为建筑是凝固的音乐、建筑是石头的史书、建筑是居住的机器。通过以上民居建筑了解中国历史上跨地区的人口迁徙以及移民所面临的机遇与挑战，认识在迁徙与融入当地社会过程中出现的文化认同，探讨文化与自然、人与环境之间的关系。

典型课时

开平碉楼与村落。中国科学院院士常青说，建筑是科学、艺术、技术和文化的结晶，其中也承载着我们文化的记忆。穿过北回归线，在广东省中南部珠江三角洲西侧的稻田里，矗立着1800多座形态各异的碉楼，是电影《让子弹飞》的取景地，2007年被列入世界文化遗产，广东开平碉楼与村落因此闯入世人的视野，它的故事、人物、历史、文化等向人们铺展开无尽的探秘之旅。碉楼上有凤凰、狮子、喜字等中国传统建筑元素，还有古罗马、拜占庭、巴洛克的海外样式，它们为什么是中西合璧的呢？它们因何而建呢？带着这些问题，我们走进锦江里村的瑞石楼、自力村的铭石楼、三门里村的迎龙楼，以点窥面，从具体知全貌。

鸦片战争后，国内动荡，加之美洲、澳洲先后发现金矿，江门五邑地区（今广东省江门市下辖新会、台山、开平、恩平、鹤山五个县级行政区）大批民众前往这两处淘金、充当华工，当年衣锦还乡实现"金山梦"的华工，被乡人称为"金山伯"，后来泛指在美、澳两洲的五邑华侨。我们以两名"金山伯"黄璧秀、方润文为例去了解他们建造瑞石楼、铭石楼的故事。

碉楼大部分建于20世纪二三十年代，碉楼最原始的形态来自三门里村的迎龙楼——现存最古老的碉楼，建于明代，距今已有500年历史，参照华侨寄回的明信片建筑样式自我设计而成，兼具防洪、防匪的功效。每座碉楼都有故事，值得我们去了解、去欣赏。凝固的碉楼蕴涵着中国精神、中国力量和中国文化。坚固沧桑的碉楼见证了广东与世界的交往，华侨将世界文化带回来，与中国文化有机融合，形成了著名的侨乡文化，正是这样的文明互鉴固化为矗立在大地上的史诗。它们记录了祖辈们奋斗拼搏的岁月，凝结了"金山伯"们外出闯荡的雄心和反哺家乡的深情厚谊，也寄托了五邑华侨对故乡根脉的依恋。不论航程多远、落脚何方，他们身若浮萍、心在故乡，他们牵挂家乡的亲人、怀念曾陪伴他们成长的山水，眷恋命运多舛的祖国。无论船只漂得多远，落叶归根、家国昌盛是萦绕在华侨们心中亘古不变的无尽乡愁。

（3）民族交融篇

本单元主题是中国民族交融。中国自古以来就是各民族人民共同创造的。我国境内各民族在长期的交往中进行着密切的政治经济文化交流，各民族互相合作、互相依存的关系日益发展。从历史的角度认识中国的这一国情，可看出民族交融与国家统一，是中华民族历史形成的必然结果、是不可逆转的发展主流。民族团结、民族的凝聚力是社会和谐、经济发展的前提，是实现中华民族伟大复兴的基础条件。本单元以新疆、西藏、承德避暑山庄为范例，展示了典型朝代的典型事例、重要历史人物，他们在祖国历史的发展中留下了浓墨重彩的一笔。通过民族交融的历史见证，了解新疆、西藏自古以来就是中国不可分割的一部分，认识今天的新疆生活是历史上各民族共同缔造的；认识汉藏交流融合对西藏发展的重要作用；认识清朝统一多民族国家版图奠定的重要意义。认同在漫漫历史长河中形成了多元一体的中华民族，认识到这是我国民族发展的历史趋势，形成对中华民族的认同感和正确的民族观，增强民族凝聚力，铸牢中华民族共同体意识。从而形成对国家和民族的历史使命感和社会责任感，为民族团结、民族和谐做出自己的贡献。

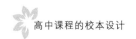

典型课时

重建承德避暑山庄及周围寺庙之旅。1994 年，承德避暑山庄及周围寺庙（热河行宫）被列入世界文化遗产名录。世界文化遗产委员会给出的评语为：承德避暑山庄是中国清朝园林式皇宫，具有丰富的社会政治历史意义；避暑山庄及周围寺庙是中国古代帝王宫苑与皇家寺庙完美融合的典型范例；标志着中国古代造园与建筑艺术的巨大成就；是世界了解中国文化的实物资料。避暑山庄在造园立意上有意模仿了中国的地理版图：西北高多山峦，东南低多水乡，北方平坦多草原，周长约 10 公里的城墙象征着万里长城，长城以外的 12 座寺庙围绕着山庄，象征着蒙藏等少数民族居住的地区，这样合成的整体形象就是我们锦绣中华的缩影。由此统观全局开本课之篇。

接下来我们以时间为轴，开启重建避暑山庄及周围寺庙之旅。

第一部分：康熙修建避暑山庄及周围寺庙。山庄修建缘于 1681 年康熙发起的木兰秋狝，即康熙亲率大军与北方的蒙古王公一同狩猎；驰骋比武、分旗封王、经济援助，这是一年一度的军事演习，也是清王朝与北方民族结盟的盛会。木兰秋狝，是问鼎天下的满族从心理上找回与蒙古族如同满族入关前亲如兄弟的感觉，这可谓康熙帝巩固统一大业的一大谋略。而为了让这道塞上雄藩永固百年，他谋划了一个更庞大的体系，在秋狝的必经之地热河建造一座行宫。康熙帝于 1703 年开始设计建造行宫，5 年后初具规模，赐名"避暑山庄"。1713 年，是山庄开建后的第 10 年，恰逢康熙 60 寿辰，蒙古各部落首领从漠北前来朝贺并恳请出资建庙以铭记恩典，于是溥仁寺开建。溥仁寺是典型的汉式庙宇，但是康熙亲题的寺名由蒙、汉、满三种文字组成，民族融合的意味不言而喻。由此拉开了清朝在承德避暑山庄周围建成 12 座皇家寺庙的序幕，山庄周围 12 座皇家寺庙俗称"外八庙"，用作少数民族政教首领觐见皇帝期间使用的礼佛场所。从风格上来看，避暑山庄殿宇和围墙大多采用的是青砖灰瓦、不起飞脊、不施彩绘，非常古朴淡雅，与"外八庙"那种金碧辉煌的风格形成鲜明的反差。康熙要使来到这里的少数民族首领感受到清朝皇帝对他们的尊重和礼遇。康熙曾云："秦筑长城以来，汉、唐、宋亦常修理，其时岂无边患？明末我太祖统大兵长驱直入，诸路瓦解，皆莫能当。可见守国之道，唯在修得民心。民心悦则邦本得，而边境自固，所谓'众志成城'者是也。如古北、喜峰口一带，朕皆巡阅，概多损坏，今欲修之，兴工劳役，岂能无害百姓？且长城延袤数千里，养兵几何方能分守？"凡此种种，我们可看出避暑山庄及周围寺庙修建的原因：康熙帝认为得人心比修长城更能长治久安，将团结蒙古、新疆、西藏等地少数民族"合内外之心，成巩固之业"的深意充分释放在这片美景之中。

第二部分：乾隆修建避暑山庄及周围寺庙。雍正帝继位后，取"承受先祖德泽"之义，将热河改名为承德。乾隆帝移南方胜境入北园，避暑山庄有了南秀北雄的兼美之意。山庄近八成的面积是山区，相较于其他园林以土石堆砌的假山装点，避暑山庄圈建起一大片连绵不绝的真实山岭作为景致可谓大国大手笔，被誉为"中国古典园林之最高范例"。一座山庄，半部清史。

本部分围绕四件大事讲述山庄及周围寺庙修建的故事。

其一：山庄的正殿澹泊敬诚殿在乾隆十九年（1754）改建成楠木殿，同年，漠西蒙古杜尔伯特归附，乾隆皇帝在此接见其首领三策凌。

其二：平定准噶尔叛乱。这次战争，起于清康熙二十九年（1690），迄于清乾隆二十二年（1757），迭经三朝，历时近70年，最终弭叛息乱，取得了完全胜利。1755年，厄鲁特蒙古来归，乾隆皇帝在山庄大宴厄鲁特蒙古诸位首领，为纪念这次胜利和会面，乾隆皇帝决定仿西藏三摩耶庙（即桑耶寺），在山庄东北修建一座寺庙。清王朝希望四海之内"安其居，乐其业，永永普宁"，故称之为"普宁寺"。这是乾隆继位后在山庄修建的第一座寺庙。普宁寺是一座典型的汉藏合璧式寺庙。寺内立有普宁寺碑以及平定准噶尔勒铭伊犁之碑。

其三：乾隆三十六年（1771），土尔扈特部万里东归，乾隆在澹泊敬诚殿接见了东归英雄渥巴锡，并在四知书屋听渥巴锡讲述东归的经历。值此之际，恰逢"外八庙"中最著名的普陀宗乘之庙，别称"小布达拉宫"落成，土尔扈特部参加了整个寺庙的落成，乾隆还把这段故事刻在了碑上。

其四：乾隆四十五年（1780）接见来祝寿的六世班禅，乾隆还下令为六世班禅兴建须弥福寿之庙，此庙仿照班禅在日喀则的驻锡地扎什伦布寺而建。避暑山庄及周围寺庙终建成于乾隆五十七年（1792）耗时89年，这就是后来面积相当于两个颐和园的避暑山庄，是世界上现存最大的皇家园林。这里因地处京师和塞北之间、中原农耕文化和草原游牧文化过渡地带，成为清朝的第二个政治中心，山庄及其周围寺庙蕴含着清朝团结边疆少数民族、巩固国

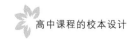

家统一的良苦用心。

第三部分：避暑山庄及周围寺庙和清朝的历史贡献。从澹泊敬诚殿到烟雨楼、文津阁，再到遥望"小布达拉宫"普陀宗乘之庙的金顶之辉，我们可看出清朝是我国统一多民族国家的大整合时期，而避暑山庄和"外八庙"正是其在建筑上的表征。清朝以避暑山庄和"外八庙"为载体，以园林、寺庙、牧场、湖沼、楼亭、蒙古包等为依托，开展祝寿、秋狝、礼佛、会盟、封赏、赐爵等活动，上演了一幕幕促进各民族守望相助、和谐共生的历史活剧。

承德，这个因避暑山庄而兴的地方，在清朝处理民族事务方面扮演了重要角色，有力地维护了国家统一。这座清代帝王的夏宫，取自然山水之本色，蕴江南塞北之风情，为后世留下宝贵的古代园林遗产。我国是统一的多民族国家，在漫漫历史长河中形成了多元一体的中华民族。山庄及环绕山庄雄伟的"外八庙"在当时弥合了长城内外的纷争，见证了我们国家历史发展的一些重要时刻，更见证了汉藏满蒙等中华各民族之间的交往交流交融。2021年8月，习近平总书记在承德考察文化遗产保护和民族宗教工作时指出："承德避暑山庄底蕴深厚，在民族交往交流交融、宗教与社会相适应、传统文化保护和传承、人与自然和谐相处等方面具有重要历史价值和时代意义。要保护好、传承好、利用好中华优秀传统文化，挖掘其丰富内涵，以利于更好坚定文化自信、凝聚民族精神。"

三、课程实施途径和方法

（一）课程实施策略

旅游与历史课程中的历史知识能用来解释历史遗迹的现状及其由来，历史遗迹同时能为历史解释提供史料支撑。旅游与历史课程主要采用"模拟旅游"的学习形式进行通史知识和专题知识的学习，"模拟旅游"是一种间接学习历史的方式，其优势在于学生能通过想象还原历史遗迹的发展脉络。旅游与历史课程学习的另外一种方式是"亲历游"，其优势在于学生能运用见、闻、思等多种手段来学习历史。

1. 充分利用"见、闻、行、思"等多种手段感悟历史

旅游中的"见"是看见，是观察，是欣赏。"见"是看到实物和实景；

"观察"是用研究者的视角，透过实物的蛛丝马迹能还原其过去，探究其发展的历程。"欣赏"是要用发现者的眼睛看到实物的美，看到实物创造者的智慧。"闻"不仅要在模拟游中倾听教师的讲授，知晓旅游景点背后的故事，还要在"亲历游"中学会倾听观点，学会申辩观点。"思"是要透过实物、实景，还原真实，形成自己的历史解释。任何知识和观点，只有通过个体的深加工，以个体偏好的方式留存，持久度才会更长。"行"是在见、闻、思的基础上，萌发亲历游的意愿，并能将意愿转化成行动。

以"淮安旅游"课例为例，学生要看到淮安作为中国运河之都的地位，要观察到淮安地处黄、淮、运交汇的特殊地理特征，要能欣赏清江、洪泽湖大堤、苏北灌溉总区的美。通过"闻"，要能听到这些伟大工程背后的故事，知晓陈瑄、潘季驯这些水利专家的丰功伟绩。还要思考困扰历朝历代的淮河水患为什么在新中国成立不久就能被治好了。通过课程的学习，学生要有"行走运河"的旅游意愿，要在合适的时机亲眼看看运河全线，看看运河沿线的城市，看看这条水上生命线过往的辉煌。旅游与历史课程的见、闻、思为"行"赋予了意义，能唤起学生的"旅游"意愿，能将"行而致远"的精神植根于学生思想深处。

2. 充分利用"游且学"的优势育人

不管是模拟旅游还是亲历游，其主要目的是让学生看到实物，看到情境，还原历史发生的场景。实证式的历史学习能带给学习者真实或接近真实的学习体验，真实的学习体验的代入感更能"情动"学生，而"情动"是学生习得价值观的前提。旅游与历史课程是有目的的旅游，是规划了特定目标的旅游。在既定目标的统领下，规划旅游路线，让学生在模拟游或亲历游的过程中，以实证的方式形成历史认识和历史解释。以"情动"的方式习得价值观。以"新疆旅游"课例为例，旅游的目的地为"交河古城→克孜尔石窟→高昌古城→苏公塔"。本课例中的旅游目的地见证了不同民族和政权对中华民族大家庭的贡献，各民族在交融中相互学习并汲取了各自文化的精华，共同创造了中华文明。旅游中的学子在轻松的情境中更易用包容、开放的心态理解并形成这一认识。同时，在旅游目的地了解、认识鸠摩罗什、玄奘等历史人物，学生更易走进他们的情感、思想世界，更易动情，更易被这些优秀历史人物的价值观所影响。

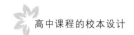

3. 运用旅游中能调动兴奋点的元素设计和实施课程

不同地域的美食往往能让旅游者兴奋，对于身处旅游课程中的学生亦是如此。与旅游景点相似，很多具有地域标识的美食的由来往往同地域的历史发展具有高相关性。以武汉旅游为例，热干面是武汉的标志性食物，其由来同武汉近代的发展史密切相关。武汉的码头文化让"高热量易食用且快速"的热干面顺应了城市发展的需求并且脱颖而出。武汉城市旅游的课程设计中，以热干面导入将学生带入课程，很容易激发学生的兴奋点，使得学习更具趣味性，课程也更具吸引力。同样，在交通主题的旅游课程设计中，可以把北京通州地域的食物"咯吱盒"作为激发学生兴奋点的课程元素，让学生感受到漕运文化与地域美食的历史渊源。旅游目的地的服饰、美食、趣事、传奇极富吸引力，将这些元素融入课程，会让课程更加丰富多彩。

(二) 课程实施建议

1. 融通旅游与历史课程与国家课程

高一阶段，《中外历史纲要》教材针对全体学生，学习目的不是要全面和系统地学习历史史实，而是要求学生拥有历史唯物主义的基本立场、观点、方法，认识历史发展的趋势，理解历史进程中的变化与延续，继承与发展，原因与结果。然而，对于高二选修历史的学生而言，这是不够的，系统的历史史实学习对于选修历史的学生形成历史解释素养至关重要。旅游与历史校本课程也在高一开设，选修该课程的学生一般会在高二选修历史。旅游与历史课程通过精选历史事件、历史现象，将这些精华内容以史实的方式传递给学生，有利于学生深度理解历史，形成正确的历史解释。同时，选取旅游与历史的课程资源并将其融入国家课程，有利于其他学生运用旅游"见闻"的史料来印证教材观点，"史料"实证的学习方法有利于其历史理解能力的提升。

2. 课程资源的选择要以旅游目的地的独特性为基本立意点

旅游与历史的课程资源选择要以旅游目的地的独特性为立意点，探索旅游目的地现状产生的历史渊源和历史背景。以西藏旅游为例，西藏归属中央政府既有历史渊源，也是其发展的必然结果。针对这一历史现象，历史人物和历史事件的选择就要围绕该立意点展开。唐代以来，西藏地区不断向中原文明学习，认可并从中原文化中找到了归属感。在该立意点的统领下，课程资源的历史人物必然要包括文成公主等人，重要的历史事件要包括文成公主督建小昭寺、中央政府资助寻找十一世班禅灵童等事件，重要的历史现象应该包括金瓶掣签、五星红旗与经幡共悬挂于屋顶等。

3. 把旅游转化成历史的深度学习

旅游与历史课程旨在把旅游作为历史学习的实践活动，深度学习历史，使得历史学习能够同旅游活动融合成有机的整体。历史学习是对偶然性、必然性、局部性、整体性的探寻，是对现有现象的归因，是对过往的深究，是对未来的预测与感知。教学实施过程中，要引导学生深度学习，指导其带着问题并通过寻找证据的方式在旅游情境中探索历史现象的成因，寻找历史遗迹的渊源，拓展其历史认识的宽度和广度；调动学生的学习积极性，让学生深入探究旅游目的地的历史人物、事件、现象，指导其结合运用已学的各科知识认识历史，在新情境下运用多种类型的材料，形成自己的历史解释。

4. 单元设计要以三类课程目标为导向

教师在进行单元教学设计时，要仔细分析每个学习单元的重点内容、核心概念和关键问题，选择和确定教学重点和难点，围绕重难点选取教学素材，突出单元主题与核心立意，使学生通过对重点内容、核心概念和关键问题的理解，带动对整个单元主题的认识。本课程共包括三个大单元，分别是截面单元、经纬单元、融点单元。这三个单元都受核心概念"大一统政治体制下中国经济和文化的转向与重构"概念所统领，该概念将都城变迁、经济重心转移、文化思想传承与更新三个主干内容串联起来，又把政治、经济和文化的中国特色发展模式通过旅游与历史学习的方式结合到一起。同样，单元内的子概念指向课程的核心概念并印证核心概念的观点。以古都单元为例，中央王朝的都城主要有西安、南京、北京三个城市，其中西安和北京建都历时长且靠近少数民族聚居地，都城的选择体现了中央政府重构民族关系的信心和决心，也体现了其政治的开放性和包容性。

(三) 学习建议

1. 动手、动眼、动耳，能够运用感性信息分析历史

观看历史题材的纪录片或影视作品来感性认识和体验；运用地图、图

表、调查、网络等手段获取历史信息；运用历史图表、历史课件、历史习作来表达历史；透过艺术作品、文学故事、建筑雕塑认识历史和感知历史；通过历史故事会、读书报告会、编辑历史板报、历史辩论赛、角色模拟等形成史论结合的历史表达能力。

2. 养成在生活中学习历史并运用历史知识解释生活现象的习惯

学生要通过旅游与历史课程的学习，养成关心国家和世界大事的习惯，要透过这些事件增加对历史的感悟和认识，增长生活的智慧。要以旅游与历史课程为桥梁，学习历史解释的技能与方法，解释生活中的问题，进而尝试解决现实问题，要将历史学习与认识中国社会紧密联系起来。要认识到历史虽是凝固的，却又丰富多彩，今天发生的事件和现象会有其历史的渊源。要通过历史发展的阶段特征，将具体的史实纳入时间结构中，从不同的角度认识这些历史事件，还原其丰富性和多样性。

（四）学生评价

1. 正向价值观引领的课程资源评价标准

旅游与历史的课程资源主要由旅游目的地的历史现象、历史事件、历史人物构成。与教材内容相比，直接从旅游行程中获取的"课程内容"显得无序，内容之间的逻辑性也不紧密。选择旅游目的地的课程资源时，课程设计者需依据课标的核心素养要求，依据旅游目的地的独特性，确定特定主题，然后依据主题设定和选用资源。对于学生而言，当旅游成为其"历史学习"的一种主要形式时，在学习过程中要学会选择内容，形成历史解释。同时，由于旅游与历史课程的部分课程资源是师生共建的，这就要求师生遵循共同的标准来选取资源，使其更具科学性。为此，旅游与历史课程依据高中历史课程标准，确定了表4-4的评价标准，该标准旨在引导学生在正确价值观的引导下，获取资源，选用资源，正确认识旅游目的地的历史文化及其成因。该量表对主题的确定、资源渠道、资源的科学性、资源的价值都有所约定。

表 4-4　课程资源选择量表

要素	题项
主题与内容	1. 符合主流价值观。
	2. 能代表旅游目的地的独特性。
	3. 美感突出。

续　表

资源渠道	4. 专业正规的导游。
	5. 官方认可的网站。
	6. 正规媒体。
	7. 有学术价值的历史期刊、著作、教材。
资源的科学性	8. 叙事合理，在历史上有迹可循。
	9. 已发生的历史事件。
资源的价值	10. 资源内容能支撑主题理解。
	11. 资源能以证据方式支持个性化的历史解释。

2. 调动学生参与积极性的自评

作为校本课程，学生选修课程的情况会直接影响课程的价值。不同届学生会通过口耳相传的方式表达其对旅游与历史课程的喜好，进而影响下届学生选修该课程的情况。对于课程好恶的"民间评价"是存在的，其评价结果会影响受众面，影响课程的吸引力。为此，旅游与历史课程设计了自评量表，见表4-5。该量表旨在让学生通过自评的方式来反馈其学习该课程的情况，让学生客观地看待一门课程。通过自评，学生会从课程的受益情况来客观评价课程，而不单单以自己的好恶情感来为课程赋分。同时，该量表还具有收集反馈信息的功能，教师可以根据学生的反馈数据调整课程，使其更具适切性。

表 4-5　课程自评量表

该量表用来供同学们自我评估学习旅游与历史课程的感受，请大家认真作答，真实描述，根据选项内容在最后一格写上分数即可。

1. 主动旅游并将旅游作为历史学习的方式。 （1）没有帮助＝1　（2）不太有帮助＝2　（3）一般＝3　（4）比较有帮助＝4 （5）帮助非常大＝5	
2. 自我规划旅游并能确定旅游的学习目的。 （1）没有帮助＝1　（2）不太有帮助＝2　（3）一般＝3　（4）比较有帮助＝4 （5）帮助非常大＝5	

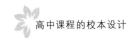
续　表

3. 在旅游过程中运用"见、闻、问、思、学"的"探究"学习方式。 （1）没有帮助＝1　（2）不太有帮助＝2　（3）一般＝3　（4）比较有帮助＝4 （5）帮助非常大＝5	
4. 把旅游看作历史学习的实践形式。 （1）很不好＝1　（2）不太好＝2　（3）一般＝3　（4）较好＝4 （5）非常好＝5	
5. 能在旅游过程中解释一些历史现象。 （1）没有帮助＝1　（2）不太有帮助＝2　（3）一般＝3　（4）比较有帮助＝4 （5）帮助非常大＝5	

3. 学生作品为主体的学业评价

旅游与历史课程旨在把历史同学生的生活关联起来，让历史能够服务学生的未来生活。课程重在引导学生形成相对具有个性的历史解释和历史结论，当学生具备这些素养时，就会将其应用于未来生活。善于收集旅游中的"史料"并对其合理加工是首要能力，此外，还要求学生能透过材料形成观点。鉴于上述思考，课程参与者需完成"一大一小"两篇论文，小论文须在第一学期完成，大论文须在课程结束前一周完成。论文的评价标准见表4-6。采用论文为终结评价方式能拉长学生完成作品的时限，学生将有足够的时间做深度的旅游规划和选取写作主题，有利于其对主题进行深入的探究，能够避免蜻蜓点水旅游的负效应。

表 4-6　论文评价标准

评价点	评价标准	综合评定
论文观点	A. 非常明确　　B. 比较明确　　C. 不明确	1. 参考课堂参与度。 2. 参考学生作品。 3. 综合考量后，赋予其学分。
选用史料	A. 多样且丰富　B. 多样但不丰富　C. 单一	
史料与观点的关系	A. 材料非常典型且支撑力强 B. 材料比较典型但支撑力一般 C. 材料与观点相关性松散	

（五）学校的保障措施

1. 学校对校本课程的项目支撑

我校一直非常重视校本课程的开发、实施工作。我校是双新示范学校，已经争取到了区课程的资金项目，鼓励各学科运用这些项目资金开发课程。此外，学校能够为校本课提供充足的课时，以保障课程正常开展。

2. 学校的教师发展支撑

我校为教师发展提供各种平台。学校同所在区域的师范院校有着密切的联系，这些师范院校能够为教师的职后再学习提供平台。

四、课程实施效果

（一）学生的历史学习方式发生了重大变化

旅游与历史课程把历史学习置于生活，置于城市，置于建筑，置于水利工程。学习方式的大翻转给了学生体验历史的机会，让其能够触摸历史的真实，"见、闻、触"等多感官的互动容易激发学生的想象力，让其还原流淌的历史。"体验式"的学习能调动学生的好奇心和探究欲，他们也希望通过探究来深入了解旅游目的地的历史。为了解学生历史学习方式的变化情况，课程设计者追访了一些学生，访谈提纲见附件 4-1。访谈提纲包括 9 个问题，问题 1—3 旨在调查学生"体验学习"历史的情况；问题 4—6 调查其"探究学习"历史的情况；7—9 旨在调查旅游与历史课程带给学生历史学习的情感变化。按照学生的学业水平，从不同层次的学生中各选取了 3 名共计 9 名为受访对象。

针对主题 1（题目 1—3）的访谈，受访的 9 名学生都认为通过旅游学习历史的方式非常吸引人，9 名学生都表达了希望旅游的意愿，还表达了对旅游目的地食物、景点、历史传说的憧憬。6 名学生已经选好了目的地，且对目的地的概况做了初步的了解。从学生旅游目的地的选择情况来看，8 名学生的"理想旅游目的地"都是人文历史比较浓厚的地方，适合历史的深度学习。

针对主题 2（题目 4—6）的访谈，学生的回答比较多样化，其探究的兴趣点也因人而异。当课程设计者引导学生比较"苏北灌溉总渠"和都江堰两个利国利民工程时，7 名学生表现出了浓厚的兴趣。这也说明，当学习内容把国家、人民、个人的利益融于一点的时候，其对青年学生的感召力是强大的，青年学生对家、对国的浓厚情感也是能够被感知的。

针对主题 3（题目 7—9）的访谈，学生的回答是令人鼓舞的。针对第 7 个问题，有学生自嘲地说"吃热干面吃出了码头工人的感觉"。针对第 8 个问题，学生的回答是肯定的。他们认为自己要为未来的旅游注入意义感，要让

"学"加持旅游,使得旅游真正成为"放松＋成长"的历程。针对第9个问题,9名学生都非常认可旅游与历史课程,认为这门学科的代入感非常强大,让他们真真切切地感受到了历史学科的魅力,也改变了他们对历史学科的原有认知。

(二)学生的历史素养获得提升

旅游与历史的课程设计者设计了问卷(表4-7),并做了前后测。该问卷包括5个因子,分别是历史核心素养的5个方面,即时空观念、史料实证、唯物史观、历史解释、家国情怀。问卷共包含14个问题,前测问卷的均值为3.0,而后测均值为3.5,比前测增长了0.5,为统计学上的"优秀水平",这说明旅游与历史课程对提升学生历史核心素养的效果非常明显。旅游与历史课程有不俗的表现,主要基于两个原因。其一是学生学习历史方式的变化使其有机会把所学知识应用到日常生活中来解释历史现象,学有所用让学生知识应用的熟练度增加,这对提升学生的时空观念、史料实证、历史解释等素养大有助力。其二是学生跨学科思维能力的提升反作用于历史核心素养,使历史学科素养有了提升。旅游与历史课程的学习进程中,水利问题需要物理知识,建筑问题需要建筑知识,真实问题需要学生用跨学科知识来解决,这就需要学生基于历史学习,调动自己多样的学科知识来理解、解释、解决真实问题。真实问题的解决和综合素养的提升反作用于历史素养,为唯物史观、家国情怀、史料实证等素养的应用找到了场景和情境。

表4-7 历史学科素养前后测变化

因子	题项	前测均分	后测均分	前测	后测
时空观念	1. 能为旅游景点的重要历史人物排序。	2.9	3.6	3.0	3.5
	2. 能以时空序列建构旅游景点历史事件的关系。	3.0	3.5		
	3. 能发现旅游目的地历史现象的历史渊源。	3.0	3.7		
史料实证	4. 能利用网络资源、史料等验证或质疑"民间历史观点"。	2.7	3.1	2.7	3.0
	5. 能通过旅游目的地的传说或趣闻感悟其背后的情感。	2.4	2.8		
	6. 能运用比较、分析等多种方法辨别观点的真伪。	3.0	3.0		

续　表

因子	题项	前测均分	后测均分	前测	后测
唯物史观	7. 能看到旅游目的地经济基础对人们生活方式的影响。	2.9	3.2	3.0	3.3
	8. 能透过当地人的信仰和生活方式预测其发展变化趋势。	3.1	3.3		
历史解释	9. 能运用"假设—求证"的历史学习法证明历史观点。	2.8	3.5	2.9	3.6
	10. 能运用因果分析法找出历史事件的关系并形成自己的结论。	3.0	3.5		
	11. 能客观评价旅游目的地的历史人物。	2.8	3.8		
家国情怀	12. 在旅游中带着自豪感欣赏祖国的山河美和人民美。	2.9	3.5	3.0	3.6
	13. 对旅游景点过往的历史事件，持有中华儿女应有的爱恨情感。	3.0	3.8		
	14. 以共情之心与欣赏之情看待旅游目的地的人民及其风俗习惯。	3.1	3.4		

　　从"时空观念"因子的前后测对比来看，后测比前测增长了0.5，增长幅度较大。对旅游目的地历史现象的解释，首先要了解哪些历史人物、历史事件促成了这一历史现象，人物关系、历史事件关系等同时空观念相关的素养是课程顺利推进的基本素养。课程设计者对该素养的重点关注是学生变化幅度大的原因之一。

　　从"史料实证"因子的前后测对比来看，后测比前测增长了0.3，增长幅度适中。史料实证需要学生运用文字资料和现存的历史物件研究历史现象，实证的困难在于还原真实的历史。还原过程需要大量的辨析和论证，需要比较来去伪存真，需要剥离情感赋予某些事实的主观因素。故此，史料实证素养的提升具有渐进性，会随着个体的成长逐渐生长。旅游与历史课程是服务人终身成长的课程，希望每个课程参与者的"游历人生"能同其史料实证的素养共同生长。

从"唯物史观"因子前后测的对比来看，后测比前测增长了0.3，增长幅度同"史料实证"相同。史料实证和唯物史观两者有共通之处，唯物史观素养的提升也需要阅历，需要政治学、经济学等跨学科知识的滋养。认识到这一点，课程设计者可以在未来的课程设计中，多解构政治与经济、经济与文化的关系，多让学生从三者关系的视角更深刻地理解特定历史现象，以此助力其唯物史观素养的提升。

从"历史解释"因子前后测对比来看，后测比前测增长了0.7，后测值达到了3.6，说明该项素养达到了优秀水平。这说明旅游与历史课程的学习对学生历史解释素养的提升有非常明显的促进作用，课程参与者针对该项素养的自我效能也很高。"见、闻、思"是学生在旅游与历史课程学习中获取信息的手段，"述"是学生整合信息的方式。"述"的标准是获取并系统整合旅游目的地的历史事件、历史事物，去伪存真后，通过简洁的语言表述出来。课程设计者要求学生"述"信息的时候，要对标教材历史叙事的标准，这一要求旨在提高学生的历史叙事能力。另外，分析历史现象、辨析因果关系、评价历史人物等活动也为学生历史素养的提升创设了平台。

从"家国情怀"因子的前后测对比来看，后测比前测增长了0.6，3.6的后测值也达到了优秀水平。旅游与历史课程最初的立意点之一就是要把学生从"小家"带出去，让学生看看祖国不同地域的"人民"，看看他们的生活和信仰，看看他们曾经的经历，看看他们承担的国家责任和使命。为了让"看"转化成理解，在新疆和西藏等边疆地区的课程设计中，边境、忠诚、国土守卫者等词语是学生必须理解的概念，学生要理解居住在不同地域的中华儿女所要担负的责任与使命。旅游与历史课程让学生以"共情、移情"之心理解旅游目的地的设计考量，是学生家国情怀素养提升的重要原因之一。

五、课程特色

特色一：旅游与历史课程的学习方式是嵌入式的，是与生活紧密相连的，嵌入式学习的与众不同之处在于个体情感能直接参与其中。学生学习旅游与历史课程的过程中，在课程设计者预设正向情感的引导下，学生之间、学生同历史事件、学生与历史事物的情感碰撞会形成新情感，新情感会为认知赋予个性色彩。容许主流价值观引导下具有个性特征认知的存在，使得旅游与历史课程更具包容性和开放性，能让学习者深度参与到学习进程中，深度加工史料，最终形成个性化的历史解释。

特色二："田野式"的历史学习方式能让课程参与者拥有"小历史学家"的情感体验，持久的积极情感体验有利于情感的沉淀、态度的形成、情怀的升华。受制于有限的课时，旅游与历史课程所能覆盖的旅游目的地比较有限，有限的课程资源同学生未来发展的需求是不匹配的。为解决上述矛盾，旅游与历史课程不仅要授人以鱼，还要授人以渔。以××旅游目的地为例，学生要以新人身份开启游学的历程。在此历程中，学生要像历史学家一样，规划旅游行程、确定研究主题、查阅文献资料、分析遴选史料，最终形成一些历史解释。对于学生而言，习得游学方法的意义在于其有学习意愿的情况下，能随时随地地运用这种研究性学习范式，游且学，将学习内化成一种自我成长的力量。

附件 4-1

访谈提纲

1. 当你了解了武汉热干面的由来后，你有试吃的意愿和想法吗？

2. 学习完新疆旅游课程后，你有去新疆旅游的意愿和规划吗？

3. 即将到来的暑假，你最希望去哪里旅游？

4. 了解了苏北灌溉总渠后，你还对哪些水利工程感兴趣？

5. 即将到来的暑假，你更希望探究哪个旅游目的地的哪个历史现象或历史事件？

6. 你觉得学习旅游与历史这门课程对你深入研究历史问题能力的提升有帮助吗？具体有哪些帮助？

7. 当你了解了地域特色食物的由来后，再次食用这些食物时会有不同的感觉吗？如果有，请举例说明。

8. 学习完这门课程后，你是否会在旅游前有目的地做些功课来让你的旅游更具意义？

9. 旅游与历史课程的学习对你历史学科的学习情感有改变吗？如果有，具体改变是什么？

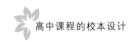

附件 4-2

学生问卷　姓名：

该问卷供同学们自我评估历史学习能力，请大家认真作答，真实描述。作答时，根据选项内容在最后一格写上分数即可。

1. 能为旅游景点的重要历史人物排序。 （1）很不好＝1　（2）不太好＝2　（3）一般＝3　（4）较好＝4 （5）非常好＝5	
2. 能以时空序列建构旅游景点历史事件的关系。 （1）很不好＝1　（2）不太好＝2　（3）一般＝3　（4）较好＝4 （5）非常好＝5	
3. 能发现旅游目的地历史现象的历史渊源。 （1）很不准确＝1　（2）不准确＝2　（3）中等＝3　（4）比较准确＝4 （5）非常准确＝5	
4. 能利用网络资源、史料等验证或质疑"民间历史观点"。 （1）很不好＝1　（2）不太好＝2　（3）一般＝3　（4）较好＝4 （5）非常好＝5	
5. 能通过旅游目的地的传说或趣闻感悟其背后的情感。 （1）很不好＝1　（2）不太好＝2　（3）一般＝3　（4）较好＝4 （5）非常好＝5	
6. 能运用比较、分析等多种方法辨别观点的真伪。 （1）很不好＝1　（2）不太好＝2　（3）一般＝3　（4）较好＝4 （5）非常好＝5	
7. 能看到旅游目的地经济基础对人们生活方式的影响。 （1）很不好＝1　（2）不太好＝2　（3）一般＝3　（4）较好＝4 （5）非常好＝5	
8. 能透过当地人的信仰和生活方式预测其发展变化趋势。 （1）很不好＝1　（2）不太好＝2　（3）一般＝3　（4）较好＝4 （5）非常好＝5	

9. 能运用"假设—求证"的历史学习法证明历史观点。 (1) 很不好＝1　　(2) 不太好＝2　　(3) 一般＝3　　(4) 较好＝4 (5) 非常好＝5	
10. 能运用因果分析法找出历史事件的关系并形成自己的结论。 (1) 很不好＝1　　(2) 不太好＝2　　(3) 一般＝3　　(4) 较好＝4 (5) 非常好＝5	
11. 能客观评价旅游目的地的历史人物。 (1) 很不好＝1　　(2) 不太好＝2　　(3) 一般＝3　　(4) 较好＝4 (5) 非常好＝5	
12. 在旅游中带着自豪感欣赏祖国的山河美和人民美。 (1) 很不好＝1　　(2) 不太好＝2　　(3) 一般＝3　　(4) 较好＝4 (5) 非常好＝5	
13. 对于旅游目的地过往的历史事件，持有中华儿女应有的爱恨情感。 (1) 很不好＝1　　(2) 不太好＝2　　(3) 一般＝3　　(4) 较好＝4 (5) 非常好＝5	
14. 以共情之心与欣赏之情看待旅游目的地的人民及其风俗习惯。 (1) 不支持＝1　　(2) 不太支持＝2　　(3) 拿不准＝3 (4) 比较支持＝4　　(5) 非常支持＝5	

第三节　旅游与历史课程教学设计

一、教学背景

(一) 教学指导思想与理论依据

学习历史唯物主义的基本观点和方法，努力做到论从史出、史论结合；注重探究学习，善于从不同的角度发现问题，积极探索解决问题的方法；养成独立思考的学习习惯，能对所学内容进行较为全面的比较、概括和阐释。学习从历史的角度去了解和思考人与人、人与社会的关系，进而关注中华民

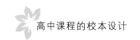

族以及全人类的历史命运。

该课程的理论依据是认知发现学习理论，该理论认为，学习是一个主动的认知过程，也就是新知识的获得、转换和检验是一个主动认知的过程。该理论强调内部动机的重要性，强调学科的早期学习，提倡发现学习。

（二）学情分析

目标中学招收新疆内高班学生，高一每班约有 10 名新疆学生。本地生对新疆内高班学生的生活环境与成长经历非常好奇，新疆内高班学生也未必从历史的角度审视过自己家乡的来龙去脉。这堂课的开设一来可满足学生彼此加深理解的愿望；二来能够对新疆的历史有较系统的了解，对增进民族交融和民族团结大有益处。经过入学以来两个月的培养，学生初步养成了高中历史学习的思维习惯，对中国古代历史有了框架式了解，为本课的开展打下了一定的基础。因此，教师应力求将新疆的美与历史由来挖掘出来，以贴近学生现实生活的视角、以灵活多变的教学形式与学生同游新疆，帮助他们感悟各民族对中华文明发展的重大贡献，使其形成健康向上的民族观、人生观和世界观。

（三）课题及相关内容的分析

校本课程（school-based curriculum）是以学校为本位、由学校自己确定的课程，它与国家课程、地方课程相对应。"校本（school-based）"的含义是什么？华东师范大学教育学博士郑金洲在《走向校本》一文中是这样解释的：所谓校本，一是为了学校，二是在学校中，三是基于学校。为了学校，是指要以改进学校实践、解决学校所面临的问题为指向；在学校中，是指要树立这样一种观念，即学校自身的问题，要由学校中的人来解决，要经过学校校长、教师的共同探讨、分析来解决，所形成的解决问题的诸种方案要在学校中加以有效实施。校本课程是学校自主决定的课程，它的开发主体是教师。教师开发课程的模式是实践—评估—开发，教师在实践中对自己所面对的情境进行分析，对学生的需要做出评估，确定目标，选择与组织内容，决定实施与评价的方式。

随着经济与社会的快速发展，人们生活水平的不断提升，旅游逐渐融入人们的日常生活，成了现代家庭的一种生活方式。我国历史悠久、文化灿烂，有着与历史相关的丰富的旅游资源，历史文化和旅游业的关系非常密切，并且两者之间相互促进，共同进步。在旅游活动中，处处存在着历史文化的痕迹。同时，旅游活动常融合历史文化来提升自己的品位，也传承和发扬着历史文化。这种融合对加强旅游者的历史文化素养，强化民族精神方面的教育，具有不可替代的作用。明朝董其昌说，"读万卷书，不如行万里路"，作为历史文化载体的文化旅游资源是人们了解、探究历史最重要的工具，在旅游中学习历史是生动的、具象的，是推动历史学科核心素养形成的有益途径。

（四）教学目标

1. 创设旅游的学习情境，让学生身临其境地感知交河故城、克孜尔石窟、高昌故城和苏公塔的美与智，培养学生的时空意识，培养学生对中华文明的自信心和民族自豪感，提高学生爱护和传承历史文化的公民意识，能够理解和尊重中国各民族的优秀文化传统。

2. 通过对相关材料的研习，解读古代新疆在汉、南北朝、唐、清时期民族交往的历史，能够认识不同类型的史料所具有的不同价值；能够在对史事论述的过程中，进行历史解释的演练。

3. 通过分析交河故城、克孜尔石窟和苏公塔的历史由来及了解鸠摩罗什对于促进内地与边疆的文化思想交流、高昌国对玄奘西行的重大支持，学习历史唯物主义的基本观点和方法，努力做到论从史出、史论结合。

4. 通过本课对鸠摩罗什等历史人物的解读，感悟他们为民族交融所做出的杰出贡献，逐步形成对国家和民族的历史使命感和社会责任感，培养爱国主义情感，认识民族团结对中华文明发展的重要意义，进一步形成民族团结的坚定信仰。

（五）教学重难点

1. 教学重点：汉、南北朝、唐、清时期民族交往的史实与影响。

2. 教学难点：认识今天的新疆生活是历史上各民族从政治、经济、文化等各方面共同缔造的；认识新疆是四大文化体系交会的地方及对人类文明发展的重要意义。

二、教学设计过程

释题：清朝始称新疆，古称西域。西域，指玉门关和阳关以西的地方。

新疆的地理特点：三山夹两盆。

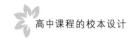

展示图片：新疆令人迷醉的自然景观和富饶的生活。

教师讲述：新疆今天的样子和今天的生活早在远古时代就决定了，我们沿历史长河逆流而上，看看是怎样的力量决定了新疆向这个方向走。

设计意图：通过时空两维对新疆进行释题。感受新疆奇妙之美，激发学生探究学习的兴趣。

（一）交河故城——汉朝

1. 学生导游介绍交河故城

交河故城是"世界上最完美的废墟"——世界上最大、最古老、保存最完整的生土建筑城市。交河故城建筑年代早于秦汉，距今约2000—2300年。

交河故城曾是"西域36国"之一车师国的都城。《汉书·西域传》记载："车师前国，王治交河，河水分流绕城下，故号交河。"交河发源于天山，从北至南流到崖北端，一分为二绕岛一周，顺南又合二为一，冲蚀出一个四周崖壁如削，长1650米，宽300米左右的柳叶状河心洲。崖岛四周若斧削，高出地面30多米，有壁立千仞之感，仅岛的南端有一坡道可通向岛下河床，南门既锁，即固若金汤。当时，车师人显然是依凭其天然的地理险要形势筑起了这座具有军事价值的城堡。军事防御是它建筑的指导思想，古城实际上是一个巨大的军事堡垒。

交河故城采用了独特的建筑方式——没有城墙，"减地留墙"的方法。从高耸的台地表面向下挖出来，切开原生土留出四壁，然后用木材搭顶。挖地成院，隔梁为墙，掏洞成室。这座城市是一个庞大的古代建筑雕塑。一半在地面构筑，另一半却是在地下挖掘而成，这种别出心裁的建筑形式，应该是聪明的交河城民为了抵挡炎夏的酷热高温而设计的。

设计意图：明确交河故城的由来、建筑特色是少数民族与汉文化共同影响的结果。

2. 五争车师

教师出示材料：

匈奴也认为：车师地肥美，近匈奴，使汉得之，多田积谷，必害人国，不可不争也。

沙河二水自交流，天设危城水上头。断壁悬崖多险要，荒台废址几春秋。

——明 陈诚

教师提问：阅读几类史料（图、文、诗）分析五争车师的原因、结果。

五争车师的原因：

（1）控制了交河，也就控制了丝绸之路北线、中线的咽喉，西汉要控制塔里木盆地，保证丝绸之路的畅通和与西方广大世界的经济联系，就必须控制车师。

（2）交河所在的吐鲁番地区是中原民族进入西域和北方游牧民族进入西域的咽喉。

（3）易守难攻，城池规模不大，在技术不发达的时代，只需少数兵力即可满足战略任务。

五争车师的结果：公元前60年，西汉王朝在西域设立西域都护府。整个西域，今新疆地区正式归属中央统辖。

设计意图：认识交河与丝绸之路的关系；认识西汉王朝是新疆地区正式归属中央统辖的时期。

3. 唐朝在交河置安西都护府

教师提问：观察交河故城和唐代长安城的示意图，你能从中得到哪些结论？

学生回答：交河故城现存遗址的规模和形制与唐代长安城坊曲相似。

唐朝曾在交河置安西都护府，这一时期是交河发展的巅峰。

2014年，交河故城被定为世界文化遗产。它是古代车师人、汉、吐蕃、回鹘等民族先后共同开发建设的历史纪念碑，对研究东西方经济文化交流，丝绸之路的历史，中亚文明史以及中国古代城市建筑、宗教、艺术等具有重大科学价值。

教师提问：从交河故城发展的历程来看，哪些因素决定了其向中原王朝靠拢的发展方向？

学生回答：

（1）汉唐先进文化对周边民族有强大的吸引力。中原王朝在秦汉时期已经成为稳定而强大的文化帝国，汉文化足以吸纳和兼容任何外来文化，其自身的文化底蕴一直都是周边民族学习的榜样。

（2）交河是随着丝绸之路的兴盛而兴盛的，汉唐强大统一的中原王朝将丝绸之路和交河推向了巅峰。

设计意图：明确交河故城的地位价值。它是古代车师人、汉、吐蕃、回

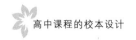

鹋等民族先后共同开发建设的历史纪念碑。文化认同、国家认同是交河心向中原王朝的根源。

（二）克孜尔石窟——南北朝

克孜尔，在维吾尔语中红色的意思。克孜尔石窟是中国最早的佛教石窟，位于新疆维吾尔自治区拜城县克孜尔乡，汉时属龟兹古国疆土。

1. 犍陀罗艺术

教师提问：看图思考分析克孜尔石窟壁画的特点、原因。

佛教诞生许多年并没有出现偶像，亚历山大征服带来了希腊雕刻与造像艺术，在中亚，犍陀罗佛教借此第一次有了自己的形象——犍陀罗艺术。

学生回答：略。

教师讲述：犍陀罗艺术是吸取了古希腊文化、佛教、印度文化精神的佛像艺术。

龟兹是犍陀罗艺术传入东方的媒介地区，它是古印度、希腊罗马、波斯文明来到东方相互对接的原点，它完整地吸纳和保存了几种文明相互融合时的原始模样。

材料：犍陀罗艺术传入中国的影响——古希腊文化经过在亚洲的淬火与重塑后，向西方回流产生了基督教古典艺术，成为后来文艺复兴的基点；在东方，这种艺术影响了整个亚洲，特别成为中日艺术的基础。

设计意图：能够在特定的时间和空间框架下，理解空间和环境因素对认识历史的重要性；能够建立起亚历山大东征和犍陀罗艺术之间的关系。认识到新疆是几种文明相互融合的地方。知道犍陀罗艺术形成的历史元素——亚历山大东征起了重要的媒介作用。

2. 鸠摩罗什

教师提问：观看视频，思考鸠摩罗什对中国文化的影响。

鸠摩罗什对中国文化的影响：

（1）在中国历史上第一次系统全面地、按佛学本来面目介绍了印度佛学的思想体系，纠正了400年来他人译经的错误，是中国佛学的理论奠基人。

（2）译本具有文学色彩，形成了独特的"译经体"。

（3）组织了中国第一个皇帝支持下的翻译团队，他的翻译模式培养造就了大批专业化翻译人才。

教师提问："佛教成为中国传统的一部分"，从鸠摩罗什的经历可看出哪些因素共同塑造了中国传统文化？

设计意图：鸠摩罗什传奇的经历对加深兄弟民族之间的了解，客观上起了积极作用。鸠摩罗什促进内地与边疆的文化思想交流，促进了佛教中国化的进程，西域边疆民族与汉民族共同塑造了中国传统文化。获取材料有效信息，在解答历史问题时，能够尝试从多种渠道获取与该问题相关的史料。

（三）高昌故城与玄奘——唐朝

教师讲述：玄奘西行的概况。

教师提问：阅读材料回答高昌王麴文泰为什么倾国力支援法师西行。

材料：高昌王麴文泰的细心周密安排

（1）由国王授意，请法师度四名沙弥做徒弟。物资：制法服三十具，考虑西土多寒，又为他造面衣、纶帽、裘毯、靴、袜五十多件，还为他准备了黄金一百两，三万枚银钱，五百匹凌绢，作为法师往返二十年所用之资。另外，给马三十匹，手力二十五人，组成了一支护送玄奘西行求法的团队。

（2）对沿途行程做了周密安排：对沿途所经各国国王，又做了二十四封书，通龟兹等二十四国，每一封书并附大凌一匹作为信物。

玄奘十分感激，专做书答谢"王之恩"。

麴文泰回复："法师既许为兄弟，则国家所畜，共师同有，何因谢也。"

教师讲述：高昌国王麴文泰对玄奘西行的细心周密安排，与此前玄奘由长安到伊吾之行相比，真是天壤之别。正是高昌国倾国力支持，才使玄奘此后一路顺利地周游中亚各国，遍寻佛迹，能在印度求法近十年之久。

教师提问：结合地图说明唐朝是怎样管理西域的。

学生回答：唐朝设置安西都护府和北庭都护府。

设计意图：用讲故事的方式介绍麴文泰对玄奘西行的细心周密安排，除物质、人员资助外，高昌王还亲笔写信给西突厥可汗给以政治关照，《西游记》中的国书由此而来。学生体会到西域各族与汉族的兄弟情谊，感受到各民族互相合作、互相依存的关系，形成相互离不开也无法离开的联系。明确新疆自古就是中国不可分割的一部分。

（四）苏公塔——清朝

学生导游介绍苏公塔。

苏公塔位于吐鲁番市区，塔旁边是清真寺，两者构成一个统一的整体。苏公塔是高达 37 米的砖塔，自底到顶，全部用土坯砖块筑成，一色灰黄，平淡的土砖却能产生震撼的视觉效果。这是因为砖块砌成不同纹样，有各式菱格纹、山纹、水波纹、变体四瓣花纹等几何图案，共 15 种之多，是维吾尔族的传统纹样，如同编织，使单调呆滞的圆筒立面丰富起来，富有韵律感。虽仍属伊斯兰建筑形式，但既不同于波斯，也不同于阿拉伯，是独树一帜的创造。更为奇特的是，塔的内部结构中不用一根木料，而是在塔的中心用砖砌出 72 级螺旋式阶梯当作中心柱体，既代替木结构支撑加固了塔身，又可做梯攀登通达塔顶，显示出设计者的匠心。苏公塔的建造者是清代维吾尔族建筑大师——伊布拉音等人。

教师提问：阅读苏公塔碑碑文思考回答修塔原因。

材料：额敏和卓修塔碑

大清乾隆皇帝旧仆，吐鲁番郡王额敏和卓率扎伊克苏赉满等，念额敏和卓自受命以来，享寿八旬三岁。上天福庇，并无纤息灾难，保佑群生，因此答报天恩，虔修塔一座，费银七千两整。爰立碑记，以垂永远，可为名教，恭报天恩于万一矣。

乾隆四十三年端月吉日谨立

学生回答原因：为表达对乾隆皇帝的忠诚感激之情、为纪念和表彰其父额敏和卓的功绩。

额敏和卓的功绩：平定准噶尔、大小和卓的斗争中，累建功勋，为维护祖国统一做出了贡献。

教师提问：苏公为什么要报恩？

平定准噶尔、大小和卓的斗争结果：天山南路复入中国版图；自康熙时准噶尔东侵以来，持续七十余年的西北边患暂告终结。清廷设伊犁将军统辖新疆各部。

设计意图：苏公为表达对乾隆皇帝的忠诚感激之情，为纪念和表彰其父额敏和卓的功绩而建。额敏和卓参与平定准噶尔、大小和卓的斗争，为维护祖国统一做出了贡献。通过反分裂斗争胜利的意义与清政府设置的管理机构，可得出苏公为代表的少数民族报恩的原因在于深刻认识到祖国大家庭给新疆带来了稳定与繁荣。能够认识不同的史料所具有的不同价值；明了史料在历史叙述中的基础作用。获取材料有效信息，能够在辨别史料作者意图的基础上利用史料。

教师提问：秦汉以来，在我国西北地区（涉及北方地区）先后兴起过哪些少数民族？

学生回答：匈奴、西域各族、突厥、蒙古、维吾尔族等。

讨论：请根据图片及本课所学的人物、经济、文化、民族等分析是怎样的力量决定新疆今天的走向。

设计意图：在这个环节给学生充分的时间进行小组合作探究，培养学生分析概括问题的能力。在对历史问题进行独立探究的过程中，能够恰当地运用史料对所探究的问题进行论述。

回扣导入，新疆的今天彰显了其多元的风采，新疆走向今天是各民族历史发展的必然，是中华民族多元一体格局在新时代的发展，铸牢中华民族共同体意识。

材料：

日本作家池田大作："你喜欢在历史上什么时候的哪个地方出生？"

英国历史学家汤因比："我希望能出生在公元纪年刚开始的一个地方，在那个地方古印度文明、古希腊文明、古伊朗文明和古老的中华文明融合在一起。"

设计意图：总结点题，新疆是古印度文明、古希腊文明、古伊朗文明和古老的中华文明融合的交会处的独特性。诗意的栖居，增强学生的民族自豪感、民族自信心。

学习效果评价设计。

课后作业：撰写小论文，主题围绕"本课后，我想对＿＿＿＿说"，题目自拟。（注：可以填写新疆旅游、鸠摩罗什等与本课相关的内容。要求：忌泛泛而谈，要言之有物，500 字以上）

三、教学反思

（一）历史生活化

随着人们生活方式的多样化，课程资源的开发紧随时代发展的脚步，课程校本化也是教师对待历史教学能动性和自主性的体现。用历史去解读学生所遇到的生活真实，明白自己生活的历史由来、确定未来的发展方向，应该是学生向历史求取智慧最有意义的途径。对参与生活之中的历史，学生自然拥有探究的热情，这有利于学生在潜移默化中形成历史核心素养。旅游现已成为人们的生活方式之一，究其根源，旅游活动更是文化驱使的结果，追求深度旅游的人实际上是以追求精神享受为目的，可以看作文化消费者，而旅游所蕴含的文化更多的是历史积淀与历史遗存。因此，从这个角度开发课程资源，找到了生活与历史一个很好的契合点，这也是设计者开发这一校本课程的初衷。

（二）以人读史

历史是人的行为的结果，人物的生平事迹是历史最具魅力之处。以鲜活的人物为主线，一方面可以较大程度上还原历史、再现那个时代；另一方面可增强历史的真实感和丰富性，搭建一个从感性到理性的认知阶梯。基于这一原因，设计者挑选了两位文化使者鸠摩罗什和玄奘，一个是当时边疆地区兄弟民族的文化代表，一个是当时内地汉文化代表，他们对于促进文化思想交流，加深兄弟民族之间的了解，都起到了积极作用。此外，还有高昌国王麴文泰、吐鲁番郡王额敏和卓和儿子苏赉满、乾隆皇帝等人物，以他们的所思所为编织起民族交融的历史篇章。

（三）追求的历史胸怀是古往今来、上下四方

这是设计者作为一名历史爱好者的追求，也是建构这节课的思路。从纵向的时间维度，设计者选择了汉、南北朝、唐、清四个古往今来新疆发展的关键节点，以此阐述自古以来新疆是各民族共同开发的地方，是中国领土不可分割的部分。从横向的空间维度看，新疆是古印度文明、古希腊文明、古伊朗文明和古老的中华文明融合的交会点，新疆处于上下四方的十字路口。不说清这个时空交织，新疆的独特性可能会大打折扣。挖掘出历史的核心面目，是每堂课的基本要求，也可以说是最高要求。

课程资源的开发是挑战教师视野与素质的试金石，课程的立意、架构、细节、材料、呈现等都需要教师耗费大量时间和精力。开发的过程是艰辛的，结果可能依然不尽如人意，但它是历史爱好者传承历史、涵养历史核心素养、铸牢中华民族共同体意识的一种尝试。

第四节　武汉旅游与历史课程教学设计

一、教学背景

（一）学情分析

通过之前的学科学习，学生们已经对武汉的现实及历史都有所耳闻，但对于武汉系统性的历史缺乏深入了解，对武汉历史景点所蕴含的丰富的文化内涵更是知之甚少。所以教学中要利用多媒体工具展示大量图片资料，这样具有较强的直观性，也可以激发学生学习的兴趣，提高沉浸式体验的效率。

（二）教学内容分析

武汉旅游与历史课程设计要因地制宜，选取能够呈现地域特色的旅游景点，引导学生走出校园，在与日常生活不同的环境中开阔视野、丰富知识、了解社会、亲近自然、参与体验。武汉旅游与历史课程还要结合学生身心特点、接受能力和实际需要，注重系统性、知识性、科学性和趣味性，为学生全面发展提供良好的成长空间。

（三）教学目标

1. 通过深入学习武汉的历史、民俗文化，走进江城武汉的课程活动，学生能够了解武汉城市的文化特征、形成的原因，培养爱国主义精神。

2. 通过黄鹤楼近距离触碰中国灿烂的传统文化，更好地感受中国文化遗产的独特魅力，增强文化的认同感和文化自信，提高艺术审美情趣，欣赏祖国壮美山河。

3. 通过热干面感受武汉在近代历史和民俗文化中的独特之处；通过汉阳铁厂和武汉大学感受张之洞在武汉十八年的贡献；通过辛亥革命博物馆、武昌起义军政府旧址树立爱国主义的精神，认识近代中国的屈辱遭遇及挽救民族危亡的逐次探索。

4. 通过参观中国 20 世纪建筑遗产、万里长江第一桥的武汉长江大桥，了解其建设历程、设计特点、建设意义，充分学习和感受新中国成立对武汉

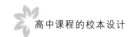

涅槃重生的重大影响。

5. 理解历史建筑群作为多元文化载体，具有很高的历史、文化、科学、教育价值，在特定时空环境下认识历史事件与历史现象，学会利用网络、图书馆等信息资源，在活动中产生与人合作的意识及利用史料等阐释历史的素养。

(四) 教学重难点

1. 教学重点：武汉历史人文旅游景点中所蕴含的近现代中国谋求复兴的不断探索。

2. 教学难点：武汉历史人文旅游景点所折射的武汉文化内涵。

二、教学设计过程

教师提问：同学们，三国时设立了一座瞭望台以控扼长江，而这座军事性质的建筑最终成为中国诗歌史上一个极为重要的意象。请结合下面的图片和诗歌猜一猜我们今天旅行的地点是哪里呢。

教师出示武汉市地标性建筑：黄鹤楼的图片 (略)。

黄鹤楼

(唐) 崔颢

昔人已乘黄鹤去，此地空余黄鹤楼。

黄鹤一去不复返，白云千载空悠悠。

晴川历历汉阳树，芳草萋萋鹦鹉洲。

日暮乡关何处是？烟波江上使人愁。

黄鹤楼送孟浩然之广陵

(唐) 李白

故人西辞黄鹤楼，烟花三月下扬州。

孤帆远影碧空尽，唯见长江天际流。

学生回答：武汉。

教师讲述：武汉，简称"汉"，自古又称"江城"，是中国内陆地区最繁华的都市。武汉地处江汉平原东部，世界第三大河长江及其最大支流汉水横贯城市中央，将武汉城区一分为三，形成了武昌、汉口、汉阳三镇隔江鼎立的格局。简言之，武汉的城市格局是两江三镇。这座城市发端于汉口，"武汉"是新中国成立后才有的称呼。汉口从明初的一片芦苇荡，到清朝时已成为全国四大商业重镇和名镇之一，近代以来更是风云变幻，成为全国较早的通商口岸。武汉的复兴崛起经历了曲折的历程，也是我们国家和民族风云历史的一个缩影。

教师过渡：今天，让我们走进武汉，来触摸这座城市的历史脉络，感受它的文化气韵。

设计意图：黄鹤楼是三国时期的军事建筑，到了唐代成为诗人的观景台，在武汉，长江与汉水相遇，诗人与知音相逢，连冰冷的军事堡垒都被化为最美的诗篇。通过感受武汉的极高审美情趣，在特定时空下走入武汉，奠定此课的旅行基调。

（一）热干面

1. 沧海桑田——武汉的沉沦

武汉热干面、老北京炸酱面、山西刀削面、兰州拉面、四川担担面并称为"中国五大面条"。没有一座城市会像武汉这样热爱"过早"（武汉人将吃早餐叫作"过早"）。热干面是武汉过早的首选小吃，武汉人对它的感情，已无须多言。单说到过武汉的人，他们再次想起武汉，多半会想起那里的热干面。热干面对武汉人或者到过武汉的朋友来说，不仅仅是一种小吃，而是一种情怀。

热干面是特制的碱水面条，为了让面身更加有弹性而加入了碱水，为了加深面身的味道，又使用了传统工艺，用麻油浸泡、包裹面条，配以酸豆角、萝卜干，这香脆爽滑的味道，让萝卜干从芝麻酱的醇厚香气中脱颖而出。面条的味道，更像潺潺流水绵延不绝，一碗带着芝麻香味的热干面，让人仿佛回到了清朝末年的汉口码头。清咸丰八年（1858），清政府与英国签订的不平等条约《天津条约》中增辟了 11 个通商口岸，包括汉口。1861 年 3 月，汉口正式开埠。帝国主义列强蜂拥而来，划租界、开洋行、设银行、修教堂……其中，殖民主义者抓得最早、最紧的，就是辟航运、建码头。从此，武汉的沿江两岸，不但密布了自古以来的"土码头"，而且出现了密密麻麻的由洋人控制的"洋码头"。码头对城市发展的推动作用是不言而喻的。史学家认为，如果说以木船为标志的"土码头"奠定了汉口的繁荣，以铁船为标志的"洋码头"则促进了汉口的城市转型和第二次别样的崛起。

教师提供清朝末年汉口码头的图片材料，请学生指出汉口码头与热干面

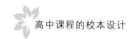

有什么关联。

材料：清朝末年的汉口码头图片（略）。

根据材料可知，武汉的码头文化由来已久。依九省通衢之便利，汉口成为商业人气重地。从"土码头"到国门洞开，被迫成为"洋码头"，汉口作为中国内陆的交通枢纽，也被卷入资本主义世界市场之中，成为列强倾销工业产品的商品市场和原料产地。汉口是近代中国沦为半殖民地半封建社会的一个缩影。这段屈辱的历史留在今天的生活印记就是热干面。当时，码头工人为了有力气起早搬运装卸货物，就催生了又快又好又抗饿的热干面。识别一个人是不是武汉人，不在于他爱不爱吃热干面，而是看他能不能端着面碗赶车。武汉人过早可以边走边吃不溅出、不脏衣。这种习惯源于百年来的码头文化，跑码头的工人为了赶时间及补充能量，选择边走边食用高热量的早餐，我们想象一下当时码头工人吃面的镜头，充满辛劳、苦痛，凝练成了坚忍奋斗的希望。

设计意图：新课标要求培养学生时空观念，即知道特定的史事是与特定的时间和空间相联系的。通过分析武汉的近代历史及地缘优势，引导学生按照时间顺序和空间要素，认知近代中国屈辱历史所留下的生活印记，为接下来探究武汉城市发展历程铺设认知基础、建构相互关联。

2. 以管窥豹——近代中国的沉沦

教师讲述武汉折射了近代中国的沉沦。进一步给学生提供图文材料，请学生结合所学简述其对武汉及整个中国的影响。

材料："数千年未有之大变局"。

——李鸿章同治十一年五月《复议制造轮船未可裁撤折》

光绪元年《因台湾事变筹画海防折》

如果说鸦片战争的震撼主要冲击了沿海地区的话，那么连头带尾持续四年之久的第二次鸦片战争则把沉重的震撼带到了中国社会的中枢。

——陈旭麓《中国近代史》

学生回答：

社会经济：中国开始被卷入资本主义世界市场，自然经济逐步解体，成为列强的原料产地和商品倾销市场；汉口"洋码头"的出现就是列强经济侵略中国的缩影。

社会性质：中国开始沦为半殖民地半封建社会，社会的主要矛盾、革命任务都发生了变化，中国步入近代史。

社会政治：晚清政局变化，出现洋务派。

教师过渡：近代中国尽遭列强欺凌、饱受风霜、山河破碎。面对近代中国的沉沦，洋务派掀起了探索谋求中国"自强""求富"的兴国之路。

设计意图：从武汉的码头文化切入，考查近代中国的样貌，从局部到整体，学生深刻认知那个屈辱的时代，由此激发学生的代入感。从历史的角度认识近代中国的国情，形成对祖国复兴的认同感和正确的国家观。并且顺利过渡到本课的第二个环节洋务派的代表——张之洞。

（二）汉阳铁厂和武汉大学——张之洞的武汉十八年

1. 汉阳铁厂和武汉大学

教师讲授：武汉，一个遍布工业建筑的城市。汉阳铁厂，作为武汉著名的工业遗址之一，由晚清名臣张之洞于1890年创办，是中国近代最早的官办钢铁企业，见证了中国钢铁工业的起步。随着时间的流逝，这样的老建筑成了武汉这个城市最珍贵的回忆。2018年1月，汉阳铁厂入选第一批中国工业遗产保护名录。

江城多山，珞珈独秀；山上有黉（hóng），武汉大学。武汉大学是教育部直属重点综合性大学，是国家"985工程"和"211工程"重点建设高校，是首批"双一流"建设高校。武汉大学环绕东湖水，坐拥珞珈山，校园环境优美，风景如画，被誉为"中国最美丽的大学"。中西合璧的宫殿式建筑群古朴典雅，巍峨壮观，26栋早期建筑被列为"全国重点文物保护单位"。武汉大学溯源于1893年清末湖广总督张之洞奏请清政府创办的自强学堂，历经传承演变，1928年定名为国立武汉大学，是近代中国第一批国立大学。

教师提问：大家知道这两个景点的内在链接点是什么吗？

学生回答：都是由张之洞创办的。

2. 张之洞的武汉十八年

活动设计：请同学们查找资料，看看张之洞在武汉十八年都做了哪些事。请选定标准进行分类并说明分类理由，各组同学选派代表归类表述。

教师讲授：张之洞，字孝达，号香涛，祖籍直隶南皮（今属河北）。道光十七年（1837）9月2日，生于贵州兴义府官舍，是知府张锳的第四子。自1889年从两广总督调补湖广总督，到1907年9月赴京入参军机，张之洞在湖北整整待了 18 年。18 年深耕湖北，位列"晚清四大名臣"的张之洞在武汉创制了中国第一个兼及工业、教育、军事、交通的全方位区域近代化模式，极大地推动了中国历史进程，并从实践探索到理论总结，做好了成为"清末新政"总设计师的一切准备。下面我们具体来看看他的作为。

（1）洋务殿军：在开办洋务企业方面，张之洞相比曾国藩、李鸿章、左宗棠等人，是后起之秀，有"殿军"之称。

①武汉近代工业化的开创者

张之洞创建了中国近代首个大型钢铁工厂——汉阳铁厂。1894 年 5 月，汉阳铁厂正式开炉炼铁。汉阳铁厂的建成，是中国近现代工业史上一大里程碑，它比日本明治维新时代创办的第一家钢铁厂——八幡制铁所还早 7 年。当时，日本人在报道中称其为"20 世纪中国之雄厂"。汉阳铁厂先后为京汉、正太、淞沪、宁沪、杭沪甬、津浦、广九、川汉等铁路提供铁轨。尤其是京汉大动脉，2000 多里，除卢沟桥到保定这一段外，皆为汉阳所造。

湖北枪炮厂于 1892 年也在汉阳龟山下开建，两年后建成，后更名为"湖北兵工厂"。湖北枪炮厂的建成，虽然晚于曾国藩、李鸿章等早期洋务派在上海、天津、南京等地创办的兵工厂，但其设备、产品明显后来居上，有"中国之克虏伯兵工厂"之称。它的拳头产品"汉阳造"，直到民国时期，仍然是中国步兵的主要武器。

除重工业外，张之洞在民用类的轻工业方面也大有建树。1890 年，织布局于省城武昌文昌门外破土动工，1893 年初建成开车生产，有布机 1000 张，纱锭 30000 枚，雇工 2500 人。生产的布匹销路很好，获利丰厚。据当时《申报》载："通行各省，购取者争先恐后，以故货不停留，利源日广"。织布局初见成效后，张之洞又筹建纺纱官局，在和织布局相邻处建成北纱厂，安装纱锭 50000 余枚，1899 年当年获利 50000 金。南纱厂原定装纱锭 40000 枚，因财力不足无法兴工。后由"南通才子"张謇接手这批纱锭，建成南通大生纱厂。张之洞又陆续建成缫丝局、制麻局，在武汉形成了生产布、纱、丝、麻的四局。由此，湖北构建了比较完整的近代纺织工业体系，在中国近代纺织史上写下了极为重要的篇章。武汉也成为华中地区最大的纺织工业中心。

②腹地大动脉的催产士

材料：张之洞在卢汉（京汉）铁路通车仪式上

1906 年 4 月，卢汉（京汉）铁路北起正阳门南至汉口、全长 1214 公里的南北大动脉全线通车。清廷派张之洞与袁世凯共同验收，并改称为"京汉铁路"。京汉铁路是中国铁路史上的壮举，一个多世纪以来一直是我国内陆腹地最重要的交通干道。卢汉（京汉）铁路从起初的议建、筹备到最终建成，张之洞付出了极大的心血。

③ "晚清第一通晓学务之人"

材料："晚清第一通晓学务之人"。　——清廷管学大臣张百熙

在创办近代新式教育方面，张之洞的功绩和作为要远远超过任何人。随着个人的思想观念逐渐向洋务派转变，张之洞萌发了改革传统教育的想法。到湖广总督任上，他开始大刀阔斧地举办新式教育。

1893 年，张之洞请立湖北"自强学堂"，宗旨是"讲究时务、融贯中西、研精器数，以期教育成才，上备国家任使"。此为武汉大学的前身。

同年，他又创办了培养外交、外语人才的湖北方言学堂、农务学堂、工艺学堂、矿业学堂、工业学堂、驻东铁路学堂、军医学堂等。1896 年，他又筹办了湖北武备学堂。

到 20 世纪初，他的办学重心转移到普通教育的培育，打造出衔接初等、中等、高等的一整套普通教育体系。

在创办各类新式学堂的过程中，张之洞有感于师资力量的严重缺乏，又于 1902 年创办湖北师范学堂、两湖师范总学堂等一批师范学堂。

1892 年，张之洞在湖北创办两湖书院，再邀梁鼎芬赴鄂主讲中学。1902 年，张、梁主幕二人顺应形势，对两湖书院进行近代化改造，将其更名为两湖高等学堂，聘请海内外许多知名人士来任教。他们对课程进行重大调整，除经学之外，又设中外史学、中外地理学、算学、理化学、财政学、兵事学等八门，两湖书院也成为包括文、理、法三科的高等学堂，开两湖大学预科学堂设立之先河，成为清末地方书院改制的一个借鉴标本。在张梁二人的悉心经营下，湖北的新式教育形成了人才辈出的局面。仅两湖书院选派到日本留学的学生就有七八十人；在科举制度尚未废除之前，该校考取举人的人数也很多，1903 年乡试，该校中举者达 60 多人。

张之洞非常重视留学教育。在 1898 年完成的《劝学篇》中，他说："入外国学堂一年，胜于中国学堂三年"，并提出留学"西洋不如东洋"的观点。他陆续选拔、派出大批学生赴日研习实业、师范、法律、警察、军事。据 1907 年的统计数字，留日学生在全国各省共计 5400 多名，湖北派出的即有

1360 名，占四分之一，这给湖北博得了"先进省"之称。

18 年间，他在武汉地区创办了几十所各级各类的新式学堂，横跨实业教育、普通教育、师范教育、留学教育，形成了比较完整的近代教育体系，无论是新式学堂的数量、规模，还是专业门类的配套、各级教育的衔接，都领先全国。直至今日，内处腹地的武汉仍为中国教育重镇之一，其首开之功当归于这位"晚清名臣"。如今的武汉大学、华中农业大学、武汉科技大学、湖北图书馆都要追溯到张之洞的文教创举。

（2）清末新政

①"文官武功，种瓜得豆"

在"晚清四大名臣"中，张之洞的谥号为"文襄公"。在清代，"文襄"一般多授予有学士背景同时又有军功的大臣。张之洞以文官之职，获文襄之号，可见他的文治武功得到朝廷和史官的认可。

在江宁，张之洞在积极筹备防务、支援前线之外，痛感于创建新式军队的迫切性，随即以德国陆军为楷模着手编练"自强军"。自强军聘请德国军官担任统领、营官和哨官，共训练 13 营，分步队、马队、炮队和工程队，共2860 人。1896 年回湖广时，张之洞无私地把这支部队交给刘坤一，并奏请朝廷带走一支有 500 人的"护军营"，以此作为他在湖北操练新军的开始。他选募新兵，聘用德国人为总教习，来自天津、广东的武备生为教习，对护军营进行扩编。到 1902 年，一支 7000 多人的新军编练完成，有步兵、炮兵、骑兵、工程兵。后来恰逢清廷兵制改革，湖北新军又得以扩充发展。至 1906 年，湖北新军已练成"一镇一混成协"，由他的亲信——武将张彪和军官黎元洪分管，共 16080 人。

湖北新军和袁世凯在北方编练的"北洋六镇"一起，并称为中国最新式的军队。其风貌和练兵结果，在晚清几次全国秋操中脱颖而出。1895 年，清廷派大臣铁良检阅各省军队时，湖北新军名列前茅。1906 年 10 月，清政府在河南彰德举行南北军大会操。这次大会操，湖北新军被评价为"东南第一"。第二年 7 月，湖北常备军被纳入全国陆军编制。张之洞招募新兵，特别重视士兵素质，要求多吸收"实能识字写字，并能略通文理之人"入伍。他制定湖北练兵的要义，第一条就是"入营之兵必须有一半是识字的"。1905 年，该军在黄陂募军，其中有廪生 12 人、秀才 24 人。由此，湖北新军成为各支新军中文化素质最高的部队。

谁也没有想到，一生忠君爱国的张之洞苦心经营、用以保卫大清的这支新式军队，后来会成为一举摧毁大清王朝的关键力量，打响了武昌起义的第一枪。如张之洞的门生张继煦所言："事机凑泊，种瓜得豆。"

②无力回天的"清末新政总设计师""会通中西，中体西用"之路

材料："自乙未（1895）后，外患日亟，而士大夫顽固益深。戊戌春，金壬伺隙，邪说遂张，乃著《劝学篇》上下卷以辟之。大抵会通中西，权衡新旧。"

——张之洞如此解释自己写作的动机

在晚清重臣中，张之洞是身兼官僚、学者等多重身份的人物，兼修"汉宋之学"，是有思想创见的真正的儒家学者。1898年4月，在"戊戌变法"前夜，张之洞在武昌总督府撰写阐述其对中国近代化方略思考的著作——《劝学篇》。这也是他在湖北实行"新政"的思想根基。在这部在中国近代思想史上占据重要地位的著作里，张之洞提出了"中学为体，西学为用，中学治身心，西学应世事"的观点，主张先明内学，然后择西学以用之，提倡立学堂、修铁路等，采用西技西艺，反对"开议院""兴民权"的维新主张。张之洞一方面批评顽固派的"守旧""不知通"，另一方面批评康梁为首的维新派"菲薄名教""不知本"。在当时的历史处境下，他试图在顽固派和维新派的主张之间寻找第三条路——"旧学为体，新学为用，不使偏废"。

应朝廷改革上谕，张之洞和两江总督刘坤一联合上奏，即清末著名的《江楚会奏变法三折》。《江楚会奏变法三折》是清末新政的纲领和蓝图。其主要思想来源仍是以《劝学篇》为中心的变法思想主张。清廷以其所奏"事多可行，即当按照所陈，随时设法，择要举办"，此后所行"新政"大多未逾此会奏三折范围。主稿人张之洞是当之无愧的"清末新政总设计师"。这些"新政"的内容，基本上都是张之洞在湖广总督任上18年摸索和实践的总结。可以说，18年探索、创立的"湖北新政"模式，为张之洞从理论到实践做好了成为"清末新政总设计师"的准备。

1909年6月，张之洞肝病复发，于10月4日撒手而去，享年72岁。张之洞位极人臣，身后却宦囊空空，连家人为之操办丧事都感到窘迫。《清史稿》如此记载："任疆寄数十年，及卒，家不增一亩云。"他在京师、湖北的诸多弟子、同僚纷纷解囊，凑了两万元，把他的后事办了。相隔千里之外，武汉三镇的百姓、军学界人士也纷纷用自己的方式为他送行。

设计意图：武汉在中国近代历史文化名城谱系中留下浓墨重彩的一笔，离不开自强不息革故鼎新的所有武汉人的加持，张之洞是其代表，把唯物史观中人民群众是历史的创造者作为这一部分的理论基础。因此，"汉阳铁厂和武汉大学"的探究活动以"张之洞在武汉十八年"为中心，回望了张之洞对武汉城市转型发展的关键作用，明白洋务运动及清末新政在近代中国的历史地位及贡献，迈出了中国复兴的一小步。简述张之洞作为的探究活动，锻炼了学生搜集、整理史料的能力，并初步培育了学生的历史解释素养。虽然囿于地主阶级官僚的体制视野因素，张之洞的作为还不能一下子解决积贫积弱的晚清政府的所有问题，但毕竟是在探索挽救民族危亡之路上结合中国实际，从思想、经济、教育、军事等方面开辟了道路，踏上了近代化的征程，迈出了宝贵的第一步。

（三）武昌起义军政府旧址——敢为人先，追求卓越的武汉精神

1. 武昌起义军政府旧址

教师出示：武昌起义纪念馆历史讲解的视频。

活动设计：请同学们讲述辛亥革命的历史。

教师进一步提问：20世纪中国有三次巨变，为什么辛亥革命被称为三次巨变之首呢？

学生回答：辛亥革命的意义及带来的诸多变化。

教师讲授：武昌起义军政府旧址，别名红楼，位于湖北省武汉市武昌区蛇山南麓的阅马厂北端，占地面积18000多平方米，是第一批国家重点文物保护单位。武昌起义军政府旧址坐北朝南，布局为"山"形，大楼主体建筑为红色楼房，砖木结构，面阔73米，进深42米，主楼两层，遗存有都督府会议厅、黎都督起居室、卫官室等。武昌起义军政府旧址所记录的武昌首义，体现了武汉人为创建新的社会制度而敢为天下先的革命精神和建设新社会的精神，具有重要的历史价值。

武昌起义军政府旧址原本是晚清政府为预备立宪而设立的湖北省谘议局，1910年建成。谘议局大楼是整个建筑的核心，它坐北朝南，是一座砖木结构的红色两层楼房。为了体现从内容到形式上的一致，它仿照了西方议会大厦的建筑风格。耐人寻味的是，这座原本用来维护清朝封建统治的民意机关，建成才一年，就变成了推翻中国封建帝制的战斗司令部。1911年10月10日，

武昌起义一举成功。第二天，在这里成立了中国历史上第一个资产阶级革命政府——鄂军都督府，它一度代行了独立各省中央政府的职能。同一天，革命党人和起义士兵在湖北省谘议局大楼组建中华民国军政府鄂军都督府，颁发了第一号布告，宣布废除清朝帝制，建立中华民国，并通电号召各省起义，推举原湖北新军第二十一混成协的统领黎元洪出任军政府都督；11月9日，宋教仁在中华民国军政府鄂军都督府主持起草了《鄂州临时约法》，这份约法成为1912年南京临时政府颁布的《临时约法》的蓝本。

孙中山先生对武昌红楼的访问，令这座历史名楼增光添彩。1912年2月，孙中山先生辞去临时大总统职务后，首站访问武汉。4月10日，他在武昌红楼接见湖北军政各界人士代表，并发表了重要演讲。他勉励大家为人民办事，做人民的公仆。孙中山先生的演讲赢得了一次又一次雷鸣般的掌声。会后，他与大家在武昌红楼合影留念，留下了珍贵的历史瞬间。

1979年，宋庆龄为武昌起义军政府旧址题写的"辛亥革命武昌起义纪念馆"和"武昌起义军政府旧址"两方匾额，分别悬挂于大门和主楼上端。1981年10月，依托武昌起义军政府旧址建立了辛亥革命武昌起义纪念馆，并向公众开放。

教师过渡：武昌红楼，一座精致典雅的历史建筑，一处辛亥革命历史胜迹，它见证了中国封建帝制的终结，它开启了中国民主共和的闸门。风云变幻，改变不了它象征革命热潮如火如荼的鲜红色彩；岁月流逝，流不走它启迪后人敢为人先的革命精神！

设计意图：通过模拟实地旅游，使学生感受不一样的辛亥革命，从更接地气、接人气的层面感知丰富立体的历史样貌。通过活动设计，学生从历史长河中定位辛亥革命的史实和伟大意义，理解辛亥革命在挽救民族危亡之途中首开亚洲民主共和国的先例，深刻影响了中国的进程，迈出中国复兴的一大步。通过学习，这段历史以从宏观到微观、从微观到宏观的形式在学生心中鲜活地呈现出来了。

2. 敢为人先，追求卓越的武汉精神

材料：当时广为人们传唱的抗日歌曲《保卫大武汉》

活动设计：参观完武昌起义军政府旧址，请同学们依据材料、联系历史与现实、结合你对武汉的了解，谈谈你认为武汉精神是什么，用史实加以说明。

学生依据图片材料并结合所学回答：敢为人先的爱国主义精神。史实有辛亥革命自武昌起义开始，星星之火从武汉燃起，在全国点燃革命的燎原烈火。1938年日军进犯武汉，武汉军民浴血奋战四个半月。冼星海在中山公园指挥万人共唱抗日歌曲《保卫大武汉》。无论妇孺老幼、贩夫走卒，人人捐款抗日，高喊"宁死不做亡国奴"。1998年武汉战胜特大洪水，16万共产党员投入抗洪抢险，人民解放军出动官兵21万人次。2020年新冠肺炎疫情侵袭江城，武汉按下"暂停键"，用一己"隔离屏障"护山河手足无恙。

教师补充：武汉辉煌的历史，孕育了"敢为人先，追求卓越"的武汉精神，这是武汉首次提炼城市精神。2011年，中共武汉市第十一届委员会工作报告中首次将"武汉精神"写入党代会报告。

经历过辛亥炮火、抗日烽烟、战胜过特大洪水，到今日与疫情战斗，这座英雄的城市风骨依旧、英雄的人民气概依然。

设计意图：课程设计由史实上升为思想，这也遵循了涵养核心素养的路径。随着时间的推移，所有的景点可能会从学生的头脑中淡去，但是"敢为人先，追求卓越"的精神会在学生的心中扎根，从而化为激励自己前行、习得如何生活的力量。

（四）万里长江第一桥——涅槃重生

武汉号称"江城"，三镇隔江而立。万里长江养育了两岸儿女，也阻隔了两岸儿女，相隔千年、相望千年，如今，一座座大桥将武汉三镇彻底联通，武汉也由"江城"变成了"桥城"。这其中最具代表性的武汉长江大桥，被誉为万里长江第一桥。它是古往今来我国在长江上修建的第一座大桥，是共和国的"桥梁长子"，是第一座"登"上人民币的桥梁。

教师讲授：武汉长江大桥是"一五"期间在万里长江上建造的第一座公路铁路两用大桥，其建设过程曲折艰辛。

教师提问：结合下面材料，以武汉长江大桥为话题，从历史的角度谈谈你对毛泽东两首词中"沉沉一线穿南北、龟蛇锁大江"和"一桥飞架南北，天堑变通途"的理解。

材料：在长江上建桥曾是多少代人的夙愿。清末，湖广总督张之洞提出修建长江大桥的设想。1912年5月，中国铁路工程师詹天佑被北洋政府聘为粤汉铁路会办。1913年，詹天佑请国立北京大学（今北京大学）德籍教授乔治米勒带领13名土木科毕业生来汉测量长江大桥桥址，成为武汉长江大桥的首次实际规划。1919年2月，孙中山在《建国方略》中提出"以桥或隧道联络武昌、汉口、汉阳三城为一市"的规划。北洋政府和南京国民政府秘密组织过4次勘探设计，但都由于建设费用庞大，国力孱弱，相继抱憾搁浅。1937年3月，长江南岸的粤汉铁路徐家棚站（今武昌北站）与北岸平汉铁路刘家庙站（今江岸站）之间的铁路轮渡通航，京汉铁路和粤汉铁路之间运输都由驳船、轮渡接转，火车乘轮渡过江从此成为"江城一景"。遇上大雾锁江、狂风卷浪，只能望江兴叹，停航等渡。

菩萨蛮·黄鹤楼
毛泽东（1927年4月）

茫茫九派流中国，沉沉一线①穿南北。烟雨莽苍苍，龟蛇锁大江②。

黄鹤知何去？剩有游人处。把酒酹（lèi）滔滔，心潮逐浪高！

注释：①一线：指当时长江以南的粤汉铁路和以北的京汉铁路。1957年，武汉长江大桥建成，两条铁路已接通，改名京广铁路。

②龟蛇锁大江：龟蛇指龟山和蛇山，蛇山在武昌城西长江边，龟山在它对岸的汉阳，隔江对峙，好像要把长江锁住一样。

水调歌头·游泳
毛泽东

才饮长沙水，又食武昌鱼。万里长江横渡，极目楚天舒。不管风吹浪打，胜似闲庭信步，今日得宽余。

子在川上曰：逝者如斯夫！风樯动，龟蛇静，起宏图。一桥飞架南北，天堑变通途。

更立西江石壁，截断巫山云雨，高峡出平湖。神女应无恙，当惊世界殊。

学生依据图片材料并结合所学进行开放式回答。

教师讲授：实现工业化，是近代中国仁人志士共同的追求和理想，但是在晚清政府、北洋军阀及国民党反动统治的年代，在列强压迫下的半殖民地半封建社会的国家，这些美好梦想都无法实现。新中国成立后，随着1952年国民经济的全面恢复，特别是抗美援朝战争的基本结束，中国人民久久期盼的历史机遇终于到来了。从1953年到1957年底，我国全面完成国民经济发展的第一个五年计划，取得了巨大成就。武汉长江大桥就是"一五"期间重点工程项目。

武汉长江大桥建造过程中创造的建桥新技术直到现在仍为人们称赞，其中不得不说的便是首创"大型管柱钻孔法"。由于长江水深流急，地质复杂，当时世界上已有的大桥基础施工方法均不能解决深水施工的难题，于是苏联专家提出用管柱钻孔法建筑桥墩，这在当时属于世界首创。为了掌握这种在当时非常先进的技术，中苏工程人员在长江北岸龟山、凤凰山山麓及江心昼夜奋战，进行了一系列艰苦的试验，攻克了一个又一个难关，建起了 35 个试验管柱，最终试验成功，并立即应用在长江大桥的建设上。

在武汉长江大桥的建设过程中，苏联专家提供了必要的帮助，他们对中国的设计方案进行了优化，并派员到现场指导桥梁建设。中苏关系破裂之后，苏联政府撤走了全部专家，最后的建桥工作是由茅以升先生主持完成的。因此，中国的桥梁专家和建桥工人是武汉长江大桥建设的主力军。其间，毛泽东主席三次亲临武汉工地视察。

武汉长江大桥于 1955 年 9 月 1 日兴建，1957 年 10 月 15 日全部建成并正式通车，仅用两年时间，只花费 1.384 亿元，就在亚洲最长河流上建造了亚洲最大的现代化大桥。武汉长江大桥全长 1670 米，从基底至公路面高 80 米，下层为铁路桥，宽 14.5 米，2 列火车可同时对开。上层为公路桥，宽 22.5 米，可并列行驶 4 辆汽车。桥身为 3 联连续桥梁，共 3 联 9 孔，8 个桥墩。每孔计算跨度 128 米，终年巨轮航行无阻。

1957 年 5 月 4 日，人民日报第三版刊发通讯《天堑变通途——记武汉长江大桥的合龙》，文中有一句是"长江大桥像永久的虹霓，跨在武汉市上空"。历经 60 多年风雨，由于质量过硬、坚固如初，这道"虹霓"已成为全国人民口中的"桥坚强"。2017 年 10 月，武汉长江大桥迎来 60 周岁生日。在这 60 年中，大桥历经 7 次较大洪水、77 次轮船撞击考验。从最近一次的"体检报告"来看，全桥无变位下沉，桥墩可承受 6 万吨压力，可抵御 10 万立方米流量、5 米流速的洪水，可抗 8 级以下地震和强力冲撞，24805 吨钢梁、8 个桥墩无一裂纹，无弯曲变形，百万颗铆钉没发现松动，全桥无重大病害。武汉长江大桥建桥时的设计寿命是 100 年，如今已经过去了 60 多年，通过科学养护，经专家鉴定，其寿命可达百年以上。

教师总结：从武汉长江大桥开始，我们形成了一支技术过硬的"建桥铁军"，桥梁建设成为中国名片，中国建桥水平处于全球领先地位。我们可以骄傲地说：世界建桥看中国，中国建桥看武汉。武汉长江大桥是一座真正的"红桥"，它不仅将勇于创新、严格质量等精神之"钙"传承给一代代造桥人，更将共产党人不断奋进的理想信念赓续下去。武汉长江大桥用它的钢铁之躯承载着这座城市的荣光。武汉长江大桥见证着武汉的成长，见证着我们国家和民族从站起来、富起来到强起来的全过程，它是中国精神的集中展示，是中国奋进在复兴大路上踏出的响当当的健步。

设计意图：通过上述探究活动，让学生深刻理解新中国成立、"一五"计划、中苏结盟及恶化这些历史大事对一座城市基础设施建设的影响；通过了解武汉长江大桥建设的过往、过程、意义，让教材中骨架性的历史事件丰满起来、联系起来，也可以说是在武汉长江大桥这个新情境下自主探究解决了新问题，对历史事件的亲历者——毛泽东的两首词有了更深入的理解认同。认识了武汉长江大桥的修建历程，能对"只有共产党才能救中国"这句话的内涵有更加深入的理解。

教师总结：长江依旧奔流不息、黄鹤楼巍然而立，这里是武汉。大家知道，所有经历都会留下记忆，从见证人们汗水乃至泪水的热干面、中学为体西学为用指导下的近代化探索、革命首义的枪声，至今的万里长江第一桥，武汉的发展呈现着近现代中国的至暗与精彩。这里生于大江大湖之间，交织着浪漫主义和英雄主义，是永远流淌着烟火气和侠义心的江湖人间。

三、教学反思

（一）本课重点关注"家国情怀""好学进取"品行和学生历史核心素养的养成

对武汉城市文化的深刻理解必然使学生对中国传统文化与近现代中国社会历史发展的巨大变化和伟大成就有了更深层次的理解，这对学生塑造正确的价值观起着积极的推动作用。武汉城市文化突显了近现代中国的历史变迁，是近现代中国社会的沉沦与谋求中国复兴的不懈历程的缩影。通过黄鹤楼导入环节和热干面的教学，学生感知到中国古代文明的辉煌靓丽如何在列强侵略下变为深受三座大山压迫下的难言之痛，沉浸式的体验激发学生救国救民的家国情怀。张之洞和武昌起义近代化探索环节，通过参观展览、线上查找资料、课堂讨论等形式，培养学生观察、分析、判断的解决问题的能力，涵养史料实证、历史解释的素养，从张之洞、熊秉坤等人物身上习得"好学、反思、挑战、进取、坚持"的品行，让武汉精神浸入学生脑中、心中。在武汉长江大桥环节，通过丰富的教学讨论与讲解，使学生理解武汉在新中国的新生，加强党史、共和国史教育，从一座桥习得一群人身上那股子"忠诚、合作、利他"的劲头。通过四组景点的深度游，了解武汉地域文化形成的来龙去脉和文化演变的规律，从而丰富对文化内涵的理解，并由此增强青年一代的文化热爱，积淀更多的人文素养。

（二）重点打造"文化自信"的情怀

本课通过对武汉历史文化的系统探究，使学生了解武汉城市发展的历史沿革和文化特征，了解武汉城市文化的深厚积淀，帮助学生熟悉具有代表性的历史文化遗产、地方民俗、历史文化名人与红色旅游资源。课程的教学内容与课程思政结合紧密，不仅传播中华优秀传统文化，而且帮助学生探索传统文化的传承与保护、发展与宣传等方面的问题，对城市文化的价值与社会意义进行深入思考，坚定文化自信，培养学生坚定的爱国主义情怀。

第五节　淮安旅游与历史课程教学设计

一、教学背景

（一）学情分析

通过之前的学科学习，学生们已经对大运河的现实及历史有所耳闻，但对于淮安系统性的历史缺乏深入了解，对淮安历史景点所蕴含的水利水运史实及丰富的文化内涵更是知之甚少。所以教学中如何利用多媒体工具进行直观多方位的展示，深入浅出地建构淮安景点与历史的联系，是加强品性教育与历史核心素养养成的重要抓手。

（二）教学内容分析

参与淮安旅游与历史课程设计活动，学生能够了解淮安文化中的重要组成部分——大运河文化、水利水运文化等领域的相关知识，近距离品读陈瑄、潘季驯身上所折射出的中国灿烂的传统文化，体验新中国执政为民的时代风貌，增强文化的认同感和文化自信，提高审美情趣。

（三）教学目标

1. 通过中国南北分界线、南船北马旅游景点，认识大运河的独特之处，深入学习从春秋到元朝的淮安大运河历史，培育时空观念、史料实证及历史解释素养。

2. 从清江大闸等看明初大运河是如何在陈瑄的治理下确立漕运制度的，从唯物史观出发认识时局变迁对大运河的影响。

3. 通过洪泽湖大堤感受中国古代水利工程的高水准，从"时势造英雄、英雄造时势"的辩证视角深刻理解明中期潘季驯的贡献，对学生进行好学进取的品性教育。

4. 通过参观苏北灌溉总渠、亚洲最大水上立交，充分认识和体验新中国成立对淮安实现淮水安澜的重大影响，加强新中国史、党史学习，增强四个自信的家国情怀教育。

（四）教学重难点

1. 教学重点：从淮安历史人文旅游景点看淮安之水如何实现安澜的。

2. 教学难点：从历史视角解读淮安大运河文化的独特魅力。

二、教学设计过程

导入：电视专题片《话说运河》中有句解说词曾经这样评价中国古代的两项伟大工程：一项是阳刚的一撇，另一项是阴柔的一捺，在中国的大地上书写了一个巨大的中国"人"字。请大家说一下构成"人"字的这"一捺"的是什么工程呢？

教师讲述：巍峨的长城，是我们祖先用自己的骨和肉铸造的，深沉的运河，是我们祖先用自己的血和汗灌注的。我们的祖先为什么要以如此巨大的代价，在如此辽阔的中华大地上书写这个"人"字，它又是何等可敬可畏，可歌可泣的事业呢？说来实在话长。挖掘运河与筑长城的用意是完全不同的。筑长城是为了设置难以逾越的障碍，而挖运河是为了实现最大限度的沟通。我们这节课暂且按住长城这个话题不表，而单单说一说京杭运河的来龙去脉，并且较多地展示淮安运河两岸的历史风土人情。

教师提问：同学们去过淮安吗？哪些景点和哪些名人让你印象深刻？

学生回答：里运河文化长廊、清江浦景区、清晏园、古末口遗址、古清

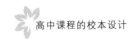

口遗址、淮安钞关遗址、河下古镇；"世界美食之都"淮安，淮扬菜；淮安是韩信、梁红玉、吴承恩、周总理的故乡……

教师出示以下淮安市地标性建筑：

材料：淮安"第以水陆之冲，四方辐辏，百工居肆倍于土著"。——乾隆《淮安府志》

教师讲述：淮安有着 2200 多年历史，秦时置县，古时候的名字叫淮阴，得名于南北朝时期，隋唐时成为运河漕运枢纽、盐运要冲，明清为运河沿线"四大都市"之一，2001 年 2 月 10 日，原淮阴市改为淮安市，可见它年轻的名字就叫淮安。京杭大运河在淮安境内长 68 公里，是淮安人的"母亲河"，她迤逦穿过淮安古城，成就了淮安国家历史文化名城的地位。2014 年，大运河被列入世界遗产名录。作为大运河申遗的重要节点城市，淮安共有清口枢纽、漕运总督府遗址 2 处遗产区，淮扬运河淮安段 1 段河道、双金闸、洪泽湖大堤等 5 处遗产点被列入世界遗产，遗产区和缓冲区面积超过 1 万公顷，约占整个大运河世界遗产的七分之一，淮安在大运河中的地位可见一斑。运河三千里，醉美是淮安。

教师提问：请结合本目材料说明，淮安为什么能有这么举足轻重的地位呢？

教师补充：很多游客都不知道，中国南北分界线竟在淮安市中心，在这里可一脚踏南北。作为南北分界线上的城市，淮安自古就与扬州、苏州、杭州并称运河沿线的"四大都市"，还有着"中国运河之都"的美誉。地处南北交界的淮安，自古是运河上的转运枢纽。明清时南北运力差别大，特别是清朝时，由于北方运河水量不足，过闸艰难，加上黄河行舟之险，清朝规定清江浦以北的运河只允许皇家漕粮物资船只或三品以上官船才可全线通过，因此大量旅客都必须舍舟登陆，在此进行"南船北马"的交通方式的变更，"南船北马"之名由此而来。明清时期的淮安凭借得天独厚的融南汇北区位，成为全国漕运指挥、河道治理、漕船制造、漕粮转输、淮盐集散"五大中心"。并且不只是因枢纽位置，更多是因为明清时期漕船在运河的通行变得越来越困难，漕船能否顺利通过淮安关系着国家的稳定，所以清代九个总督中的河道总督署和漕运总督署均设在此，河道总督和漕运总督均为二品、从一品官员。

由于历史上地处黄、淮、运交汇的特殊地理位置，淮安的历史始终和水紧密相关，甚至可以说淮安的历史就是一部水利（水运）史，既给淮安人民带来痛苦和灾难，也给这座城市带来繁荣和骄傲，使淮安无论在历史上还是在今天，都在与水斗争和利用水利方面创造了多项全国甚至世界之最，构筑了淮安独特的以水利、水运为核心的水文化特色。

过渡：今天，让我们走进淮安，从运河出发来认识淮安独特的水文化特色。

设计意图：用形象的"人"字和"南船北马舍舟登陆碑"直接导入本课的主题——用淮安来展示运河。通过分析让学生认识淮安作为中国运河之都的独特位置，从而能从一个点透彻地理解大运河是中国人民为世界贡献的人工奇迹的内涵。

（一）春秋—元朝的大运河与淮安

今天大运河的南端是杭州，北端是北京，中间由南到北穿过浙江省、江苏省、山东省、河北省和天津市，全长 1700 多公里。我国河流众多，绝大多数都是由西向东流的，京杭大运河是我国唯一南北走向的长河。它和公路、铁路一样，不存在源头，而是两端互为首尾，它是世界上人工挖掘的最长的河流，它比苏伊士运河长 10 倍，比巴拿马运河长 20 倍。

教师提问：请同学们对大运河这"一捺"的工程的发展历史进行描述。

学生回答：公元前 486 年，吴王夫差为了北伐齐国，争霸中原，下令开凿了一条运河，这条运河南起扬州附近的长江，北到淮安古末口入淮河，因起点城市扬州当时名为邗城而得名邗沟，又称淮扬运河。它是京杭大运河最早开凿的一段，也是世界上有当时文献明确记载的最早的运河，被尊称为世界运河的开山鼻祖，这是中国大运河在世界地位中的"第一最"。

以公元前 486 年为起点的中国大运河，发展到隋炀帝时，成为世界上最长的运河，也是规模最大的运河，这是中国大运河的"第二最"。隋朝的大运河，是以洛阳为中心，南达余杭，就是现在的杭州，北达涿郡，就是现在的北京。分四段：永济渠、通济渠、邗沟、江南河；沟通了五大水系：海河、黄河、淮河、长江、钱塘江，全长 2000 多公里，成为当时世界上最长的运河，也是规模最大的运河。隋朝的大运河是我国南北交通的大动脉，巩固了政治上的大统一，促进了南北经济与文化的大交流。

隋朝的大运河，发展到元世祖忽必烈时，又成为当时世界上科技水平最高的运河，这是中国大运河的"第三最"。元世祖忽必烈定都大都，就是现在的北京城，为了解决元大都的漕粮运输问题，元世祖决定全线贯通大运河，任命郭守敬掌管全国的河道水利工程。郭守敬上任之后，在隋代南北运河的基础上，截弯取直，首先主持开通了山东的会通河，从临清到东平，使大运河的漕船不再绕行洛阳，可以从杭州直达通州，随后开通了从通州到大都城的通惠河。为了使通惠河上的漕船从低处的通州驶向高处的大都城，郭守敬在通惠河上巧设了 24 道闸，开创了梯航式闸坝技术，这项技术远远领先于其他国家。

教师提问：淮安几乎见证了中国大运河发展的每一个重要的时期，淮安与运河，相守相伴 2500 余年。运河之于淮安，是底色和底气；淮安之于运河，是借力焕发光彩。请同学们在图片中标出淮安的所在地，并说一说其地理位置有什么特点。

学生回答：从春秋到隋的地图中，淮安处于淮河、运河交汇的地方；在元朝的地图中，淮安处于黄河、淮河、运河交汇的地方。

教师提问：结合图片说明黄河是怎么流经淮安的呢？

学生回答：黄河从南宋时期"夺淮入海"。由于两宋时期政权并立、民族斗争频繁，人为及自然因素使然。

教师讲述：其中尤以南宋建炎二年（1128），东京（开封）留守企图阻止金兵南下，以水代兵，决黄河（决口在滑县李固渡以西）的决策最为主要。这项决河措施的本意肯定不是让黄河改道，只是为了实现滞阻敌军的军事目的。然而很可惜，它的最终结果既没有达成阻止金兵南下的军事目的，黄河主流也由此改道，不再从东北方向注入渤海，长期南侵入淮，为整个江淮地区带去了挥之不去的阴影。1194 年，黄河在阳武决口，经封丘、长垣、曹县以南、商丘，至徐州入泗、淮，自此确定了黄河南下夺淮的局面。

当时的黄河主流夺淮还只是第一步，黄河全流域夺淮的进程也在不断推进中。此后，黄河又发生了多次决口以及人为或非人为的各种改道，嘉靖二十五年（1546），黄河进入全流夺淮入海的时期，黄河流域全部南流经淮河水道汇入黄海。直到咸丰五年（1855），又一次自然决口事件（铜瓦厢决口）发生，黄河水道北上，重新回到几百年前由渤海湾入海的局面，黄河夺淮的历史才正式宣告结束。自 1128 年至 1855 年，长达 727 年之久的黄河改道，由于主要是侵占淮河入海水道，所以黄河夺淮对淮河水系产生了重大影响，主要集中在淮河下游地区，即苏北地区。黄河夺淮严重影响了淮安的漕运，水文的重大变化使淮安以北的水路变得难走，漕运越来越难了。

材料：历史上淮安并不平安。　　——汪曾祺《地杰人灵话淮安》解说词

教师过渡：淮安之名有淮水安澜之意。事实上，由于淮安历史上地处黄、淮、运交汇的特殊地理位置，淮安的历史始终和水紧密相关，而淮安的水一直是不平安的。我们来看看淮安的水是如何得安的。

设计意图：新课标要求树立指向学生历史学科核心素养的教学理念，有效设计教学过程。因此，在教学中要以学生的学习与发展为本位，为了调动和发挥学生历史学习的积极性、主动性和创造性，本环节以学生的自主探究活动为中心展开。学生依据所学知识在解答"描述大运河这'一撷'的工程的发展历史，说明黄河是怎么流经淮安的"这一问题时，提升了从多种渠道获取史料并提取有效信息、运用所学解决问题的能力，涵养了历史解释和时空观念素养，锻炼了将特定问题放在特定时空下进行思考的素养。

（二）明朝初期的大运河与陈瑄

明清时期，淮安一直是南北漕运枢纽，是治理关键和总河驻节之所，具有特别重要的地位。大运河淮安段的修筑及其演进，可以说是中国古代水利发展史的缩影。中国几千年运河发展史上的大多数水利设施、水利技术都能在淮安找到实例。下面我们先参观一下淮安清江大闸景点。

1. 淮安清江大闸

材料：清江闸绞盘模型

（清江）闸下溜塘深广，望之使人眼花。

　　　　　　　　　——民国时期文史学家张煦侯《淮阴风土记》

眼一瞎，跳大闸。　　　　——新中国成立前淮安流传的一句俗语

教师讲授：清江闸是大运河上仅存的维护得最好的一座古闸，是世界文化遗产——中国大运河的一处重要遗产点，始建于明朝初年的清江闸至今仍巍然屹立。清江闸用于控制里运河的流量，调节水位，以缓解湍急的河水，使漕运船只顺利通过。清江闸是漕粮必经之咽喉要道，每当运粮季节，万艘漕船和12万漕军帆樯衔尾，绵亘数里，蔚为壮观，有"南北襟喉"之称。大家看，黑麻石砌成的闸墙上，留下了一道道多年来被"绞关"的钢丝缆和"掂船"的缆绳拽出来的深深凹痕。

教师过渡：清江闸是谁修的呢？为什么要修呢？

材料：十三年，瑄用故老言，自淮安城西管家湖，凿渠二十里，为清江浦，导湖水入淮，筑四闸以时宣泄。又缘湖十里筑堤引舟，由是漕舟直达于河，省费不訾。

——《明史·陈瑄传》

教师讲授：清江闸的建造者是陈瑄。陈瑄于永乐十三年（1415）自淮安城西凿渠二十里，命名为清江浦，将洪泽湖水导入淮水，并在清江浦河上建造四个大闸——移风、清江、福兴、新庄适时泄洪，"移风"之外的三闸协同，启一闭二，缓解湍急的河水，使船只顺利通过。

2. 陈瑄与淮安

教师提问：我们在认识陈瑄之前，先请同学来说说明朝的"靖难之役"及营建北京的情况，来了解陈瑄开清江浦、建大闸的时代大背景。

学生结合史地常识回答。

教师讲授：陈瑄（1365—1433），字彦纯，合肥县（今安徽合肥）人。自幼颖敏不凡。陈瑄年轻时武艺高强，以善射雁见称。他曾追随大将军蓝玉四处征战，在明初的战场上表现甚佳，因此得到了迅速提拔。洪武末年袭父职为四川行都司都指挥同知。建文末年，迁右军都督佥事，命总舟师严守江防。燕王朱棣的"靖难"大军进抵长江北岸，逼近南京，陈瑄突然率兵反戈，"具舟以降"，归附朱棣。陈瑄的倒戈使得燕兵得以突破天堑顺利渡过长江，迅速攻占南京。通过战功、开放江防之功及整修都江堰的业绩，陈瑄得到了明成祖的赏识，以38岁的年龄于永乐元年（1403）便被封为平江伯。要知道，明朝开国军师刘伯温也仅被封为"诚意伯"，可见对他的重视程度。

明成祖时，因漕运兹事体大专门设立了"漕运总兵官"一职，总督海运（海上漕运），首任官员就是武将陈瑄，他建百万仓于直沽，并成天津卫，也就是今天的天津市。永乐九年（1411），明廷征数十万民工重新疏通250里长的会通河（大运河山东境内段），决定以内河漕运取代风险甚大的海运。永乐十三年（1415），内河漕运仍由陈瑄负责，陈瑄正式被任命为漕运总督，这是中国漕运史上第一任漕运总督，为一品勋爵，又称漕帅。这是当时级别最高的官职。其职权范围，总督天下漕运粮物，确保皇朝消费及军需。拥有兵权，管辖淮安、扬州、凤阳、庐州四府及和、滁、徐三州，后来，又兼管南方十三省。时年47岁，陈瑄成为明清漕运制度的确立者。因淮安是大运河的中枢，被誉为"古今之扼塞"，自此，陈瑄受命驻守淮安，漕运总督府也设在此处。

教师提问：漕运自古就有，明朝时越发兴盛。依据下面材料并结合所学，概括明朝朝廷对漕运的依赖大大增强的原因。

材料：

元都于燕，去江南极远，而百司庶府之繁，卫士编民之众，无不仰给于江南。

——《元史·食货志》

漕为国家命脉攸关，三月不至，则君相忧，六月不至，则都人啼，一年不至，则国有不可言者。

——《明史·食货志》

运河水长长，满河里走皇粮，两岸买卖铺，吃饱喝足了有地儿住，四通八达都是路。

——通州民谣

学生回答：在古代，漕运是一种由官方主导的运输形式，即利用水路（河道、海道等）将粮食和物资运输到京城或其他地方。可以说，漕运关系着国计民生，是中央王朝的生命线。到了永乐年间，尤其在明成祖下令迁都北京后，朝廷对漕运的依赖大大增强。一方面是因为新都和产粮区的距离变远；另一方面是因为朝廷对南方物资的需求变大：既要解决北京城上自皇帝下至百姓的吃饭问题，又要保障从朝廷大臣到戍边将士的俸禄问题。因此，朝廷对漕运的要求自然水涨船高。这一时期，把物资从南方漕运到北方，走海道风险大，而且沿途常有倭寇侵扰；走河道，因为很多河道年久失修，存在淤积、不通等问题，且常有事故发生。

教师讲授：航道畅通，是保障漕运的先决条件。重浚会通河后，京杭运河虽全线贯通，但两岸残破不堪，仍有大量的治理工作要做。特别是位于运河中段南北方交界的淮安航段。据《明史》记载，当时江南的运粮船沿南运河抵达淮安后，须转陆运翻过五座河坝，再次装船经夺淮入海的黄河逆水西行二十里方可到达入北运河——盘坝入河，如此费时费力，漕粮也多有损耗。陈瑄经反复实地查访，采纳当地熟悉水情的老人的建议，于永乐十三年（1415）自淮安城西的管家湖开凿二十里长的水渠，命名为清江浦，将洪泽湖水导入淮水，并在清江浦河上建造四个大闸——移风、清江、福兴、新庄适时泄洪，"移风"之外的三闸协同，启一闭二，缓解湍急的河水，使船只顺利通过。漕船可以绕开需要盘坝的末口进入淮河，节省的费用不可计数。又沿湖修筑十里长堤，让漕船可直接北上，保证了漕运航道的畅通，省却了搬运之苦。在整治航道的过程中，陈瑄领导了多个大大小小的治理工程：修筑长堤、开凿河渠、设置闸门、建造大批浅船——新造适合漕运的"浅船"两千余艘的建议，也是陈瑄提出来的，后来淮安成为明清时期的漕船制造业中心，最早自此发端。陈瑄还在新开通的清江浦河渠沿线建立常盈仓，有粮仓百余间，可储粮30万石，而且仓库的规格很高，"皆坚基广厚，倍于常制"，为明清时期全国漕粮四大名仓之一。管理漕运团队的运法完善，所谓"军民分劳"，即"兑运"制度（百姓运粮至淮安、济宁等地，转交军运，运费由百姓承担），则是陈瑄晚年时眼见各地民夫因缴送漕粮而耽误农时，上奏请旨得以推行的。

陈瑄主政漕运伊始，首先全力在贯通南北达3600余里的京杭大运河疏通工程上，大显身手，经多年努力，终使年久失修的大运河全线重新贯通。在陈瑄治下，漕运运力及效率逐年提高，从起初年运200万石粮食，很快增加到年运500万石，北京官民及北方战事所需粮饷，得以稳定供应。

淮安开埠之后，漕运的畅通与水陆的繁荣，让淮安迅速成为长江以北的重要城市和交通枢纽，奠定了"南船北马，九省通衢"交通枢纽的地位，拥有了"天下粮仓"的美名。同样依托着漕运，淮安日渐繁盛起来。"夜火连淮水，春风满客帆"；"灯影半临水，筝声多在船"成为当时繁华景象的真实写照。

材料：（陈瑄）凡所规画，精密宏远，身理漕河者三十年，举无遗策。

——节选自《明史·列传第四十一》

陈瑄治河通运道，为国家经久计，生民被泽无穷……此无他故，殚公心以体国，而才力足以济之。诚异夫造端兴事，徼一时之功，智笼巧取，为科敛之术者也。

——清名臣张廷玉

教师提问：阅读材料，结合所学，请你为陈瑄写一篇不少于500字的人物介绍，以便向游客宣传。

学生回答。

对学生的评价依据：信息提取全面、史论结合、评论公允，放置在特定时空背景下。

教师补充总结：漕运这条经济命脉，陈瑄一管就是 30 年。其间，无论是修建基础工程，还是管理漕运团队，面对各种挑战，陈瑄用勤勉、智慧排除万难，换来了物流的正常运转。宣德八年（1433），69 岁高龄的陈瑄带病在淮安一带勘察水利，最终病逝于漕运总督任上。为了广大民众，陈瑄以他的聪明才智，广泽百姓，惠利朝廷，一直拼搏到了生命的最后一息。宣宗皇帝听到讣闻，十分哀恸，特地派官员致祭，还停止朝事一日，为陈瑄举行国葬，追封他为平江侯，赐谥号"恭襄"，命工部营葬。陈瑄虽是行伍出身，但为官有道，重视民生，经理河漕 30 年，多有建树。淮安百姓则感其恩德，立祠祭祀，历代漕运官员，逢年过节，也要来上一炷香。正统时，英宗命官员春秋致祭。时至今日，他主持修建的一些水利工程还在发挥作用。这也不时地提醒着后人，在 500 多年前，大运河上船来船往的繁忙景象背后，有一位精心筹谋、鞠躬尽瘁的物流达人陈瑄。

陈瑄一生历经洪武、建文、永乐、洪熙、宣德五朝，在翻云覆雨、生杀无常的明初政坛中屹立不倒，恐怕多得益于他过人的才干，以及踏实做事的禀性。后来，他的曾孙陈锐在弘治年间（1488—1505）前后继承祖志，总督漕运 14 年，修建淮河口石闸及济宁分水南北两闸，并积极组织救济淮安、扬州的饥荒，政声甚佳，一度获授太傅及太子太傅的极高荣誉。陈家的平江伯爵位，则代代世袭，直到明亡，子孙得享 200 余年祖荫，也算很不寻常了。

漕督又称都察院右副都御史，有权弹劾惩治他所管辖范围内的文武百官，还兼治管运河、黄河、淮河等河道。陈瑄身为高官，却没有一点儿官架子。他生活俭朴，清廉自守，能亲临治河工程第一线，并深入民间做调查，关心民间疾苦，惩治贪官污吏，所以，他不仅是一位水利专家，更是一位清正廉洁，品行高洁的好官。

设计意图：通过几个问题的设计，将历史教材中的大脉络与陈瑄、与淮安这个具体的点建立起联系，从历史的长时段认识短时段的历史事件及历史现象，形成贯通意识。通过陈瑄开清江浦河、建设大闸了解陈瑄为疏通运河漕运的创造性贡献。以此点展开，详读陈瑄清正廉洁、政绩卓越的一生。通过景点与人物的链接、人物介绍文的撰写，涵养学生铭记历史杰出贡献者的家国情怀，习得陈瑄身上踏实做事、爱民爱国的优秀品质、实地调查用创新解决问题的能力。

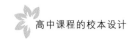

（三）明朝中期的大运河与潘季驯

材料：自古以来，从大禹治水到潘季驯"束水攻沙"，从汉武帝"瓠（hù）子堵口"到康熙帝把"河务、漕运"刻在宫廷的柱子上，中华民族始终在同黄河水旱灾害作斗争。

——2019年9月18日习近平总书记在黄河流域
生态保护和高质量发展座谈会上的讲话

潘氏分清遥堤之用为防溃，而缕堤之用为束水，为治导河流的一种方法，此点非常合理。

——德国河工专家恩格斯

教师讲授：2020年，水利部公布的第一批历史治水名人中，潘季驯入选。他创造的治河理念成就巨大，影响了其后200多年的治河策略，在中国水利史上写下了不朽的华章。在潘季驯治河300年之后，一些具有现代科学知识的西方水利专家向清政府提出"采用双重堤制，沿河堤筑减速水堤，引黄河泥沙淤高堤防"的方案，并撰成论文发表，引起了国际水利界的关注。不久以后，人们发现这不过是一位中国古人理论与实践的翻版，西方人这才开始对中国古代的水利科技产生了深深的敬意。我们来看看今天哪些景点留下了潘季驯的痕迹。

洪泽湖大堤古称高家堰，北起淮阴区码头镇，南至盱眙县堆头高地，全长70多公里，它是"始建于东汉，发展于明清，完善于当代"的淮河下游防洪第一屏障，保护着苏北地区3000万亩土地、2000多万人民生命财产和十多座中小城市的防洪安全。洪泽湖是一座有别于长江四大自然湖泊（洞庭湖、鄱阳湖、太湖和巢湖，原属天然的地下湖）的巨型人工水库，洪泽湖是"先有堤，后有湖"的地上湖，是一座因兴修洪泽湖大堤，而后逐步淹没城乡土地，且使湖底高于里下河地区8米的"人工湖"。由于湖区地貌为西北向东南倾斜，万顷湖水全赖湖东一线长堤挡住，没有该古堤，也就没有"古为今用"的洪泽湖。洪泽湖作为历代治理黄淮运的成果，凝聚着人类社会经济发展及抗御水旱灾害的智慧。

洪泽湖大堤始建于1800多年前的东汉建安年间，至清乾隆年间方建成，有着"水上长城"的美誉。洪泽湖大堤与长城相比，万里长城高7—8米，洪泽湖大堤高8—9米，它的底宽50—150米，顶宽10—30米，超过了长城。雄伟的三河闸就如长城的关口，那蜿蜒的大堤就如墙身，那古水志条石和河营保亭以及 85 米高的微波铁塔就像长城的烽火台。古城墙作为军事防御工程长久没有使用而成为静态文物，而洪泽湖大堤却得到一代又一代人的维护，迄今仍发挥着重大作用。洪泽湖大堤既是先民综合治理黄淮运水系变迁的伟大工程，也是作为明清两代抵御"黄淮异涨"和实施"治河保运"的治水方略的产物。据史料记载，东汉建安五年（200），广陵太守陈登筑高家堰 30 里，以防淮水东侵，高家堰便是洪泽湖大堤的萌芽。南宋时因战乱，造成黄河夺淮，直到明万历七年（1579），河督潘季驯实行"蓄清刷黄"政策，即将高家堰加高并向南延伸 60 里，形成洪泽湖大堤。从明万历八年（1580）起，洪泽湖大堤就开始增筑直立条石墙护面，历经明清两代 171 年，才算基本完成。明代中期在河海堤防上砌筑的直立式条石挡浪墙和滚水石坝等水利建筑，代表了当时的最高水平。洪泽湖大堤上那些竖立的石工墙非常让人震撼，全部用石料人工砌成，它们是用 6 万多块千斤重的石块以及糯米石灰浆浇筑而成，达 60 万立方米以上，且规格统一，筑工精细，工艺精湛到纸插不进、水泼不进，充分展示了我国古代水利建设的高超技艺。这和它的重要性密切相关，两淮地区有句民谚"倒了高家堰，淮扬不见面"。洪泽湖大堤现为国家一级堤防。

教师提问：潘季驯是洪泽湖大堤的主创者，建造洪泽湖大堤的目的就是确保"保漕济运"思想的实施。请同学们根据字面意思解释一下潘季驯提出的"保漕济运"思想是什么意思，结合下图（图略）说说政府同意认可的原因有哪些。

学生依据图片材料并结合所学知识可知，绍熙五年（1194），黄河在阳武决口，经封丘、长垣、曹县以南、商丘，至徐州入泗、淮，自此确定了黄河南下夺淮的局面。黄河夺淮使得黄、淮水患逐渐严重，不仅给百姓生活带来了深重的灾难，也极大地影响了漕运的正常运行，黄河夺淮使得明代黄、淮、运河命运交织在一起。明永乐年间迁都北京，明朝政治中心北移，大批军粮、官粮和生活物资更需要通过纵贯南北的京杭大运河从江南运往北方。京杭大运河便成了赖以维持南北交通的大动脉。由于黄河、淮河、运河相互交错的复杂局面，一旦黄河泛滥，就会造成运河淤塞，漕运中断。长期以来，朝廷一直把保证大运河畅通作为治黄的方针。每逢黄、淮为灾，黄、淮两水便一起涌入运河，结果泥沙积淀，堤坝崩塌，运道大受影响，多处航线淤塞成陆地，如何治理黄、淮水患，确保漕运，成为明代朝廷的心腹重患。

　　教师补充：潘季驯（1521—1595），字时良，号印川，浙江湖州乌程人，嘉靖二十九年（1550）进士。从嘉靖四十四年（1565）开始，到万历二十年（1592）止，他奉嘉靖、隆庆、万历三朝简命，先后四次出任总理河道都御史，前后达 27 年，为明代治河诸臣在官时间最长者。他是我国历史上第一位拥有兵权和历任工、刑、兵三部尚书，与李冰、郭守敬齐名的治水专家，被称为"千古治黄第一人"。下面我们看看潘季驯是如何担此重任的，以及他取得如此重大成功的治水方略是什么。

　　教师讲授：嘉靖末年，黄河在今江苏沛县决口，苏北平原黄水汤汤，险情迭出，灾难不断，嘉靖皇帝连撤六位河督都无济于事，人们对黄河畏之如虎。沧海横流，方显英雄本色。危难之际，潘季驯走上了历史舞台。嘉靖四十四年（1565），十一月以潘季驯总理河道。

　　在调研实践基础上，潘季驯摸清了黄、淮及大运河的运行规律，并依据黄河本身特点——易决、易徙和"一石水，四斗沙"的水性，力排众议，否定了"分流杀势"的传统治河之法——采用疏导和分水的办法。他力主将黄河、淮河、运河进行综合治理。提出了"筑遥堤以防溃决，筑缕堤以防中溃""以堤束水，束水攻沙，挽流归槽""固定河槽，蓄清刷黄，淤滩固堤"的全新治河思路。简言之，他创造性地提出了"束水攻沙""蓄清刷黄"以"保漕济运"的思想。

　　经过一次次实地调查，潘季驯敏锐地发现，造成黄河泛滥的主要原因是泥沙淤积，由此提出了治理黄河的根本在于治沙。泥沙从何而来？泥沙是被水流裹挟而来的，如果水被分流，就会兜不住泥沙，导致淤积。如果能够使水保持高速流动，反而会将泥沙压在水下滚动，不会淤积。潘季驯在看到了黄河多沙这个根本问题后，提出了一套切实有效的解决方案——"束水攻沙"。束水攻沙也称束水冲沙，就是收紧河道，利用水的冲力，冲击河床底部的泥沙，从而达到清淤防洪的目的。他主张在原来防洪的大堤（又称遥堤）内部，再修建起用于约束水流使之变得湍急的"缕堤"。"束水攻沙"的核心是突出治沙，从而实现了治黄方略由分水到合水，由单纯治水到沙、水综合治理的历史转变。为了达到束水攻沙的目的，潘季驯十分重视堤防的作用。他总结历代劳动人民的实践经验，创造性地把堤防工程分为遥堤、缕堤、格堤、月堤四种，因地制宜地在大河两岸周密布置，配合运用。他打破了把筑堤单纯作为消极防御措施的传统观念，而把它作为和洪水、泥沙作斗争的积极手段，开创了治河史上的新篇章。

材料：潘季驯"双重堤坝"示意图（图略）

清口乃黄淮交会之所，运道必经之处，稍有浅阻，便非利涉。但欲其通利，须令全淮之水尽由此出，则力能敌黄，不能沙垫。偶遇黄水先发，淮水尚微，河沙逆上，不免浅阻。然黄退淮行，深复如故，不为害也。

——潘季驯《河防险要》

潘季驯（采取这些措施后）言，"使黄、淮力全，涓滴悉趋于海，则力强且专，下流之积沙自去，海不浚而辟，河不挑而深，所谓固堤即以导河，导河即以浚海也"。

——《明史》

潘季驯的"蓄清刷黄"思想主要在会淮地段实行。在这一思想指导下，根据"淮清河浊，淮弱河强"的特点，他一方面主张修归仁堤阻止黄水南入洪泽湖，筑清浦以东至柳浦湾堤防不使黄水南侵；另一方面又主张大筑高家堰，蓄全淮之水于洪泽湖内，抬高水位，使淮水全出清口，以敌黄河之强，不使黄水倒灌入湖。

教师进一步提问：潘季驯四次出任总理河道都御史，特别是第三次，在张居正的大力支持下，治河大权全归于潘季驯，朝廷特准"便宜行事，不加中制"的权力，取得了显著的成就，洪泽湖大堤的前身主体就是这次治河成果。请同学们简要阐释张居正改革的相关内容。

学生结合所学阐释张居正改革的背景、内容、结果、评价。

教师讲授：黄河在淮安与淮河汇合东流，所以治淮就是治黄。潘季驯提出了在徐州以下河漕两岸高筑大堤，挽河归槽，以实现束水攻沙，同时"逼淮水尽出清口"，从而实现以洪泽湖调蓄洪水、"蓄清刷黄"、解淮扬地区水患的目的。从万历六年（1578）到万历九年（1581），潘季驯以抢筑淮安高家堰、拦蓄淮水为治淮、治黄的首要任务。高家堰是淮阴县高堰村附近的一段淮河堤防，潘季驯为综合解决黄河、淮河、运河交汇地区的问题，创修洪泽湖水库，以东侧的高家堰为主坝，筑成长一万多丈，相当于现在30多公里的高家堰。高家堰的建成，使堤内诸多洼地湖泊连为一体，形成了今天洪泽湖人工水库的雏形，高家堰也成为今天洪泽湖大堤的前身。洪泽湖出口设在高家堰大堤的西北角清口，清口是汇黄之处，为淮水冲刷黄水的咽喉，潘季驯又堵塞了淮水北岸的王简、张福等汇入黄河的水口，以防止黄河水倒灌入淮。

同时，筑堤设闸节制清口以上黄、淮各条出入之路，淮水专出清口借以刷黄；修筑徐州以下至清口的黄河缕堤、遥堤及淮河以北的归仁横堤，阻止黄水肆意南泛，束水归槽。他特别重视筑堤质量，提出"必真土而勿杂浮沙，高厚而勿惜巨费"，"逐一锥探土堤"等修堤原则，规定了许多行之有效的修堤措施和检验质量的办法，取得了较好的效果。经过潘季驯的整治，黄河因筑缕堤、遥堤，水无所分，则以全河夺淮、泗；以高家堰为屏障，用全淮之水敌黄，出清口，黄淮合流出云梯关入海。

经过如此工程，在大河两岸形成了壮观的水上长城。这次共动用夫役 8 万人，耗银 56 万两，筑土堤 10 万余丈，石堤 33 丈，堵塞大小决口 139 处，疏浚河浅 1 万多丈，徐州以南的黄河运河河道下刷七八丈，万历七年（1579）十月，两河工程全线竣工。从万历六年（1578）开始到万历八年（1580）结束，用了不到两年时间，他按规划对河道进行了一次大规模的整治活动，经过这次大治之后，出现了"一岁之间，（黄、淮）两河归正，沙刷水深，海口大辟，田庐尽复，流移归业，禾黍颇登，国计无阻，而民生亦有赖矣。"他在第三次治河后，经过整治的河道十余年间未发生大的决溢，行水较畅，这在当时不少人都是承认的。

材料：数年以来，束水归槽，河身渐深，水不盈坝，堤不被冲，此正河道之利矣。

——常居敬《钦奉敕谕查理黄河疏》

从万历七年（1579）至十六年（1587），徐州附近一段运河，年年安澜"。

——《浙江监察御史传》

比闻黄浦已塞，堤工渐竣，自南来者，皆极称工坚费省，数年沮洳，一旦膏壤。公之功不在禹下矣。

——张居正《答河道潘印川论河道就功》

潘季驯 60 岁寿诞之际，朝廷下旨加封他为太子少保，调任南京兵部尚书，又到北京担任刑部尚书。万历十二年（1584），张居正病逝之后，政坛发生巨变。万历皇帝被张居正压制得太久，于是开始报复他，将其抄家，其儿女辈有十多人身亡。潘季驯此时担任刑部尚书，负责审理张居正的案子，他见此惨状，毅然上书朝廷，请求照顾张居正 80 多岁的老母亲。万历皇帝不高兴，言官上奏潘季驯为张居正同党，朝廷以"党庇居正"罪，下旨将潘季驯削职为民。

教师提问：概括潘季驯第三次治河的成效、原因及与张居正改革的关系，从中你能得到哪些启示？或从"时势造英雄、英雄造时势"的辩证视角，解读潘季驯的第三次治河。

学生依据所学可知，潘季驯第三次治河得益于张居正改革时期政清朗明，国家政权的大力支持等，在张居正的案子中也可看出潘季驯为官为人客观公正，为伸张正义不顾个人得失的优秀品质。

教师补充：结合下面的事例，你认为潘季驯治河取得成效还有哪些原因呢？

万历十八年（1590）潘季驯利用养病之际，完成了一部治理黄、淮、运之大成的巨著——《河防一览》，全书共分 14 卷 90 篇。在书中，潘季驯全面回顾了自己自嘉靖四十四年（1565）以来，四次奉命治河的经过，《河防一览》是潘季驯治河思想成熟并形成体系的基本标志。潘季驯所著的《两河经略》是历史上第一份综合治理黄淮和运河的全面的规划，除此之外，他还著有《宸断大工录》《两河管见》《留余堂集》等。

材料：潘季驯与《河防一览》

潘季驯最常说的一句话，就是"未经身历，不敢妄言"，这充分体现了他尊重实际的作风。这种作风势必与天神观冲突，他说，把治河成败"归天归神误事最大"。他认为，所谓"神"，就是"水性"，人掌握了水性，"天心"也会顺应人意。如果治河想靠上天保佑，神灵相助，人的力量就无从发挥了。他还反对迷信书本和古人经验。他非常推崇孟子的一句名言："尽信书不如无书。"潘季驯在其代表作《河防一览》序言里谈到，自己生长在东海之滨，本来不了解黄河和淮河，在刚做河官时，遇到黄河决口，束手无策，通过沿河而上，亲自访问有经验的老农和老河工，才逐渐获得了治河的知识。潘季驯"躬亲督率，沿河荒度"，亲率幕僚奔赴一线工地考察地形、水势，足迹纵跨河、淮、江三大流域，踏遍两河沿岸的十余个州县，取得大量第一手资料，在实地勘查的同时，他也十分重视进行历史资料的调查，总结了前人对黄河水沙关系的认识，为治水实践提供借鉴。他每次制定治河规划，都要亲自带人到河患严重的地方向当地乡官、村民做调查，详细了解水情、沙情，征询治理意见。他每次治河都始终住在工地上，经常冒着暴风骤雨乘船到河中实地查勘，在汹涌的黄河水中测量水的流速和深度，几度凶险难测，看得岸边的百姓尖叫连连。他多次深入工地一线，上到河南，下至南直隶。有一次，他决定亲自乘船察看水情，随从人员听了后感到非常吃惊，苦苦劝道："总督大人，现在风急浪涌，所有的船都停泊靠岸，这时候下河，恐怕有生命危险！"潘季驯却沉着冷静地说："不入虎穴焉得虎子？现在水势上涨，正是实地勘察的好机会，此时不走，更待何时！"就这样，小船在翻涌的浪尖上颠簸起伏，潘季驯却在风雨中站立船头，仔细察看河水流量与缓急情况。就在行至双沟镇东可怜庄附近时，突然狂风掀起巨浪，小船失去了控制，被卷进了一个大漩涡中，眼看性命危在旦夕，最终小船卡在了两棵大树之间，这才脱离了危险。第二次治河时，在工程快要完成的时候，河水暴涨，堤防溃决，潘季驯当时正患背疮，病倒床上，但他忍着剧烈的疼痛，仍率领民工奋力抢险。后来洪水漫过堤顶，他十分冷静，坚持不走，经过几个昼夜的奋战，终于渡过了险情。当潘季驯第四次主持治河时，已是白发苍苍的古稀之人了。但是，他仍亲自在工地领导施工，因病无法走路时就骑马、坐轿。经过潘季驯不辞辛劳的四次治河，终于使黄河的多支分流"归于一槽"，扭转了黄河下游河道长期分流乱流的局面，河道基本稳定了 200 多年，并使京杭大运河畅通。

明万历二十年（1592），潘季驯因年逾古稀，且积劳成疾，乞休离职。行前，他对神宗皇帝说："去国之臣，心犹在河。"三年后，万历二十三年（1595）潘季驯在家乡吴兴去世，年七十五。最终安葬于碧水环绕的八里店三墩村西南的"塞"字三圩，俗称"潘尚书坟"，又名"潘公坟"。潘季驯没有选择归葬弁山山麓的祖茔，而是选择一处四水环抱的水乡墩岛，也许意在表明"心犹在河"，至死仍念念不忘治黄大计。

材料：潘季驯

日与役夫杂处畚锸苇萧间，沐风雨，裹霜露。

——王锡爵《潘公墓志》

明治河诸臣，推潘季驯为最，盖借黄以济运，又借淮以刷黄，固非束水攻沙不可也。

——赵尔巽

学生依据图片材料并结合所学可知，潘季驯的创造性治河理论得于实践调查、切实可行；学习他"心犹在河"的强烈使命感和担当精神，置个人安危于益国益家的大爱之中等。

教师讲授：明朝把"漕运第一"作为基本前提的治河也有其历史局限性，

蓄清刷黄尚可得一时之效，但是，黄河水大沙多，远非淮河可敌。这也给淮河留下了水系紊乱、洪泽湖高悬、入海无路的疮痍景象。我们还应当看到，潘季驯治河还只是局限于河南以下的黄河下游一带，对于泥沙来源的中游地区却未加以治理。源源不断而来的泥沙，只靠束水攻沙这一措施，不可能将全部泥沙输送入海，势必要有一部分泥沙淤积在下游河道里。潘季驯治河后，局部的决口改道仍然不断发生。因为黄强淮弱，蓄淮以后扩大了淮河流域的淹没面积，威胁了泗洲及明祖陵的安全。由此可见，限于历史条件，潘季驯采取的治理措施，在当时是不可能根本解决黄河危害的问题的。万历十九年（1591），淮河发大水，淹没了泗州明陵（朱元璋祖父的祖陵）。第二年，潘季驯罢官。

材料：淮安清江浦的陈潘二公祠

教师提问：淮安清江浦曾是京杭运河的交通枢纽，运河西岸建有陈潘二公祠，纪念的是哪两位名臣？

学生回答：明代治河名臣陈瑄和潘季驯。

教师总结过渡：雁过留声、人过留名，历史和人民不会忘记治河名臣陈瑄和潘季驯的丰功伟绩，他们建立完善了漕运制度，通过不朽的水利工程确保大运河的畅通，推进了淮安的繁盛与较长时间淮安之水的安澜。淮安人民不忘、中国人民不忘、我们更不忘。

但在黄河夺淮的 700 年间，淮河的水文环境已发生巨变，随着清朝末年国力衰弱和漕运制度的终结，淮河失去了强有力的治河统帅，连年不断的水患威胁着苏北人民的生命与财产安全。随着漕运制度退出历史舞台，因漕运而兴的大运河、因运河而兴的淮安又发生了哪些变化呢？现代的大运河和淮安又将以怎样的面貌呈现在我们面前呢？

设计意图：通过洪泽湖大堤、陈潘二公祠景点，梳理了潘季驯这位明代中期治河名人的思想、功绩、品行。与历史发展的大脉络时刻建构联系，让学生在聚焦洪泽湖大堤、潘季驯的同时不忘历史时代大场景，更好地从唯物史观角度认识时代与个人的互动规律。讲好"大运河故事"，激发学生继承弘扬他们积极进取、敢于革新的治河精神，积极探索大运河文化保护、传承弘扬的方式方法，延续历史文脉。通过上述探究活动，让学生深刻理解淮安城市就是一部水利水运史的论断，感悟其所代表的工业革命前古代农业社会中国古代水利工程的最高水准，认同中国古代文明的先进性，增强民族自信。

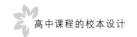

（四）新中国的大运河与淮安

1. 苏北灌溉总渠

材料：左侧是灌溉总渠，右侧是淮河入海水道。

教师讲授：苏北灌溉总渠称得上苏北人工开凿运河的奇迹，它是共和国苏北历史上一篇壮丽的史诗。苏北灌溉总渠西起洪泽湖，东至扁担港口，横贯淮安、盐城两市，渠道全长 168 千米。当时这 300 多华里的工程由淮阴、盐城、南通、扬州四个地区 190 万民工，艰苦奋战 7 个月，80 多个晴天，完成土方 7000 多万立方米。该项工程由江苏省治淮工程指挥部组织施工，工程于 1951 年 10 月开工，1952 年 5 月完成，为新中国建国华章书写了崭新的水利开篇。失去入海水道数百年之久的淮河再一次拥有了东归到海的通道。它拥有两个功能，一个功能是保证苏北平原的灌溉和运输，另一个功能是可以泄洪泽湖水流入黄海。在洪泽湖南面建了三河闸，淮河实现了通江入海。

总渠的工程筹备是在 1950 年，当时中华人民共和国刚刚成立不久，国民经济还十分困难，全国有好多地方还没有解放，很多大山还在沉睡，人民解放军需要向大西南进发，农村各地刚刚开始土地改革运动，再加上抗美援朝战争的爆发，国家大事真是太多了。人们很难想象，当时还没有开始第一个五年计划，怎么就要开始声势浩大的治淮工程呢？为什么会把治淮工程当作全国建设的头等大事来抓？似乎有点儿叫人百思不得其解。再说当时农村政权机制还不太健全，基本上还是新中国成立前农村的管理建制，也就是县、区、乡、村，连农业社还没有建立。这是疑问点一。

黄河从南宋时期"侵泗夺淮入海"起，所带来的大量泥沙不断淤积，抬高河床，堵塞河道，直接导致淮河干流下游和苏北沂、沭、泗河等支流皆失去了原有的入海通道，这些影响使得原本清晰的水系变得紊乱，从而使地势低洼的苏北等地区酿成了"大雨大灾，小雨小灾，无雨旱灾"的痼疾，一直遭受水旱灾害的蹂躏。在黄河自铜瓦厢决口北归后，这些历史遗留问题却仍然没有得到解决。自元朝至民国时期，各朝代也都曾煞费苦心整治淮河，但是囿于当时政治、经济、技术、思想认识等方面的种种原因，不仅始终未能取得良好效果，反而使水患长期延续，日趋频繁。据历史文献统计，淮河流域在 18 世纪每百年内发生水灾 74 次，灾害年占整个统计年的 90% 以上。在中华人民共和国成立前的近半个世纪内，淮河流域的灾情更为频繁和严重。

据统计，从 1901 年到 1948 年的 48 年中，淮河全流域共发生 42 次水灾和 23 次旱灾。最大的水灾发生在 1916 年、1921 年、1931 年和 1938 年，水灾使淮河下游大片土地沦为泽国，受灾人口数千万，死亡人口几百万。淮河成为一条闻名中外的"治不好"的千里"害河"。

千百年来，历朝历代政府都"治不好"的淮河水患，中华人民共和国从成立之日起，到 1958 年治淮委员会撤销，仅仅整治了 8 年时间，就初见成效，苏北灌溉总渠建成，其中淮河流域东北部的鲁南苏北地区的洪水也得到了有效的治理，原因何在？这是疑问点二。

教师提问：请同学们带着这两个疑问点课后观看纪录片《国家记忆·一定要把淮河修好》，课上大家讨论解决原因何在。

材料：苏北灌溉总渠毛泽东题词

1953 年秋，一位苏联科学院院士考察治淮工地后发出了这样的感慨："中国人民用落后的生产工具以艰苦创业的精神和创造性劳动完成并达到了和机械化施工相近似的工程标准。"

——纪录片《国家记忆·一定要把淮河修好》

学生讨论回答。

教师总结讲授：苏北灌溉总渠称得上苏北人工开凿运河的奇迹，它是共和国苏北历史上一篇壮丽的史诗。

这两个疑问点的原因包括：

（1）党和政府执政为民，将兴修水利作为重中之重

中华人民共和国成立初期，解放战争尚未结束，抗美援朝正在进行，国家正在草创。剿匪镇反、土地改革，恢复经济等工作迫在眉睫。把人民的生命财产安全放在第一位的党和政府，在百废待兴之际，就把兴修水利作为治国方略中的重中之重。1950 年 7 月 20 日、8 月 5 日、8 月 31 日和 9 月 21 日，毛泽东就灾情写了四封批示信给周恩来，请周恩来具体部署落实根治淮河的办法。1951 年 5 月 15 日，《人民日报》发表了毛主席"一定要把淮河修好"的伟大号召，彰显了党和政府带领中国人民治淮的雄心、决心和信心。为根治淮河、彻底解决长期以来肆虐淮河流域，其中包括鲁南、苏北等地区的水旱灾害，提供了最根本的政治保证。

（2）统筹兼顾，通力协作，设置专门的流域整治管理机构

由于淮河干流及其较大的支流都流经不同的行政区，各级行政区内的地

理环境、人文条件不尽相同。对于跨行政区的治水，必然会出现许多矛盾。历史上在治水过程中，不同行政区之间曾因为利害冲突产生过尖锐的矛盾乃至引发不同程度的社会纠纷。无论古今，没有哪个省、县希望洪水淹在自己的土地上。因此，治理大江大河如果仅靠各个行政区单独实施，是无法完成的。1950年10月，治淮委员会成立，将整个淮河水系、包括苏北的沂、沭、泗（运）各支流水系的治理开发工作皆划归治淮委员会统一管理，指挥协调治淮委员会从整个流域通盘考虑，因地制宜，统一部署、协调和管理整个淮河的治理工作。尽管1958年撤销了治淮委员会，但国家后来又成立了这样的代表国家行使所在流域内的水利行政主管职责的管理机构，在流域整治过程中起到无可替代的组织保证。

（3）科学决策，立足根治

历史的经验和教训证明，大河流域治水决不能头痛医头脚痛医脚。周总理明确指示治淮必须治本，即立足于系统综合治理，方能趋利避害，长治久安。

针对淮河的实际情况，《政务院关于治理淮河的决定》中将"蓄泄兼筹"作为治淮的根本方针，并提出上、中、下游在此基础上，做到因地制宜，各有侧重。这一方针，立足于除害兴利的基本要求，既是当时治淮规划的战略思想，也是此后数十年来治淮工作的主要方针。按流域地区定位为：上游山区工程的重点为推行水土保持、"以蓄为主"；中游"蓄泄并重"；下游则应"以泄为主"，使洪水能够迅速入海。堵疏并举，蓄排结合，因地制宜，精准治水，如此科学的整治决策，确保整个水系能够从根本上得到治理。

（4）国家加大投资，广泛发动民众，大打治水的人民战争

中华人民共和国刚刚成立，面临的是千疮百孔、一穷二白、贫困落后的烂摊子，经济基础十分薄弱，人民生活困难，机械设备短缺，几乎全部依靠人力。在这种形势下，国家仍尽可能地加大投资，广泛发动群众，大打治水的人民战争。

陈毅元帅曾多次感叹说"淮海战役的胜利是人民群众用小车推出来的"，同样，治淮战役也是"人民群众用双肩、双手拼出来的"。新中国诞生，人民当家做主，极大地激发出群众的内动力。当年的建设者们在广阔的战线上，热情地开展社会主义劳动竞赛，迎难而上，你追我赶，硬是靠双手挖撬搬砌，靠双肩挑抬推拉，重新安排河山。父子、夫妻、兄弟齐上阵，披星戴月灭水

患。据统计，到 1957 年冬，国家治淮共投入资金 12.4 亿元，治理大小河道 175 条，修建水库 9 座，库容量 316 亿立方米，还修建堤防 4600 余公里，极大地提高了全淮河的防洪泄洪能力。我们的党既靠人民战争创建了新中国，也靠人民战争战胜了洪水等自然灾害。人民战争是中国革命和经济建设的致胜法宝。

综上所述，新中国八年治淮取得了举世瞩目的阶段性胜利，苏北鲁南地区乃至整个淮河流域的洪患基本上得到了卓有成效的整治，打破了淮河"治不了"的魔咒，并为此后的持续整治打下了坚实的基础。

总渠的精神、总渠的传统、总渠的人文、总渠的艰辛使两岸人民永远不会忘怀，苏北将永远流淌着总渠的记忆……

2. 淮安水上立交工程

教师提问：有同学了解亚洲最大的水上立交工程吗？请给大家做一下景点介绍。

教师总结讲授：为了使淮北灌溉总渠与京杭大运河平稳运行，既要防洪排涝，又要保证京杭大运河畅通，国家投入巨资对京杭运河与苏北灌溉总渠交汇处进行了改造，建成了亚洲最大的水上立体交叉水道，堪称中国水利建设史上的又一个奇迹。京杭大运河与淮河入海水道就在它的下方十字交叉而过。上方通过的水系是京杭大运河，下面通过的是淮河入海水道。"水上立交工程"采用的是"上槽下洞"式建筑形式，在上面修筑一座"槽型水道"，长 125.7 米，宽 80 米，使京杭大运河的水系能够顺利通过。京杭大运河的下方是沉入水下的涵洞，15 个涵洞在巨大闸门的控制下，让淮河的水从下方顺利通过。事实上，"水上立交"只有上面的京杭大运河能够行船，下面的淮河入海水道只能通过淮河的水流。这里的淮河入海水道主要是为了解决多年来淮河抗旱与防洪问题。苏北排灌总渠建设于建国初期，受技术、水文资料、投资等等各方面原因的限制，淮河流域治理各项规划标准偏低，其河底较高，设计流量偏小，主要功能是灌溉，虽起到了"导淮"的作用，但还是代替不了入海水道，并没有根治苏北地区的淮河水患。不过，在后来的淮河流域继续治理过程中，老功臣苏北灌溉总渠还是发挥了相当重要的作用。到了今日，70 多年前修建的这条总渠还在沿用。淮河入海水道则主要是为了扩大泄洪与排放污水。两条水道平行而走，携手组成了淮河出洪泽湖之后一路东归入海的水道。它和苏北灌溉总渠比肩而行，但流量是总渠的近 3 倍，使洪泽湖的防洪标准从此前的 50 年一遇提高到 100 年一遇。东流入海，南下入江，苏北人民历经几代人努力实现了淮河洪水宣泄的通畅。

教师讲授：这条淮河入海专道是 1991 年治淮 19 项骨干工程之一。1991 年的江淮大水，苏北里下河地区损失惨重。是年 11 月，国务院决定"'九五'期间建设入海水道"。

1998 年 10 月 28 日，淮河入海水道工程隆重举行开工典礼。其走向和苏北灌溉总渠一致，在总渠北侧开挖。对于淮河来说，虽然苏北灌溉总渠的规模不够大，但是定这条线为今后的扩大留了很好的余地。所以入海水道就开在苏北灌溉总渠的北边。1999 年，国家发改委正式立项批准淮河入海水道工程开工建设，静态投资 41 亿元，动态投资 47 亿元。

淮河入海水道工程西起洪泽湖二河闸，东至滨海县扁担港注入黄海，淮河入海水道 163.5 公里河道，土方工程 1.36 亿立方米，全部实现了机械化施工，最多的时候 4000 台套设备同时施工，用工 1.3 万人。与苏北灌溉总渠施工中的"人海战术"相比，机械化施工效率高，淮河入海水道主体工程比原计划提前两年半完成。2006 年 10 月 21 日，淮河入海水道工程全面建成。工程当年建成，当年就发挥了巨大效益，减灾效益达 27.68 亿元，一次行洪效益相当于收回工程总投资的三分之二。

兴建苏北灌溉总渠和淮河入海水道，是国家重大战略决策，从根本上治理了淮河洪水隐患，结束了淮河 800 多年来无入海通道的历史，预示着淮河流域"蓄泄兼筹"防洪体系的初步形成。彻底实践了党对人民的承诺："一定要把淮河修好"，淮安也真正实现了淮水安澜。淮河是新中国成立后第一条全面系统治理的大河。"淮水汤汤，忧心且伤"，曾经淮河两岸的百姓眷恋家园故土，却又无奈地忧愁哀伤，但今天"浊浪翻滚、洪水滔天"的淮河再难遇到，"黄鸟于飞，集于灌木"的美景则随处可见。淮河治理凝聚了几代中国人的努力，终于呈现出我们能看到的最美丽的样子。

教师提问：从古至今，淮安走过了 2200 多年，通过本课的学习，请大家概括一下淮安的城市特色是什么？淮安实现淮水安澜的根本保障是什么？

学生依据所学回答：明清时期，淮安一直是南北漕运枢纽，是治理关键和总河驻节之所，具有特别重要的地位。大运河淮安段的修筑及其演进，可以说是中国古代水利发展史的缩影。淮安与水共生，使它无论在历史上还是在今天，都在与水斗争和利用水利方面创造了多项全国甚至世界之最，构筑了淮安独特的以水利、水运为核心的水文化特色。

淮安实现淮水安澜的根本保障是统一多民族国家的政权，集国家之力办成治水大事，无论是明清出于保漕运，还是新中国为人民服务。尤其是当代中国特色社会主义制度的确立是能把淮河修好、实现淮水安澜的制度保障。

教师总结：自古以来，怎样让运河的船只顺利地过淮河继续北上，一直是个复杂的问题。我们的祖先盘坝、开挖新的河道、再设闸、再建人工湖，就是为了解决这个问题，如今我们有了这个水上立交，彻底把淮河和运河分开了，即使淮河洪水滔天，运河依然水平如镜，这是水上立交的最大功效。所有复杂的问题也就迎刃而解了。这一切都是因为在党的领导下，我们国家科技进步、国力强盛了。

大运河是我们的过去，大运河是我们的今天，大运河也是我们的未来。曾经的大运河体现的是帝王稳居都城，征战南北的雄心与抱负，而今天的大运河承载的是每一个跑船人对美好生活的追求。新时代的大运河作为我国重要的物流大动脉之一，依然在奔流不息间焕发着新的活力。历经 2000 余年的持续发展与演变，大运河至今仍然发挥着重要的交通、运输、行洪、排涝、灌溉、供水及促进沿岸城镇建设、发展旅游和改善生态环境等综合作用。依运河而兴的运河之都——淮安必将伴随运河的兴盛而走向更大辉煌。

设计意图：1951 年 5 月 3 日，毛泽东主席为治淮题词"一定要把淮河修好"。开国领袖发出的号令，经过 70 年不懈奋斗，治淮工程重要节点苏北灌溉总渠和淮河入海水道相继建成。苏北灌溉总渠和淮河入海水道工程，被评为新中国经典水利工程。自黄河夺淮以来，历代人民跨越 8 个世纪的梦想——淮河继续东流入海，终于在新中国以人工开挖河道的方式实现了！苏北灌溉总渠和淮河入海水道全线通航，淮安水上立交工程已经成了中国新时代水利工程的经典，彻底实现了淮水安澜。通过探究问题的设计，让学生体悟党执政为民的本质所在，加强"学四史"教育，关注"家国情怀"的养成。

三、教学反思

(一) 本课取材新颖

"以淮安来展示大运河，淮安如何实现淮安之水（包括大运河、黄河、淮河）安澜"为本课的教学立意。在此立意的指引下，探究了大运河从春秋到元的萌芽、建成、取直完善，以此作为本课的背景铺展；重点挖掘了明初陈瑄、明中期潘季驯的通航创举及新中国苏北灌溉总渠和淮河入海水道工程的建设历程。这些内容涉及的水利、水运对师生而言是新的领域，如何从历史的角度去探讨是取材和展开课程的关键，这是一个不小的挑战。通过本课的学习，师生的思路打开了，视野开阔了，对历史上占有重要地位的水利问题有了较深入的涉猎，这对师生的现实生活将是一个不小的改变——看到水利方面的事物已不完全是门外汉了。

（二）探究问题的设计，架设了从历史的角度去探讨淮安旅游景点的桥梁

通过问题的设计，学生明确了淮安能代表大运河的独特性所在。对大运河建设历程的阐释，学生可纵向理清从春秋到元的发展脉络，形成通贯意识，涵养了时空观念、历史解释素养。概括明朝朝廷对漕运的依赖大大增加的原因，通过探究，学生可理解明清治河的根本目的，有利于从宏观视角整合明初陈瑄、明中期潘季驯的历史细节，形成大概念，为与新中国治河的根本目的做比较埋下伏笔。在总结环节设计问题，使全课有了收束和思想提升的效果，起到了画龙点睛的作用。

（三）重点关注学生品性和"家国情怀"的养成

陈瑄、潘季驯等人物的刻画，从历史生动鲜活的一面展示了他们利他为国为民的深厚情怀；反思、好学、进取、挑战的个人品质。通过沉浸式体验，学生不能不有所触动、有所仿效。在学习过程中，教师设置了一系列问题，如为陈瑄写一篇人物介绍等，通过对这些问题的讨论回答，启发学生将本课所蕴含的国家认同、文化自信、制度自信等"家国情怀"内化于心。

参考文献

［1］杨静东. 三湘院士科学人生自述集［M］. 长沙：湖南科学技术出版社，2009.

［2］钟启泉，崔允漷，张华. 为了中华民族的复兴 为了每位学生的发展：《基础教育课程改革纲要（试行）》解读［M］. 上海：华东师范大学出版社，2001.

［3］施良方. 学习论［M］. 北京：人民教育出版社，2001.

［4］周西宽. 体育基本理论教程［M］. 北京：人民体育出版社，2004.

［5］王威. 教师课程能力的重构：结构模型、影响因素与优化路径［M］. 北京：科学出版社，2021.

［6］皮连生. 智育心理学［M］. 北京：人民教育出版社，2008.

［7］韩延明. 大学理念论纲［M］. 北京：人民教育出版社，2003.

［8］刘艳. 中小学特色课程开发的困境与突围［J］. 基础教育课程，2021（19）：17-20.

［9］刘晶晶. 基于文化素养的课程知识：转向与回应［J］. 当代教育科学，2017（4）：37-40.

［10］张金运，张立昌. 基于文化素养养成的课程知识理解：课程知识的文化性及其实现［J］. 中国教育学刊，2017（1）：50-55.

［11］田永秀，朱利. 杰出科技创新人才人生理想形成的影响因素分析：以老科学家为例［J］. 思想教育研究，2015（8）：94-98.

［12］汪君. 当前青少年理想教育的理性审思及对策研究［J］. 蚌埠学院学报，2020（5）：124-128.

［13］王柏棣，王英杰. 论理想形成的影响因素［J］. 东北师大学报（哲学社会科学版），2015（6）：232-235.

［14］杜坤林. 高校道德教育中的责任担当教育［J］. 高校理论战线，2012（1）：55-58.

［15］魏彤儒，廉旭. 新时代大学生担当教育问题与对策探究［J］. 扬州

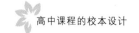

大学学报（高教研究版），2020（1）：91-98.

[16] 常珊珊，李家清. 教师课程能力评价指标体系的建构研究 [J]. 教育科学研究，2021（4）：30-35.

[17] 朱超华. 新课程视角下教师课程能力的缺失与重建 [J]. 课程·教材·教法，2004（6）：13-16.

[18] 江雪梅. 办学理念是学校发展的指向标 [J]. 河北教育（综合版），2020（Z1）：53.

[19] 靳玉乐，董小平. 论学校课程的规划与实施 [J]. 西南大学学报（社会科学版），2007（5）：108-114.

[20] 崔允漷. 学校课程规划的内涵与实践 [J]. 上海教育科研，2005（8）：4-6.

[21] 孟思欣. "立德树人"视角下学校人才培养目标的实然与应然之差异 [J]. 基础教育参考，2017（9）：7-9.

[22] 叶浩生. "具身"涵义的理论辨析 [J]. 心理学报，2014（7）：1032-1042.

[23] 廖哲勋. 关于课程规律与课程原理的系统思考 [J]. 中国教育科学（中英文），2016（1）：93-125.

[24] 高晓文，白钧溢. "隐性课程"在中国的理论旅行：回顾与反思 [J]. 中国教育科学（中英文），2021（5）：80-90.

[25] 袁金丽，郭志涛. 深度学习为核心的高校智慧教育实践路径研究 [J]. 河北师范大学学报（教育科学版），2022，24（4）：68-74.

[26] 张超，慕文婧，张玉柱. 师生关系和学习投入对学习绩效的影响 [J]. 心理月刊，2022，17（10）：68-70，73.

[27] 冯永刚，武佳萌. 我国师生关系研究的历史嬗变与前景展望 [J]. 山西师大学报（社会科学版），2022，49（4）：45-51.

[28] 冯永刚. 学校文化育人的三维向度 [J]. 中国德育，2022（12）：5-8.

[29] 彭正梅. 传授知识还是培养能力？美国教育体系核心知识运动探究 [N]. 光明日报，2021-11-18（14）

[30] 格兰特·威金斯，杰伊·麦克泰. 理解为先模式：单元教学设计指南 [M]. 沈祖芸，等译. 福州：福建教育出版社，2018.

［31］徐蓝，方美玲. 核心素养统领教材的编写和使用：徐蓝先生访谈录［J］. 历史教学（上半月刊），2019（10）：3-12.

［32］肖菊梅，李如密. 中国古代游学的发展嬗变、教育价值及现实启示［J］. 河北师范大学学报（教育科学版），2017，19（6）：34-39.

［33］张进福. 神圣还是世俗：朝圣与旅游概念界定及比较［J］. 厦门大学学报（哲学社会科学版），2013（1）：9-19.

［34］杨生，司利，张浩. 日本修学旅游发展模式与经验探究［J］. 旅游研究，2012，4（2）：25-29.

［35］任唤麟，马小桐. 培根旅游观及其对研学旅游的启示［J］. 旅游学刊，2018，33（9）：145-150.

［36］詹绍文，李明悦，李今今. 历史文化资源与旅游产业融合发展研究：以陕西省为例［J］. 科学与管理，2021，41（4）：81-87.

［37］赵东. 陕西历史文化资源的特性与类型［J］. 西安财经学院学报，2014，27（6）：101-104.

［38］雅克·巴尔赞. 我们应有的文化［M］. 杭州：浙江大学出版社，2009.

［39］黄玲. 论近代中国的海外修学旅游［D］. 湘潭：湘潭大学硕士论文，2003.

［40］郑林. 把握新课程理念，深化历史教学改革［J］. 历史教学（上半月刊），2021（9）：3-9.

［41］徐嘉. 儒家伦理的"情理"逻辑［J］. 哲学动态，2021（7）：104-114，129.

［42］孟昭兰. 人类情绪［M］. 上海：上海人民出版社，1989.